THE
TRIAL
OF
SOCRATES

THE TRIAL OF SOCRATES
Copyright © 1988, I.F. Stone
All rights reserved

I.F.Stone

苏格拉底的审判

〔美〕斯 东 —— 著   董乐山 —— 译

THE
TRIAL
OF
SOCRATES

北京大学出版社
PEKING UNIVERSITY PRESS

目 录

译　序　　　　　　　　　　　　　　　　001
序　言　本书写作缘由　　　　　　　　　014
序　曲　　　　　　　　　　　　　　　　019

第一部　苏格拉底和雅典

第一章　他们的根本分歧　　　　　　　　027
第二章　苏格拉底和荷马　　　　　　　　044
第三章　提尔塞特斯故事中的线索　　　　056
第四章　美德和知识的性质　　　　　　　074
第五章　勇气作为美德　　　　　　　　　096
第六章　徒劳的追求：苏格拉底对绝对定义的追求　　122
第七章　苏格拉底和演讲术　　　　　　　156
第八章　幸福的生活：苏格拉底的第三个分歧　　169
第九章　苏格拉底的偏见　　　　　　　　198

第二部 考 验

第十章　他们为什么等他到了70岁？	*221*
第十一章　三次地震	*231*
第十二章　色诺芬、柏拉图和三次地震	*257*
第十三章　主要控告人	*284*
第十四章　苏格拉底尽力树敌于陪审团	*294*
第十五章　苏格拉底本可轻易争得无罪开释	*319*
第十六章　苏格拉底本应这么说	*338*
第十七章　四个词	*346*
第十八章　最后的问题	*362*
尾　声　古代希腊是否有过搜巫案？	*371*
注　释	*397*
注释选译	*417*

译　序

西方文明史上，除了对耶稣的审判和处死以外，没有任何其他审判和处死，像对苏格拉底的审判和处死一样，给人留下如此深刻的印象了。这两次审判有许多共同之处：两者当时都没有法院案宗或任何其他正式记录，起诉方面也没有正式的诉状留下。有关审判的全部情况都是他们两人的忠实弟子后来所转述的。除此之外，我们没有他们的同时代人关于他们受审和处死情况的独立和客观的记述，甚至连一鳞半爪的暗示也没有。

所不同的是，在苏格拉底的案件上，我们在他弟子柏拉图所记的他的自辩词中，看到了他转述的起诉书，但是里面寥寥数语，既没有具体的罪名，也不知道是根据哪一项或哪几项法律提出控告的。

但不管怎么样，耶稣和苏格拉底都因杀身成仁而名垂青史了。对基督教神学来说，耶稣在十字架上的受难完成了神的使命，可谓死而无憾。不过苏格拉底即使饮鸩自尽，但杀身是否成仁，仍然留下疑问。他是为了什么而牺牲的？为了他的学说，还是信仰？

苏格拉底没有留下他的著作。在他的许多弟子中间，留下著作的也只有柏拉图和色诺芬两人。多亏他们的记述，后来才有苏格拉底的事迹和学说传世。但是即使在这两个亲炙弟子的笔下，苏格拉底也是两个迥然不同的人物。

如果当初只有色诺芬一人的回忆苏格拉底言行的记述流传下来，那么甚至最后一杯毒酒也不足以使他名垂千古的。因为在色诺芬的笔下，苏格拉底俗不可耐，完全是个市井人物，出言陈腐庸俗，有时简直是个十足的市侩。他甚至可以向雅典的一个著名荡妇开玩笑地自荐为她拉皮条！要是当初苏格拉底申辩生效，被判无罪释放，安度晚年，寿终正寝，说不定我们如今只记得他是雅典一个不起眼的怪人而已，至多是喜剧诗人所喜欢取笑的对象，就像阿里斯多芬喜剧中出现的那样。

后人心目中的苏格拉底的哲人形象大部分是柏拉图所创造出来的。直到今天，我们无法知晓，柏拉图笔下的苏格拉底有多少是历史上的苏格拉底，有多少是柏拉图妙笔生花的结果。柏拉图原来是想从事戏剧创作的，但在见到苏格拉底之后就拜倒在这个老头子的脚下，转而从事哲学的探讨，为了表示决心，还烧掉了所写的悲剧诗作。可是他并没有丢弃他的文学才华。正是靠柏拉图的文学才华，苏格拉底才得以在西方文明史上占据不朽圣人的地位；但是也是靠苏格拉底如簧之舌，柏拉图的著作才得以世代传诵。他是世界上唯一能够把抽象的形而上学写成富有戏剧性的对话的哲学家。没有人会把康德或者黑格尔的著作当做文学作品来读的。他记述苏格拉底受审和处死经过的四部对话录都可以作为悲剧作品而流传下来，它们的文学价值不下于哲学价值。凡是读到《斐多篇》中苏格拉底心平气和地向他的弟子们告别时的人，很难不掉眼泪的。我们也无不为苏格拉底在《自辩词》中向法官陈述的最后几句话深受感动，不论我们已经读了多少遍。柏拉图的记载达到了戏剧造诣的顶峰。苏格拉底像俄狄浦斯或哈姆雷特一样成了悲剧英雄。

但是，我们的问题仍旧是，他究竟是为了什么而从容赴死的？

除了柏拉图和色诺芬以外，苏格拉底同时代的人为他画的形象就只有喜剧诗人阿里斯托芬了。他为苏格拉底写了一部喜剧《云》，还在其他的几部喜剧中让他出场。阿里斯托芬是苏格拉底的朋友，但是作为喜剧诗人，他对苏格拉底作了无情的嘲弄，在舞台上出现的苏格拉底成了一个丑角式的人物，实在有损这位哲人的尊严。至于亚里士多德著作中有关苏格拉底的一鳞半爪，已是相隔两代以后写的了。也许时间的间隔，使亚里士多德具有了历史的眼光，不像他的老师柏拉图那样五体投地拜倒于太老师的脚下。但更多的原因恐怕还是他在哲学根本问题上同他的老师有分歧，所谓"吾爱吾师，但吾更爱真理"。说真的，把亚里士多德和柏拉图放在一起参照来读，仿佛是旁听一场针锋相对的哲学和政治辩论。亚里士多德提到苏格拉底的话不多，而且散见各处，但对于我们了解苏格拉底不无帮助，因为亚里士多德同当时的苏格拉底崇拜保持了一定的距离，以一种极为严格的态度来看待苏格拉底对哲学的贡献。

但这仍无补于我们揭开苏格拉底为了什么殉道之谜。

后人要解开这个谜，直接的记录既告阙如，间接的证据又极其有限，所能做到的只有从这些有限的二三手资料，根据我们对历史的一些极不完整和极不确切的了解，来作一番常识性的推测，难免以今拟古，穿凿附会。但话又说回来，历史上有多少事情完全是原来的面目而没有后人的穿凿附会的成分呢？甚至近在我们在世之年发生的事尚且如此，何况二三千年前的古人！尤其是像苏格拉底那样的人物的生平、学说、审判、殉道的有关著作多如牛毛，浩如烟海，当然其中不乏严谨之作，但穿凿附会者亦大有人在，久而久之，就很难辨别真伪了。

近年来在这"苏学"门下又添了一位半途出家的老将：著名左派老报人 I. F. 斯东。他在 1989 年以八十高龄去世之前，刚刚出版了生前最后绝作。《苏格拉底的审判》，不仅以其严谨的治学态度赢得了学术界的尊敬和钦佩，就是从其内容引人入胜，趣味盎然来说，也使这部本来是枯燥乏味的学术著作跃居畅销书目，这在出版界实在是件难得的事。尤有甚者，作者从言论自由的角度，剖析苏格拉底的反民主立场和雅典民主政体之不足，更是令人折服。I. F. 斯东不愧是独立新闻从业者的楷模。可惜的是国人对他可说是一无所知，我们只知美国有个写名人传记的欧文·斯东，却不知还有个无畏的新闻斗士 I. F. 斯东，而在他身后，他还将以"苏学家"之名传世。

在美国新闻史上，不乏声誉卓著的新闻从业者，其中有在新闻事业的开拓和发展上大有建树的发行人如普利策、赫斯特、鲁斯等，也有在新闻的采访和报道上独具特色的记者如斯蒂芬斯、派尔、莫罗等，更有因撰写评论时局的专栏而见重于当道的专栏作家如李普曼、艾尔索普、赖斯顿等。但是够得上新闻从业者典范的，恐怕只有 I. F. 斯东一人而已。不论别人的名声是多么煊赫，事业是多么庞大，影响是多么深远。因为只有斯东所追求的不是个人事业的成就，而是他始终坚信的新闻自由和独立的原则，因为只有他具有一个新闻从业者应该具有的社会责任感和良心。

斯东毕生从事新闻工作凡65年，先后曾为美国八家报刊（主要是中间偏左的报刊）工作，担任过记者、编辑，撰写过社论。冷战期间，这些报刊相继停刊，斯东的名字虽然没有上麦卡锡的黑名单，但没有一家主流报刊敢雇用他，这使他面临失业的困境。但他并没有因此而屈服，这反而激发了他蓄愿已久的独力办报的念头。他以6500美元的资金（其中3500美元是他领到的遣散费）创办了以自己名字命名的《I. F. 斯东周刊》，一不靠广告收入，二不靠财团资助，一人身兼发行人、主编者、校对员数职，居然维持了19年之久，订户从5000增至7万，最后只因创办人健康欠佳才忍痛停刊。这在美国甚至世界新闻史上都堪称奇迹。

尤其难能可贵的是，他数十年如一日，孜孜追求新闻自由和言论自由，不畏强权，致力于揭露当政者见不得人的政治隐秘，成为美国新闻界唯一的荒野呼声。他不仅不容于当道，而且在主流同行中也被侧目而视。但他们也不由得钦佩他人格的高尚，认为他不愧是那种为苏格拉底所自况却又没有做到的牛虻。（他的长期订户名单读起来仿佛是一本思想学术界名人录，其中有爱因斯坦、罗素、罗斯福夫人、吴丹……甚至玛丽莲·梦露有感于该刊对政府所起的舆论监督作用,私人出资为全体国会议员订阅一份,供他们免费阅读。)

但是斯东最令人钦佩的是他在七十高龄之后,为了继续从事新闻自由和言论自由的理论探索,居然重新拣起大学时代的希腊文学习,以求能够不必依靠译文而直接阅读希腊哲学的经典著作。把言论自由起源探索到希腊古典文明时代,是因为斯东认为"古代雅典是思想及其表达的自由空前发达的最早社会,在它以后也很少有可以与之相媲美的"。但是他越是学习希腊文,希腊诗歌和文学,"越是爱上了希腊人,苏格拉底在法官面前受审的景象越是叫我痛心。作为一个民权自由派,我对此感到震惊……这是雅典和它所象征的自由的污点。在这么一个自由的社会里,怎么可能发生对苏格拉底的审判呢?雅典怎么会这么不忠实于自己[的原则]呢?"

为了解答这个痛苦的谜,斯东穷十年之功(不要忘记这是从他70岁到80岁的十年),遍读了希腊文学和经典著作原文,其间还参考对照了各种各样的英、德文译本,终于写出了《苏格拉底的审判》,自称"这本书就是这个痛苦折磨的结果"。书中他对在苏格拉底被判死刑的原因问题上长期以来已为学术界普遍接受的柏拉图的解释提出了质疑并且也提出了他自己的解释：苏格拉底和雅典民主政体发生矛盾的起因是他在哲学的三个根本问题（人类社会群体的性质、什么是美德和知识、个人与政治的关系）上与大多数雅典同胞乃至古代希腊人有着深刻的分歧。

这些分歧不是抽象的哲学概念的分歧，而是牵涉到雅典人当时所享有的民主和自治的权利的基础本身。苏格拉底所宣教的"智者统治，别人服从"的极端蔑视民主和自治的学说，都是与这种权利背道而驰的。在平时的情况下，宽容的民主制度可以允许这位哲学家在市场上大放厥词，甚至可以把他当做笑料，但是一旦雅典民主政体本身的存在受到威胁的时候，像公元前411年、前404年、前401年两次被独裁专政所推翻和一次有被推翻之虞的时候，雅典的民主派不免慌了手脚。尤其是在独裁专政政权的领导人中不乏苏格拉底的得意门生如克里底亚斯之流。因此即使在独裁专政被推翻，民主政体得以恢复之后，看到苏格拉底依然纠集一批年轻狂妄的富家子弟于他门下宣扬反民主的学说，老笑话就不再可笑，恼羞成怒的雅典民主派就再也坐不住了，由三个公民出面，对他提出了控告。

根据柏拉图的《自辩词》中所记的苏格拉底自辩词，苏格拉底自称控告他的起诉书"大致如下：它说苏格拉底是个做坏事的人，因为他腐蚀青年，不相信国家（城市）所信奉的神祇，而相信其他新的精神存在"。色诺芬的《言行回忆录》里说得更简略，只说苏格拉底被控"教导他的年轻朋友蔑视现行制度，使得他们强暴起来"。这大概可以作为柏拉图版本所说"腐蚀青年"的内容：不相信国家（城市）所信奉的神祇和蔑视现行制度。

我们且来看看雅典所信奉的是什么神祇。古代希腊的人民除了信奉奥林匹亚山上的神祇以外，整个城邦还信奉自己专有的神祇。在雅典是"说理"女神倍多和议会之神宙斯阿戈拉奥斯。这是雅典民主的象征，苏格拉底不信奉这两个神祇是出于他对雅典民众和议会制度的蔑视。公元前404年独裁专政领导人克里底亚斯的主要副手查尔米德斯是柏拉图的叔伯（舅），也是苏格拉底的学生，他曾表示在议会上讲话有些胆怯，苏格拉底教训他道："最有智慧的人也不会使你害羞，然而你却不好意思在一批笨蛋和傻瓜面前讲话！"然后他一一列举这些笨蛋和傻瓜是"漂洗羊毛的、做鞋的、盖房的、打铁的、种田的、做买卖的，或者在市场上倒卖的，他们除了低价买进高价卖出以外什么也不是……而你却对这些……人讲话感到胆怯？"而最足以表达他的"智者统治，别人服从"的政治哲学的一段话莫过于说雅典议会要处理建筑工程时会请建筑者提意见，要扩充海军会请造船者，议会在这些专门问题上依靠有训练的专家，如有非专家想发表意见，开会的市民便会"一笑置之，不去理他"。唯独在讨论政府基本问题时，"站起来向他们提供意见的，却可能是个铁匠、鞋匠、商人、船长、富人、穷人、出身好的、不好的，没有人想到责备他"对正在讨论中的问题没有受过训练。考虑到苏格拉底对雅典议会中这些手工匠和生意人的蔑视，控诉他的三个人中主要一个是皮匠师傅也就不足为奇了。苏格拉底对雅典民主制度的蔑视还表现在他在两次独裁专政期间都没有随民主派外出流亡，也没有出力协助恢复民主政体，而且在当时这些关系重大的冲突中，他没有站在民众的一边。雅典最喜欢说话的人在雅典最需要他说活的时候，却保持了缄默。这表明他对民众的权利和社会的公正都漠不关心。难怪尼采要说"耶稣曾为耶路撒冷哭泣，而苏格拉底从未为雅典掉过一滴眼泪"。

苏格拉底不仅蔑视雅典的民主制度，而且也蔑视雅典的司法制度。雅典审判苏格拉底的法庭是由 500 名来自社会各阶层民众的陪审员组成的。这类刑事审判一般投两次票，第一次是要表决是否有罪，如果判定有罪，陪审团还要在量刑上再投一次票。如果正反票数相等，表决按有利于被告的方式解决，应该说这种判决办法是相当宽容的。苏格拉底的最亲近的弟子赫尔摩奇尼斯求他准备一份雄辩有力的辩护词，因为陪审员很容易为口才所折服。但是苏格拉底却拒绝这么做，反而口出狂言，自称不同常人，有自己个人的神灵指导，还说神谕说他是世界上最贤明的人，而所有别人，不论多么出名，不论是政治家还是诗人，都是一些笨蛋。他的狂妄自大态度两次引起全场人群哗然，这可不是采取无罪开释的办法，以致第一次投票以280票对220票表决他有罪。

据苏格拉底告诉赫尔摩奇尼斯，他之所以不愿为自己辩护，是因为指导他的神灵叫他不要这么做，认为还是现在死去为好，免得老年为疾病所困："如果我将来眼看着自己衰老下去，而且总是感到病痛，我活着还有什么乐趣？"因此，死是他的选择，他只有从生气的陪审团那里把它弄到手，这就是他为什么在为自己辩护时发言狂妄自大，有意激怒陪审团的缘故。但是陪审团还是相当宽容的，第一次表决票数相差不大，而且按雅典惯例，第二次量刑表决是在起诉方面和被告方面提出的两个建议中作一选择（不是折中）。鉴于第一次表决票数相差不大，起诉方面又提出要求判他饮鸩自尽，这很可能会引起陪审团对被告的同情，因此只要苏格拉底提出自愿流放（这是当时常见的一种仅次于死刑的最重刑罚）或者付一笔为数足以满足犹豫不决、内心不安的陪审团的罚金，死刑是完全可以免的。

然而在这个节骨眼儿上，苏格拉底又以他的实际行动表示了对法庭的蔑视，而更进一步地激怒了陪审团。他先是拒绝提出反建议，认为"提出任何刑罚一举本身就是承认有罪"。继而他又狂妄地建议的刑罚是宣布他是公民英雄，在今后余生中由市政府免费供他一日三餐！而按惯例，只有值班的市政会议成员、外国使节、公民领袖、奥林匹克优胜者和保卫城市和民主的功臣才享有可以在市政厅免费用餐的殊荣。这是个荒唐的玩笑，苏格拉底也觉不妙，便马上收回，但已晚了，反感已经造成。但他仍不思补救，竟而又提出为数只有1迈那*的象征性罚款！他的弟子们都大吃一惊，后虽在他们央求之下他才改为30迈那（并由众弟子们作保，可见为数也不算少），但他原先一再反复提出的荒谬建议一定使得陪审团觉得他是有意在开他们玩笑，以表示对这次审判的蔑视，以致以360票比140票判他死刑。换句话

---

* 迈那，古希腊币制单位。1塔兰特＝60迈那，1迈那＝100德拉克玛。而1塔兰特（银币）相当于现在的37.8公斤自银。据《剑桥古代史》记载，当时一个城镇居民一年的吃穿用费大约是120德拉克玛。——译者注

说，原来判他无罪的人中竟有 80 个转而投了他的死刑票。看来好像是苏格拉底有意自己把鸩酒送到唇边。

当然，苏格拉底有权瞧不起起诉方面的法庭，有权宁死也不援引雅典所信奉的言论自由原则，因为引用这个原则就是背叛他自己反民主的立场。他如果辩护获胜，这也不是他的胜利，而是他所蔑视的民主原则的胜利。无罪开释只会证明雅典才是正确的。从这个意义上来说，苏格拉底可说是杀身成仁，他不愧扮演了西方言论自由和思想自由的第一个殉道者，而且使信奉倍多女神和阿戈拉奥斯神的雅典违反了自己的传统精神和原则：以言论自由著称的一个城市竟对一个除了运用言论自由以外没有犯任何罪行的哲学家起诉、判罪、处死，这给雅典的民主烙上了永远洗不清的污点。如果这是他的目的，苏格拉底显然达到了他的目的。

这就是"苏学新秀"老报人 I. F. 斯东对苏格拉底的审判和处死的原因所作的解释。

董乐山

1992 年 5 月 3 日

序　言
本书写作缘由

本书实际上是原来打算写的一部部头更大，而且是大得多的著作的一个片断而已。

没有一部书能得到充分的了解，除非作者透露他当初从事繁重写作任务的动机。我在毕生致力于"耙粪"——想不到批评性和独立性的新闻写作竟有这样一个令人反感的名称——之后，怎么会对古典研究和苏格拉底的受审发生兴趣呢？1971年年底，心绞痛迫使我在出版《I. F. 斯东周刊》19年后放弃了它，我决定退休后从事人类历史上思想自由的研究——不是笼统的自由，因为它的含混的涵义太多，甚至可以混同于强者剥削弱者的自由，而是思想和说话的自由。产生这项计划的根子是这样一个信念：任何一个社会，不论它的目的是什么，不论它标榜的是什么乌托邦式的和解放性的宗旨，如果生活在这个社会里的男男女女没有说出心里想说的话的自由，就不是一个好社会。我希望这样一种研究不仅能够帮助新一代在凡是存在言论自由——而且总是受到既有坏的也有好的动机的威胁——的地方保持言论自由，而且能够帮助在奋斗中的异议分子找到他们要把马克思和杰斐逊*结合起来以求得解放的道路。

我在青年时代就受到了哲学和新闻学两方面的吸引。在高中毕业后那一年的夏天，我读了赫拉克利特**的一些片断。我在大学里主修哲学，不过我在三年级退学并且把报纸工作当做我终身事业之前，就已经在当专职的新闻记者勤工俭学了。

但是我从来没有对哲学和历史失去过兴趣，因此在退休后就转到这方面来。我在开始探索思想自由时，花了一年时间研究17世纪的两场英国革命，因为这两场革命对美国宪法制度的发展起过很大的作用。

我很快就感到了，如果对新教改革，对争取宗教自由的斗争和争取表达自由的斗争的紧密关系没有比较充分的了解，我是不可能充分了解17世纪英国的两场革命的。

为了了解宗教改革，必须再向历史追溯一步，探索一下那些敢冒风险在中世纪播下自由思想的种子的思想家和预兆性的骚动。当然，这反过来又与12世纪通过阿拉伯文和希

---

* Thomas Jefferson（1743—1826），美国开国元勋，独立宣言起草人，美国第三任总统。——译者注

** Heraclitus（公元前535—前475），古希腊哲学家。——译者注

伯来文的译本和评注而重新发现亚里士多德这件事对西欧的影响有紧密关系。

这就把我引回到了这种解放性的影响在古代雅典的源头。古代雅典是思想自由和表达自由空前发达的最早社会，以后也很少社会可以与之媲美。我像许许多多前人一样，就此爱上了古代希腊人。

我当初回到古代雅典时，我无知地以为，我可以根据一般公认的资料，对古典式的思想自由作一番粗略的研究。但是我很快发现，根本没有什么一般公认的资料。古典研究中的几乎每一个问题都淹没在激烈的争议中。我们的知识就像一块巨大的七巧板，其中许多拼块已经永远丢失。几位声誉昭著不相上下的学者能够根据残存的几个拼块把已经湮没的事实重新拼出互相矛盾的图形。这往往反映他们一开始就抱有的先入之见。

因此我就自己寻找资料来源。我发现不能根据译本来作出政治上或哲学上的有效推断，倒不是因为译者的功夫不到家，而是因为希腊文术语和英文中的对等词意义不是完全叠合的——这是借用几何学上的术语。译者不得不在几个意义相近的英文词汇中选用一个。而要了解一个希腊文概念性术语，你至少得学习足够的希腊文才能揣摩出原文的意思，因为只有在原文中，你才能充分掌握这一术语的可能含义和色彩。

例如，你怎么能够从随便哪一个英文译法来了解 *logos* 一词的含义呢？因为这个著名术语的含义极其丰富复杂又有创造性的发展，它的定义在大部头足本李德尔—斯各特—琼斯《希英辞典》中需要用小号字排印五栏多的篇幅。千年的哲学思想体现在一个术语之中，它开始时由荷马用做"说"的意思，在斯多噶学派*中发展成为"理"——大写的理，作为统治宇宙的神——最后在《约翰福音》中巧妙地借用《圣经》来源，成为创世的"上帝的话，他创世的工具"。**

在我的时代，即使在乡间的中学里，也要学四年拉丁文才能升大学，卡图卢斯***和卢克莱修斯****是我早期崇拜的对象。但是在大学三年级停学之前，我在大学里只学过一学

---

* Stoics，约公元前 308 年创于雅典的一哲学流派，因创始人芝诺在门廊（stoa）讲学而得名。该派崇尚道德，主张克制情欲，置欢悦与痛苦于度外，故又译为禁欲派。——译者注

** 即中文官话本《圣经》中《约翰福音》第一章第一篇"太初有道"中的"道"。——译者注

*** Catullus（约公元前 84—前 54），古罗马诗人，以抒情诗著称。——译者注

**** Lucretius（约公元前 99—前 55），古罗马诗人、哲学家。——译者注

期的希腊文。

我在退休后决定要学习希腊文，至少要学到能够足以自己揣摩概念性术语的含义。我开始用一本英希对照的《约翰福音》来自学，接着读《伊利亚特》* 第一卷。希腊文的学习很快把我引到对希腊诗人和希腊文学的涉猎。这方面的探索始终其乐无穷。

但是，我越是爱上了希腊人，苏格拉底站在法官面前受审的景象越叫我痛心。作为一个民权自由派，我对此感到震惊。这动摇了我的杰斐逊式的对普通人的信念。这是雅典和它所象征的自由的黑色污点。在这样一个自由的社会里，怎么可能发生对苏格拉底的审判呢？雅典怎么会这么不忠实于自己呢？

这本书就是这个痛苦的折磨的结果。我决定要发现这种事情怎么会发生的。我在开始的时候并不能为判决辩解，现在也不能。但是我要弄清楚，柏拉图没有告诉我们的是什么，并想从雅典方面的立场来说明这件事的经过，以减轻这个城市的罪过，从而消除掉这次审判在民主和雅典身上留下的一部分污点。

---

* *Iliad*，与《奥德赛》并称为古希腊两大史诗，相传为荷马所作。——译者注

序　曲

除了对耶稣的审判以外，没有任何其他审判，像对苏格拉底的审判一样，在西方人的想象力上留下一个这么生动的印象了。这两次审判有许多共同之处。两者当时都没有同时代人的独立的记述，甚至连一鳞半爪的暗示也没有。我们没有记录，没有法院案宗。我们没有听到过起诉方面的陈述。我们知道的故事只是忠实的弟子后来所转述的。

在苏格拉底案件上，我们确有起诉书。但是我们没有一般律师称为罪状单的东西——就是具体控告的罪名，而不是措词笼统的说法。我们不知道是根据哪一项或哪几项法律提出控告的。

耶稣和苏格拉底都因杀身成仁而名垂千古。对基督教神学来说，十字架上的受难完成了神的使命。但是在苏格拉底身上，即使杀身成仁也还是不够的。苏格拉底没有留下他自己的著作。在他的许许多多各式各样的弟子中间，流传下来的只有柏拉图和色诺芬*的著作。如果当初只有色诺芬一人

---

* Xenophon（约公元前430—前354），古希腊军人、历史学家。苏格拉底的弟子，著有《远征记》《希腊史》《苏格拉底言行回忆录》。——译者注

的回忆苏格拉底言行的记述流传下来，那么甚至最后一杯毒酒也不够使他名垂千古的（色诺芬笔下的苏格拉底出言陈腐庸俗，有时简直是个十足的市侩，在色诺芬《言行回忆录》某一节中，他甚至可以向雅典一个著名荡妇开玩笑地表示愿意为她拉皮条）。要是苏格拉底当初被判无罪释放，安度晚年，寿终正寝，说不定如今我们只记得他是雅典一个不起眼的怪人，喜剧诗人喜欢把他拿来取笑的对象而已。

我们理想中的苏格拉底是柏拉图创造出来的。直到今天，我们无人能够知晓，柏拉图所绘的肖像有多少是真正的苏格拉底，有多少是柏拉图的妙笔生花的结果。

对历史上的苏格拉底的寻求，就像对历史上的耶稣的寻求一样，继续不断地在产生为数越来越多的书籍，成为推测和学术争议的海洋。

但是，苏格拉底欠柏拉图的情，并不比柏拉图沾苏格拉底的光多。苏格拉底之所以能够具有西方文明不朽圣人的杰出地位，固然是靠柏拉图的文学天才，但是，柏拉图也靠苏格拉底而名列畅销书目。柏拉图是唯一能把抽象的形而上学变成戏剧的哲学家。如果没有富有魅力和令人难舍的苏格拉底作为他的对话中的主要角色，柏拉图就不会成为唯一能一代接一代地吸引广泛读者的哲学家。没有人会把亚里士多德，或者阿奎那*，或者康德**当做文学来读的。

古代一个为柏拉图写传的作家奥林匹奥多勒斯（Olympiodorus）告诉我们，柏拉图原来想当戏剧家，一个悲剧诗人或者喜剧诗人。在他的时代，戏剧是雅典文学天才最杰出的成就。奥林匹奥多勒斯说，柏拉图一见到苏格拉底，就拜倒在老头子的脚下，烧掉了他所写的悲剧诗作，转而学哲学。[1]

这后来证明只是柏拉图原来目标的一个小迂回。描写苏格拉底的审判和死亡的四部对话录《欧泰弗罗篇》《自辩词》《克力同篇》《斐多篇》* 都作为悲剧而流传下来。读到《斐多篇》中苏格拉底心平气和地向他的弟子们致告别词的人，很难不掉眼泪的，我们也无不为苏格拉底在《自辩词》中向法官陈述的最后几句话而深受感动，不论我们已经读了多少遍。柏拉图的记述是最高水平的戏剧。苏格拉底像俄狄浦斯**或哈姆雷特***一样是个悲剧英雄。

---

* Thomas Aquinas（1225—1274），罗马天主教神学家。13世纪经院哲学带头人。——译者注
** Immanuel Kant（1724—1804），德国哲学家。著有《纯粹理性批判》等。——译者注
* *Euthyphro*, *Apology*, *Crito*, *Phaedo*，除《自辩词》外，柏拉图《对话录》多以苏格拉底与之对话的人的名字作为篇名。——译者注
** Oedipus，希腊神话中弑父娶母的悲剧英雄。
*** Hamlet，莎士比亚戏剧中的悲剧人物。——译者注

审判发生在公元前 399 年。一位记者要报道几乎是 2400 年以前进行的一场审判该怎么办呢？第一个障碍是，争议与事实的比率悬殊得吓人。有关苏格拉底的文献堆积如山；而证据却少得可怜。许多文献都是与原始资料差之千里的争议：学者甲攻击学者乙对学者丙关于一篇古代文字的解释的批评。因此，第一步要做的是撇开这些遥远的，而且常常是恶毒刻薄的辩论，重新考察基本文献本身。[2]

苏格拉底同时代的人为他所描绘的肖像，流传下来的共有三个。除了柏拉图和色诺芬的记述以外，还有苏格拉底的朋友阿里斯托芬*的喜剧中出现的形象。他们两人的友情，已由柏拉图的《会饮篇》(*Symposium*) 所证明。阿里斯托芬用整整一个剧本《云》(*Clouds*) 来写苏格拉底，并且在另外三部流传下来的剧本《鸟》(*Birds*)，《蛙》(*Frogs*)，《马蜂》(*Wasps*) 中提到这位哲学家。还可以补充作为证明的有苏格拉底在世的时候演出过但是后来失传的其他一些关于他的喜剧的残存片断。

此外，我们在两代以后的亚里士多德的著作中看到了有关苏格拉底的十分有用的一鳞半爪。亚里士多德是柏拉图最

---

* Aristophanes（约公元前 446—前 386），古希腊喜剧家、诗人。——译者注

杰出的弟子，生于苏格拉底死后15年。他在许多问题上和柏拉图不一样。说真的，把亚里士多德和柏拉图放在一起来读，仿佛是一场正在进行的哲学和政治辩论。甚至到了我们这个时代，柏拉图派和亚里士多德派也是经常互不来往的。亚里士多德的著作中提到苏格拉底的话不多，而且分散，但是它们增添了一些新鲜的看法。它们很有价值，因为亚里士多德与对苏格拉底的崇拜保持了一定的距离，以一种极为严格的态度来看待苏格拉底对哲学的贡献。这与柏拉图对苏格拉底的崇敬形成鲜明的对比。

这样，我们有了色诺芬、柏拉图、阿里斯托芬和亚里士多德四个人笔下的四个苏格拉底。我们在这些不同的原始材料中怎么判定哪一个苏格拉底是真正的苏格拉底呢？要得出一个不容置疑的答案是不可能的。但是只要我们在这些不同的肖像中找到有共同的特点的地方，我们就有极大的可能找到了历史上的苏格拉底。

在我们所了解的其他弟子的一点点材料中，在希腊和拉丁文献——一直到包括教会元老——提到苏格拉底的零星的片言只语中，寻找"真正的"苏格拉底的努力也得到了有用的暗示。[3]

掌握历史上的苏格拉底只是我们的任务的一部分。同样重要的是推想已经失传的起诉书和了解苏格拉底在他的同胞的心目中的形象。我们得找到我们的主要资源来源柏拉图所没有透露的古代文献记录和苏格拉底的辩护者往往要想蒙混掩盖过去的地方。在实现这个目的的时候，我们会发现自己徜徉在古代经典之中，其中有希腊的，也有拉丁的。

一切知识都可归结为比较和对比。如果宇宙之中只存在一个东西，我们就无法形容或"认识"它。对于任何希腊问题，如果我们在罗马文明中找到类似的情况，就可以了解许多知识。两个类似而又极为不同的社会的这种比较，甚至在更大程度上，是很有启发的。例如，把罗马共和国的平民化议会中的投票程序和辩论规则同雅典议会放在一起来研究，就可以清楚地看出两种政治制度的对比，前者是稍加掩饰的寡头政治，后者是充分的和直接的民主。因此，我们对苏格拉底的审判要求得到新的了解，结果便会是对古代作一番新的审视。这是我们的昨天，无此，我们便无法理解我们自己。

第一部

苏格拉底和雅典

第一章
他们的根本分歧

仅仅根据柏拉图所说的情况,我们很可能得出这样的结论:苏格拉底之所以得罪他的同胞,是因为他劝诫他们要有美德,而这是一件从来不能讨好人的事。但是如果我们撇开《自辩词》而把眼光放得宽一些,我们就会看到,苏格拉底和他的家乡城市发生冲突的起因是他在哲学的三个根本问题上与他的大多数雅典同胞乃至与古代一般希腊人有着深刻的分歧。这些分歧不仅仅是玄妙的抽象概念,与普通的凡夫俗子没有关系,而且对他们所享受的自治的基础本身提出了质疑。

第一个也是最基本的一个分歧是关于人类社会群体的性质。它是希腊人所说的一个 *polis*,即自由城市,还是苏格拉底所常说的一伙人群?

最好是以古代一句最著名的话开始,那就是亚里士多德在他的一篇关于政治的论文中一开始就说的话:人是政治的动物。

令人遗憾的就是这个名词的英文翻译。不错,英文 *polit-*

ical animal 是希腊文 *zoon politikon* 的精确的按字面直译。但是在英文中,这个词使人想起在现代政治机器的不光彩勾当中度过一生的选区小政客。

希腊文 *polis*,即城市,以及它的各种派生词,有着非常不同的涵义。做一个 *polites*,即一个 *polis* 的公民,是件光荣的事。这意味着公民有权在有关他的生活和他的城市的决定上参与辩论,有权投票。

因此,对古代希腊人来说,一个 *polis* 的含义不仅仅是我们生活在现代民族国家中的人所了解的"城市"的含义。它不仅仅意味着生活在城市地区,不生活在乡村地区。*Polis* 是具有充分现代意义的独立和主权"国家"。*Polis* 制定自己疆界之内的法律,在疆界之外视其是否必要而进行战争或媾造和平。

但是,当亚里士多德以人是"政治的动物"的提法开始他的《政治学》时,他所指的 *polis* 并不是作为主权体的外在表现的 *polis*,而是指使得城市有可能存在的内在关系。亚里士多德的论点是,只有人类具有那种品质才使得共同生活有可能实现,对他来说,就像对大多数希腊人来说一样,这种 *Koinonia*——按字面翻译即英文 *community*(社会群体)——就是 *polis*。亚里士多德认为,这种社会群体之有可能,是因为在所有动物中只有人有 *logos*。[1] 所谓 *logos* 不仅是指说话的能力，它也意味着理性和道德。

照亚里士多德看来，还有其他的社会的或群居的生活形式。有些昆虫成群地过着群居的生活，有些野兽成群生活在一起。但是由于人类"不同于其他动物的特点，以致只有人类知道好与坏，知道公正与不公正"。就是这种天生的正义感，使得人类有了社会本能，有了他对社会生活的"冲动"（用亚里士多德的话），使得人类"比任何蜂类或任何群居动物是更大程度上的政治动物"。[2]

当亚里士多德说 *polis* "根据天性"而存在时，他说的是，它产生于人类的天性，产生于一种天生的正义感。

对希腊人来说，*polis* 有着一种特殊的性质，使它不同于其他形式的人类群体。亚里士多德认为，这是"一种自由的人的联合"，不同于家长制的家庭，或者君主政体，或者主奴关系那样的早期联合形式。*Polis* 是自己治理自己的。被统治者就是统治者。按照亚里士多德的说法，这是公民"轮流进行统治和被统治"。[3] 不论在公民身份范围受到限制的寡头政体中，或者像所有出生自由的男子都是公民的雅典那样的民主政体中，主要的政府职位都是选举产生的，但是许多别的职位则由抽签产生，使得所有公民都有参与治理自己的平等权利。所有公民都有权在制定法律的议会中投票和发言，列席把这些法律加以实施和解释的陪审团法庭。这是亚里士多德在公元前4世纪作记述之前早就存在的希腊的政治（*politics* 即城市的治理）的基本特点。这些特点在苏格拉底生前支配着雅典的生活，就是在这些前提上，苏格拉底和他的弟子于此产生了分歧。

这种分歧是根本性的分歧。政治在雅典，而且一般来说在古希腊的所有城邦中，就像在共和国体制下的罗马一样，是一种两党阶级斗争。双方都认为，城市应受该市公民的治理。但是在公民范围方面却有分歧。公民范围要像在寡头政体下那么有限制，还是像在民主政体下那么普及化？城市该由少数人还是由多数人来治理？但是对双方来说，政治——城市的生命——都是在于自治，反对自治就不仅是不民主的，而且是反政治的。这就是大多数苏格拉底同时代人对苏格拉底的看法。

苏格拉底不是寡头派，也不是民主派。他对两者都保持着距离。我们从色诺芬和柏拉图不同的笔下所表现的来看，和从我们所已知的别人笔下的苏格拉底所反映的来看，苏格拉底的理想是，既不是由少数人来统治，也不是由多数人来统治，而是由——按照他在色诺芬的《言行回忆录》中所说的——"那个知道的人"来统治。[4] 这在他的同时代的人看来，一定是等于恢复到最绝对的形式的王政。而提倡王政无异是甘冒整个城市的大不韪。在公元前5世纪和前4世纪的雅典提倡王政，一定像在20世纪的美国出现一个保皇党一样荒唐——荒唐得甚至不会使人觉得惊恐了。

不论是少数人或者多数人都不想恢复王政，都不想放弃对自己生活的治理和控制。他们在谁应该算为公民谁不应该算为公民这一点上，意见是极为分歧的，甚至演出了小规模内战。但是在他们的城市应该由公民来统治这一点上，他们是一致的。

这个争论乍看之下似乎十分古老，已属过去，其实不然。20世纪曾经有过，而且现在仍旧有着，不论是右派或左派的极权主义政体下新的形式的独夫统治。说真的，在最早和最充分表达他的观点的《言行回忆录》中，苏格拉底关于他的政府理论的表述已露出极权主义萌芽的明显端倪。

也许苏格拉底会说，他所建议的并不是古代形式的王政，而是一种新式的独夫统治，而这是理想社会的基础。在《言行回忆录》中，苏格拉底把自己树立为一切现存政府形式的反对者。他逐一列举当时现存政府形式，并且逐一加以否定。

"国王和统治者",他说,"并不是握有权杖的人"。权杖是他们掌政的象征,他们常常声称是直接受于宙斯神。这就否定了常规形式的君主政体。他继续说,他们也不是"群众所选择的人"。这就否定了民主政体。"也不是抽签所抽中的人"——这就否定了用抽签办法选择公职官员。"也不是用武力或欺骗得到权力的人"——这就否定了"暴君"。真正的或理想的"国王和统治者"是"知道如何统治的人"。

雅典的民主派会说,用人民投票的办法所寻求的正是这样的人,而且为了要防止判断失误和权力滥用,这种人的职权和任期是有限制的。但是苏格拉底并没有想到对统治者施加任何这样的限制作为保障。根据色诺芬的记述,他的基本前提是:"发命令是统治者的事,服从命令是被统治者的事"。这看起来一定很像是老式王政的翻新和绝对化。但是苏格拉底会说,他所提倡的是一种新形式的统治,用我们的话来说,一种专家统治。在色诺芬的著作里,苏格拉底用了那种在柏拉图的对话录里也常见的类比,来为他所主张的绝对统治辩护。色诺芬回忆说,苏格拉底"接下去说明,在一艘船上,是知道［驾驶］的那个人统治,船主和［船上的］别的人则都服从那个知道［驾驶］的人的命令"。苏格拉底认为，同样，"农作中的地主也好，病中的病人也好"，"训练中的"运动员也好，都是要去请专家也就是"那些知道的人"的，"大家都得服从他们，去做该做的事"。他还加上了一个在那男子当权的时代的笑话，"在纺羊毛上……是女人统治男人，因为她们知道怎么纺羊毛而男人却不知道"。[5]

这种类比都不是无懈可击的，容易得出错误的结论。希腊民主派会这么说，不论是船主，还是病人、地主或运动员，他们都有权自由选择自己的"专家"，如果这些专家不能令人满意，他们可以解雇，另请高明。这就是自由城市在选择——和更换——它的官员时所做的。否则，在"那个知道的人"的面具后面潜藏着暴政的面孔。问题不仅仅是要寻找合适的专家，而且是要在他们表现不好的时候有可以把他们撤换的手段。

希腊城邦最初怎样处理这个问题，是我们称之为政治学的发轫。要了解这一点，我们主要依靠柏拉图和亚里士多德的著述。要评估他们的贡献，我们必须从他们之间的一个基本分歧开始。

柏拉图是个理论家，而亚里士多德则是个科学的观察家。在处理人的事务上，亚里士多德重视实际知识超过理论知识。亚里士多德对经验和常识有强烈的偏向。相反，柏拉图在《共和国》有名的一个段落里建议把"论辩术"的研究，因此也是把他的乌托邦的未来统治者，限于那些能够"不需眼睛和其他感官而足以应付存在［即单纯的存在或存在本身］的默想的人"。[6] 对于神秘主义者来说，这无疑是一种默想的享受，但是对于政治家来说，却提供不了什么指导，他们需要应付错综复杂的事务和顽固的人性。

亚里士多德在自己的关于哲学的主要著作《形而上学》中一开始就同柏拉图展开了争论。这本书开卷就说，"所有的人按本性来说都追求知识。说明这一点的迹象就是我们对知觉的重视"。亚里士多德问道，没有知觉，特别是没有视觉，我们怎么能够认识和行动呢？同样，亚里士多德在《政治学》的卷首就明白表示，他同柏拉图和苏格拉底的政治观点有分歧。像在《形而上学》中一样，他并没有提他们的名字。但是他所指是谁，是毫无疑问的。亚里士多德写道，"因此，那些认为政治家、君王统治者、产业主人、一家之长的本性都是一样的人是错了"。[7] 而 polis 之所以得到自由的人的忠诚拥护，是因为它体现了被统治者的意见。对希腊人来说，这一切似乎都是不容置疑的。

Politikos，即一个 polis 的政治领袖或政治家，是个选举

产生的官员。他的任期有限制，一般是一年，他的职务的执行情况需要向平民组成的议会和平民组成的陪审团—法庭负责。他被赋予的权力即使在战时也比绝对权力少得多。他所领导下的公民在法律地位上或身份上都不比他低，而是像亚里士多德在《政治学》中所说的那样"平等和一律"。[8]他们都有共同的人性。

这就是苏格拉底和雅典人之间的第一个也是最基本的冲突。

苏格拉底的各派追随者，对于苏格拉底究竟给了他们什么教导，甚至——而且尤其是——关于美德性质的教导，众说纷纭，莫衷一是，其分歧之强烈，常常不亚于现代学者。但是在一个问题上，他们是一致的，那就是他们都否定polis，他们都认为这个人类群体不是权利平等的公民的自治团体，而是需要一个牧人或国王的一伙人群。他们对民主政体都抱不屑的或蔑视的态度。

色诺芬的理想，见诸于他自己的乌托邦著作《居鲁士的教育》中，乃是法治的君主政体。这是色诺芬想象由波斯帝国创建人居鲁士大帝*所建立的波斯模式。

---

* Cyrus the Great（公元前 559—前 530），波斯国王。波斯帝国创建人，因尊重所征服各国的当地风俗和宗教而受尊敬。——译者注

苏格拉底的年纪最大的弟子安提西尼斯*认为君主政体是理想的政府形式，他同意色诺芬的看法，也认为居鲁士是理想的君主。[9]这些看法大概见诸雅典尼乌斯**提到过的他的已经失传的对话录。[10]

安提西尼斯是犬儒学派***创始人，他对民主政体特别怀疑。有两个据说是他说的讥刺民主政体的笑话，一个是狄奥奇尼斯·拉尔修斯****提到的，另一个是亚里士多德提到的。在第一个笑话中，据说安提西尼斯问雅典人，他们为什么不投票说驴就是马，因为他们有时选出的将领一点也不像真正的指挥官，就像驴不像马一样。[11]这种讽刺也许出诸苏格拉底本人，因为在柏拉图的《斐得勒斯篇》（*Phaedrus*）中，苏格拉底谈到有一个受人欢迎的演说家在一个无知的城市里把一头驴冒充一匹马而居然得逞。[12]

---

* Antisthenes（约公元前445—前365），古希腊哲学家。犬儒学派创建人。——译者注

** Athenaeus（公元200年前后），生于埃及的希腊作家。所编文集《诡辩家的盛宴》因收集有关希腊风俗习惯材料丰富而颇具价值。——译者注

*** Cynics，古希腊一哲学流派。该派视富贵荣耀名利为身外之物，主张克己自制，因创始人在称为"快犬"的运动场中讲学而得名，今亦指对世事抱怀疑态度而愤世嫉俗者。——译者注

**** Diogenes Laertius（约公元3世纪初），希腊传记作家。著有《著名哲学家生平》，共十卷。——译者注

亚里士多德在其《政治学》中把一个关于狮子和兔子的讽刺寓言归诸安提西尼斯之口。据说安提西尼斯说，"兔子在议会发言要求大家都应平等，狮子答道，'你的爪子和牙齿在哪里？'"[13] 这是对民主派要求平等的无情回答。

柏拉图描绘了几个乌托邦。除了《法律篇》中的一个乌托邦以外，几乎都是以某种形式的君主政体为基础的。在《政治家篇》中，我们看到，理想的统治是绝对的君主政体。在《共和国篇》中，则是一个或几个"哲学家国王"的绝对统治。在《蒂迈欧斯篇》（*Timaeus*）和其续篇《克里底亚斯篇》（*Critias*）中，柏拉图把人类的黄金时代描绘为神在放牧人群，就像后来人在放牧羊群、牛群一样。

甚至在柏拉图老年写的"温和的"乌托邦《法律篇》中，范围极其有限制的公民必须在夜间议事庭的监视下进行活动，这个议事庭是个宗教法庭一样的机构，受权要根绝不同意见，这是我们近代无人敢对它说一个不字的众院非美活动委员会的原始模型。国外旅行受到严格限制，以防社会受到外国思想的"精神污染"。柏拉图这种思想控制的创新超过了希腊人所见过的任何王政。这些创新实际上是我们今天所称的极权主义社会的最初写照。

在柏拉图的《高尔吉亚斯篇》（*Gorgias*）中，苏格拉底表明，没有一种形式的 polis 是可以得到他的赞同的。雅典两个最著名的保守派政治家赛蒙*和米尔蒂阿德斯**受到了与两个最著名的民主派领袖提米斯托克利斯***和伯里克利****一样的轻视。苏格拉底说到不久前逝世的伯里克利时说，作为一个政治家，必须把他看成是个失败，因为他在离开那些交他照看的人群时，他们"比他接手时更加狂野了……在我们这个城市里，我们不知道有什么人显示自己是个杰出的政治家"。[14] 柏拉图还让他说，"我认为，雅典试一下真正政治家艺术的只有少数几个人，而我就是其中之一，且不说是唯一的一个"。[15] 这可不是他最谦虚的时刻。

苏格拉底在《言行回忆录》中定下了他的关于政府的基本原则，那就是"发命令是统治者的事，服从命令是被统治者的事"。需要的不是被统治者的同意，而是他们的服从。这当然是大多数希腊人，特别是雅典人所拒绝的一种权威主

---

* Cimon（公元前510—前450），雅典军人、政治家。曾率军队击败波斯军队，后为贵族派领袖。——译者注

** Miltiades（公元前550—前489），雅典军人，Cimon之父。曾率军在马拉松击败波斯军队，后强行军返师保卫雅典。——译者注

*** Themistocles（约公元前524—前459），雅典政治家。——译者注

**** Pericles（约公元前495—前429），雅典政治家。出身名门，富有教养，扶植文化，他统治时期是雅典的鼎盛时期。——译者注

义原则。

对所有希腊城邦来说，最根本的是公民的平等，不论公民身份限于少数人或多数人。苏格拉底的前提是一种根本的不平等：没有人是公民，大家都是臣民。统治者和被统治者之间有着一道鸿沟。

再有一个方面，色诺芬笔下的苏格拉底不同于柏拉图笔下的苏格拉底。在色诺芬的《言行回忆录》中，苏格拉底提倡在法律限制的范围内的王政，但是在柏拉图的《共和国》里，苏格拉底对哲学家国王没有加这种限制。这可能反映出这两位弟子之间的分歧。绝对权力是柏拉图式乌托邦的标志，而色诺芬在《居鲁士的教育》中提出，他的理想是在法律限制的范围内运作的王政。色诺芬和柏拉图很可能是依照自己的先入之见来"听"苏格拉底在这个问题上的谈话的，因此结果就不一样，这种情况在弟子中间是常有的事。

在色诺芬的《言行回忆录》中的某个地方，苏格拉底甚至谈到了真正的君主政体不仅要有法律而且要有人民的同意作为必要的成分。色诺芬写道，苏格拉底区分了"王政和暴政"，他说："在人民的同意下按照国家法律统治他们是王政，而不受法律控制以统治者的意志强行对不愿意的臣民进行统治则是暴政。"[16]但要是合法的国王开始无法无天起来怎么办?他的臣民有权推翻他吗?就像船主解雇开始酗酒的驾驶员或者病人因医生有负他的信任而换一个?苏格拉底被迫面对怎么处理不好的统治者或者后来变坏的统治者的问题:他刚刚提出"发命令是统治者的事,服从命令是被统治者的事"这个原则,就有人向他提出了两个问题。如果统治者不听忠告怎么办?如果他把敢于向他提出忠告的忠诚臣民处死又怎么办?

苏格拉底态度闪烁,他以自己提问的方式来回答:"不听忠告要受惩罚,他怎么能拒绝呢?凡是不听忠告肯定要造成错误,而他的错误不会不受到惩罚的。"

对于第二个问题,即把忠诚臣民处死的问题,苏格拉底以同样的方式作了一个类似的回答。他问道:"你以为杀了自己最好盟友的人不受损失,或者损失极为轻微吗?你以为这种行为会给他带来安全,还是迅速毁灭?"[17]

这种简单化的回答很少能满足他的同时代的人。苏格拉底没有说的话比他说的更加有力。他从来没有提出过公民有权撤换不接受忠告而又把提出忠告者处死的统治者。他要求他们像一个自由市场理论家一样,寄希望于由于判断错误和行为不当据说会产生的不可避免的后果上。苏格拉底所预言的不好的统治者的"毁灭",对被统治者来说,并不是什么安慰。因为该城市和公民都会同那个顽固不化、刚愎自用的统治者一起毁灭。或者他很可能像马科斯或杜瓦利埃一样席卷从他的臣民那里搜刮来的财富逃跑。暴君卷逃掠夺而得的财物获得成功,这种事情是太经常了。

苏格拉底的思想就像一个忠君的保皇派。他的基本观点在《言行回忆录》的另一处也有表现,那是他问为什么荷马的史诗中把阿伽门农国王*称为"人民的牧人"?他回答自己的问题道,"因为牧人必须照看他的羊群的安全和让它们吃饱肚皮"。[18]

好的牧人的确要照看好他的羊群的安全和让它们吃饱肚皮,在这一点上,他与羊群有共同的利益使他们团结一致。但是牧人的目的是剪羊毛和最后把羊卖掉。羊群最终是要上羊肉市场的,牧人在决定什么时候把它们送上肉市时是不会同它们商量的。希腊人从牧人的类比中得出的教训是,羊群不能信任牧人,人类群体也不能把自己交托给某一个人的绝对意志,不论他自称他的目标是多么仁慈。他们宁可组成一个 polis,而不愿被当做一伙羊群。

到苏格拉底时代,王政已在希腊城邦中消失,只有在不

---

* Agamemnon,希腊神话中攻打特洛伊的希军统帅。他与阿喀琉斯的争吵是《伊利亚特》中的一个主要内容。——译者注

开化的人中间，或者像马其顿那样半开化的地区还存在。亚里士多德在苏格拉底死后隔了两代的时候考察希腊城邦时就可以说，"现在已没有王室。君主政体凡是在它们存在的地方都是暴政"。[19]

在苏格拉底所景仰的斯巴达，也就是希腊仍有世袭国王的唯一城邦，国王的权力已大大缩小，不超过战时军事指挥官的权力。即使是那样，他们也必须在每年选出的斯巴达最高执行长官 *ephors* 即监督官的监察下进行工作。那里有两个国王，来自两个不同的王室，权力的分工和相互的竞争使他们受到制约。

在其他地方，*basileus* 即国王这个名称都成了时代错误的遗迹。有些宗教仪式仍由古代王室所选的巫师主持。在雅典，每年一次选出九名 *archons* 即身兼行政司法的执法官。担任 *archon basileus* 即国王执法官的，也主持半宗教仪式。他是从自称有王室血统的巫师家庭中选拔的，但是他的权力一点也不是国王的权力。即使在礼仪上，他也不是一国的元首。苏格拉底时代雅典王政的最后遗迹就是这样出现在他的审判中的。在柏拉图的《优泰弗罗篇》(*Euthyphro*) 中，我们在国王执法官的门廊前看到了苏格拉底。这位老哲学家是来这里接受审判前的预审的，因为对他提出的一个罪名是不敬神，国王执法官是主持这种案件的法官。

甚至雅典民主政体在苏格拉底生前两度被推翻的时候，反民主分子要拿来代替的也不是王政，而是一种很像共和国罗马的元老参议院那样的寡头政体。

在罗马，就像希腊城邦一样，王政是在苏格拉底之前好几代就被贵族政体推翻了。这个叫做 rex 的国王一词，在罗马已名誉扫地，以致在共和国最后被推翻时，新的君主不再称自己是国王，而叫恺撒*，这原是推翻寡头政体共和国的那个贵族的名字。苏格拉底及其追随者不论提倡哪种王政都是与他们的时代不合拍的。

---

* Caesar, Julius（公元前100—前44），罗马政治家、军人。他死后，他的侄孙 Augustus 即以此名称帝。后德皇和沙皇的名称亦由此而来。——译者注

第二章
苏格拉底和荷马

色诺芬选择居鲁士大帝为他的乌托邦统治者,而苏格拉底则要回溯好几个世纪一直到荷马时代去寻找他的理想国王,把记忆中的神话人物阿伽门农当做统治者的典范。

荷马的作品是希腊人的《圣经》,在大多数争议问题上,都可以作正反两方面的引证,这是因为他的含糊其辞和自相矛盾的地方多到不亚于我们自己的《圣经》。这也适用于人类群体是一个依靠牧人才能获得安全的"羊群"呢,还是一个由公民自己有效治理的 polis 这一辩论。

荷马的确把阿伽门农叫做"牧羊人"或"人民的主人"。但是这是一种客气的和礼节上的称呼,不能从字面来理解,他的实际行为和他同部下军队的不稳定关系就是明证。我们在下文中就会看到,荷马在有一个地方也确认了国王的神圣权力。但是《伊利亚特》也可以作为依靠君主的不受限制的意志会带来什么危险的客观教训来阅读。当然,polis 本身是后来的产物。但是这个词出现在《伊利亚特》中,尽管不是后来的自治群体的意义。在荷马的作品中,它的基本意思似乎是仅指一个加固设防的居住地方。这个名称曾经用在特洛伊，但奇怪的是，特洛伊的居民在《伊利亚特》中被称为 *politai*[1]，而特洛伊却是普里安国王和他的王后赫古巴统治的。大概 *politai* 在当时指的是城市居民，而不是后来意义中的公民。

总的来说，荷马的故事并不适合苏格拉底的理想统治，即由统治者下命令，被统治者服从命令的"那个知道的人"的统治。阿伽门农是集合在一起的各路军队的统帅，但远远不是他们的绝对统治者。而且阿伽门农的领导很难说是成功的。《伊利亚特》开始时对特洛伊作战已是第九个年头了，希腊人还没有攻入城内。他们从邻近小镇掠得的战利品是他们的艰苦努力和长期斗争的唯一结果。《伊利亚特》结束时，特洛伊还没有被征服，尽管它的英雄赫克托尔已经被戮。

阿伽门农也许是个"勇猛的战士"，这又是苏格拉底喜欢引用的另一个客气的称呼，但是作为统帅，他不是天才。他似乎是那种在正面进攻已经证明无效而仍坚持正面进攻的顽固将领的原型，就像在第一次世界大战的血流成河的战壕中僵持不下的许多将领一样。特洛伊后来要到《奥德赛》中才陷落，而且只是在用了狡猾的木马计以后才以欺骗方法破了武力所攻不破的城墙。但这是智足谋多的奥德修斯的胜利，不是顽固不化的阿伽门农的胜利。

阿伽门农并不是苏格拉底派理想的有绝对权力的国王。相反，特洛伊城下的希腊军队已经显示出 polis 和现代议会制度及总统制度的共同特点的雏形。阿伽门农是主持会议的长官。他有一个由贵族地主和战士组成的元老会议向他提供咨询。在这个会议下面，还有一个战士大会。因此《伊利亚特》给我们看到的不是绝对的王政，而是执行长官、参议院和"平民"组成的大会三大分支组成的政府。荷马史诗中的大会职权是含糊不清的。甚至元老会议同阿伽门农打交道时也得轻声地说话。但是"人民的牧人"也不能不顾他所照料看顾的"羊群"。他不是路易十四。* 国家不是他。他不能只下命令，以为这些命令一定会获得服从。"人民的牧人"一词和荷马史诗中一般译为"国王"的那个字都是令人误解的。在荷马史诗中译为"国王"的那个字 basileus（有时是 anax）绝没有我们现在从现代民族国家中所了解的"国王"那个词的意味。那时每一个大地主似乎都可以叫做 basileus。

《言行回忆录》的不经心的读者很容易认为，"人民的牧

---

* Louis XIV（1638—1715），法国国王。有"朕即国家"的名言。——译者注

人"一词是荷马专门用来作为阿伽门农的称呼的。实际上荷马用它来称呼随便哪个国王或队长。

的确,我们在《伊利亚特》中第一次碰到这一称呼时,它是用在一个名叫德鲁阿斯的不起眼的角色身上,肯立夫编的《荷马辞汇集》中把他列为这样称呼的"许多次要英雄角色"之一。[2] 阿伽门农只不过是名列最前茅的一个国王,正像他只不过是希腊军队的名列最前茅的一个牧人。阿喀琉斯、奥德修斯、赫克托尔都是也被叫做"人民的牧人"的许多其他著名战士。

这个隐喻有褒意,但是《伊利亚特》对于阿伽门农如何履行"人民的牧人"的职责却有嘲讽的口气。它以阿伽门农的一次有负信任的事开始,以后又围着第二次有负信任的事打转。幕揭开时,《伊利亚特》给我们看到阿伽门农在两件事上盲目地刚愎自用和过分鲁莽轻率:一是不顾聚在一起开会的战士的意愿,二是侮辱主管健康和瘟疫的阿波罗神的一位巫师。

这位巫师是来救他的一个被希腊人俘虏的女儿的。他不是普通的求情者。他带来了丰厚的赎金。他戴着阿波罗的巫师这一神职的标志,他甚至表示愿意为他们攻打特洛伊成功而祈祷,只要他们把他的女儿交还给他。

荷马告诉我们，战士们集合起来开会商议这个父亲的求情，并且对他的建议"大呼同意"。只有分到了那个女俘的阿伽门农不同意，就是因为他的不同意，《伊利亚特》所记载的一切麻烦由之而起。原来阿伽门农迷上了他的这个女俘，甚至愚蠢到公开宣布，他宁可要她而不要他的王后克吕泰墨斯特拉。难怪他在回家后王后就谋杀了他。他不仅拒绝接受赎金，而且侮辱和威胁那个老人。阿波罗因自己的巫师受辱而生了气，向希腊军队营地施放瘟疫。据荷马说，不久之后营地里就充满了焚烧尸体的气味。

接着我们就第一次瞥见了荷马时代王权所受到的限制。阿喀琉斯没有得到国王的允许就召开了一次大会。在一场激烈的辩论后，大会强迫阿伽门农放弃女俘，把她交还给她父亲，外加向阿波罗赔罪的牺牲。瘟疫消除了，而国王却丢了脸。军队否决了牧人而拯救了自己。这证明，这些人已经不只是一伙人群而已，而是有了 *polis* 的胚芽。

但是阿伽门农还是没有接受教训。他为了报复，也为了补偿，竟抢夺了阿喀琉斯心爱的女奴，这样就引起了一场新的灾祸。而阿喀琉斯的表现比国王也好不了多少。阿喀琉斯盛怒之下不仅擅离战场，而且在自尊心受到伤害的驱使下做了叛徒。他回到他母亲海神提的斯那里，求她说服宙斯为阿喀琉斯报仇，站在特洛伊一边干预战争，不要帮阿伽门农和希腊人。宙斯同意了请求，让阿伽门农做了一个错误的梦，梦中答应他早日获胜，结果却引得他对特洛伊发动轻率的正面攻击，而造成一系列代价惨重的失败。

因此，我们可以看到，《伊利亚特》是可以被容易地引用来反对苏格拉底的王政理想的。很难相信，在学生时代就沉浸在荷马作品中的头脑灵敏的雅典人里，没有人会用这些令人失望的"人民的牧人"的事例来质询苏格拉底。

雅典的一个民主派如果在《伊利亚特》之后接着再读《奥德赛》，他就可以发现荷马的又一个不利于苏格拉底王政理想的论据。这个论据出现在奥德修斯和独眼巨人相会的时候。在这里，荷马把开化的和不开化的人作了区分。我们从这区分中可以看到，荷马时代的社会群体虽然还不是一个 *polis*，却已经不仅仅是一伙人群了。

我们在《奥德赛》第九卷见到独眼巨人时，奥德修斯和他的部下正在从特洛伊战争后回家的长途跋涉的路上。他们在途中到了独眼巨人的国土。谨慎小心的奥德修斯命令他的部下留在附近的一个小岛上，等待他和少数几个信得过的同志到那地方去作一番侦察。在这次探险之中，荷马给我们在社会学和政治学方面上了基础的一课。他给我们看到了在他的时代已被认为是文明标志的东西。

奥德修斯担心他会遇到一种非常孔武有力的生物，"一种不知正义和法律的野人"[3]，而正义和法律是开化的人类所特有的基本要素。瞥一眼希腊文的原文，我们就对它们的意义有了比较充分的理解。译为正义和法律的两个字是 *dikas* 和 *themistas*，它们是 *dike* 和 *themis* 的复数形式。它们用单数形式时是抽象名词：前者指习惯、法律或正义，而后者的意思是习惯、传统或先例所确立的规矩的和得体的东西。复数形式代表的是在一个讲秩序的社会中用来解决争端的方法。比较贴近的翻译也许是："诉讼和裁断"。不开化的人是不知这种程序的。奥德修斯在独眼巨人的土地上发现的情况证实了他的担心。独眼巨人的土地并没有被组成为一个社会群体。他们每个人都带着妻儿和羊群，在自己的潮湿发臭的洞穴中单独过活。荷马说，独眼巨人不知农作或航海，而这是早期希腊人的主要职业。独眼巨人与其说是人，不如说是怪物。他只有一只眼睛，长在他的高大前额的中央，而且他好吃人肉。

奥德修斯和他的手下被一个独眼巨人波莱斐墨斯抓去关在他的洞穴里。波莱斐墨斯开始吃两个希腊人当早饭，再吃两个希腊人当午饭。但是，智足谋多的奥德修斯很快就发现了他的弱点。像以后发现的所有生番一样，独眼巨人没有尝过酒的滋味，因此很快就爱上了喝酒。于是希腊人便把他灌醉，弄瞎了他的独眼，逃了出去。

荷马在描绘独眼巨人时还添上了令人有趣的一笔。每个独眼巨人"对自己的妻儿都是立法者"，而对别人一点也不关心。据荷马说，独眼巨人根本不知道有"议事的会"。因此，这又是独眼巨人在荷马的时代不同于开化人的一个特点。但是在《伊利亚特》中没有出现过这个词组。在《伊利亚特》里，国王在作出决定之前先同元老会议商量，然后向战士宣布，后者以呼喊或者咕噜表示赞成或者不赞成，但是他们的会一般不"议事"。

也许这表明《奥德赛》的时代稍晚于《伊利亚特》，因此反映了政治发展稍后一个阶段的情况，或者，也许《伊利亚特》写的只是战时限制性较严的会。不管怎么样，我们在《奥德赛》中看到了一个迹象，表明在苏格拉底以前好几个世纪，"议事的会"已是希腊社会群体的一个重要特点。这更像是一种君主立宪政体，而不是苏格拉底所设想的"那个知道的人"下命令而别人服从的政体。

我们在讲了奥德修斯和独眼巨人的故事以后，不能不停下来从"不开化的"人的观点来看一看这个故事。对后代来说，这里还有一个带有讽刺意义的教训。

奥德修斯瞧不起不开化的人，因为不开化的人除了自己家庭以外，"对别人一点也不关心"。但是在遇到独眼巨人之前，我们的开化朋友奥德修斯另外有个奇遇，却说明开化人对别人的关心也是很有限的。

奥德修斯告诉我们，他的船群在开到独眼巨人的土地之前被大风刮到赛康人的国家中的伊斯马勒斯城。他若无其事地说，"在那里，我们掳掠了全城，杀尽了男子，带走了他们的妻子"——当然是为了把她们卖掉或者当女奴——然后带了"巨额钱财"走了。奥德修斯满意地报告，这些战利品在"我们中间"被仔细地分了，这样"没有人会得不到平均的一份"。[4]

奥德修斯报告这次海盗掠夺时毫无良心不安，这位主人翁在道德上唯一关心的是他的手下不致感到没有分到公平的一份掠夺物。这不过是盗贼中间的义气而已。

要是波莱斐墨斯知道伊斯马勒斯岛上的杀戮和掠奴的事，很可能会问：开化的奥德修斯引以为荣的"对别人的关心"又在哪里？如果说独眼巨人只关心自己的亲属，奥德修斯不也只关心自己的海盗同伙吗？

当奥德修斯去探独眼巨人国土的究竟时,他要知道的是"他们对生客是否友好,对神是否敬畏"。[5] 波莱斐墨斯很可能会感到纳闷,这些能对某一无冤无仇城市进行无缘无故的突然袭击,又毫无疚意地加以毁灭的人,究竟算是什么样的友好款待生客、敬畏神的人呀!

当然,如果波莱斐墨斯了解外面世界的情况,他就会知道,海盗行为在当时是一门体面的行业,这到近代还是那样。瓦尔特·赖利爵士*不是伊丽莎白女王一世在西属美洲大陆上的最宠信的海盗吗?哈佛大学厄纳斯特·巴狄安教授在《牛津古典词典》中写道,海盗行为"一方面同贸易,另一方面同战争,都是很难区分的"。

不过独眼巨人并不是完全没有见识的。波莱斐墨斯第一次看到来客就问他们:"陌生的客人,你们是谁?你们从哪里跨海过来的?你们到这里来是做买卖,还是在海上到处漂泊当海盗,冒着生命危险,又把祸害带给其他土地上的人?"关键的字眼是"其他土地上的人"。[6] 开化的社会群体的法律只适用于群体的内部。在它范围以外的其他土地则人人可抢了。特洛伊战争不就是一场大规模的掳掠远征吗?

---

* Sir Walter Raleigh(1554—1618),英国冒险家、政治家、文人。伊丽莎白女王亲信,曾被奉派去美洲探险觅金。——译者注

的确，社会群体内部的法律和秩序可能会加剧本来受压抑的野性。战争可能是一种到外界去发泄野性的受人欢迎的办法。弗洛伊德在第一次世界大战屠杀后曾在他的《文明及其不足》一文中这么推测过。弗洛伊德认为，人类为了要过群体生活而抑压下去的无法无天冲动，在战争的大规模屠杀中得到了发泄。在这里，我们再一次看到了亚里士多德所说的话有道理，他说，人在受到群体生活的教化以后，他是最优秀的动物，一旦脱离法律和正义，人就是最野蛮的动物。[7] 必须等到地球本身也成为一个 *polis*，最后终于完全开化的人类也成为有先见之明的古希腊名词 *cosmopolites*[†]所指的世界公民的时候，地球才会得到安全。奥德修斯和独眼巨人之间，开化的和不开化之间，并没有太大的不同。一个是一有机会就掠夺和奴役别人，另一个则是把别人放在桌上当饭吃。

我们且来用轻松一些的调子结束这段题外话。这个调子来自爱尔兰古典学者，已故的 W. B. 斯丹福先生那里。他在评论《奥德赛》时指出，《奥德赛》第九卷中独眼巨人向奥德修斯提出的问题，同第三卷中奥德修斯的儿子特

[†] 这个名词最早见于希腊化时期的犹太哲人、亚历山大城的犹太人斐洛的著述，不过据说该词是在更早以前由犬儒学派所创。

里马克斯被问到的问题相同，当时特里马克斯到庇洛斯来寻找他长期失踪的父亲的下落的线索。[8] 在庇洛斯，聪明的纳斯托也问他的来客是不是海盗。两个段落里的三行话是一模一样的，只是情况不同而已。这里我们又看到了根据荷马的标准来衡量开化的人和不开化的人的区别。

根据待客的原则，纳斯托到了让客人吃饱喝足，也就是按荷马的说法，尽情"享受了款待"以后，才提出他的问题。斯丹福在第九卷那个段落的脚注中写道，"读者不妨把纳斯托客气地把问题拖到在客人得到款待后再提出与独眼巨人的粗鲁直率作一比较"。[9] 独眼巨人不是个讲礼貌的绅士。

第三章
提尔塞特斯故事中的线索

不过,在荷马的史诗里的确有一段话拥护绝对王政。但不论是苏格拉底,还是他的辩护者,都没有加以引用,尽管有人可能会认为,如果引用就会使苏格拉底的理想得到"圣经一般的"支持。他们的令人奇怪的沉默可能为起诉方面的论点提供一个迄今为止都被忽略了的线索。

色诺芬在《言行回忆录》中谈到对苏格拉底的审判时,有一段暧昧不清的话,提到一个"控告人"对苏格拉底提出的罪状,这个控告人是谁,他又没有指明。我们着手调查这段暧昧不清的话,才给引导到了上述荷马的这一段落。不过现代的学者早就断定,色诺芬提到的不是真正在法庭上提出起诉的人,而是一个名叫波莱克拉底斯的民主派作家所写的已经失传的小册子。那是在审判以后不久就出版的。不管怎么样,色诺芬从这本失传的作品中给我们看到的少数几句吊人胃口的话,为我们提供了仅有的一鳞半爪,得以一窥起诉方面对这个案件的看法。这使我们对起诉状中控诉苏格拉底"腐蚀"青年的部分有了新的了解。

"腐蚀"一词可能会造成错误的印象。在现代人的耳朵听起来好像是指控犯有同性恋罪。但是娈童癖——男子和唇上无须的少年之间的恋情——在古典时代的希腊社会中并不是件不体面的事，这在柏拉图的对话录中讲得很清楚。起诉状中用的"腐蚀"这一词是 diaphtheirein，它的意思可以是指毁坏、腐蚀、勾引，或者导入歧途。这个希腊词也出现在柏拉图的《政治家篇》中[1]，柏拉图在那里是用做在政治上把青年导入歧途的。色诺芬著作中所记载的波莱克拉底斯的片断使我们看到，该词在对苏格拉底的起诉状中有同样的意义。因此，译为英文"subverting"（搅乱）或者"alienating"（异化）青年思想，比起"腐蚀"来可能是比较好的现代译法。

根据色诺芬的著作，苏格拉底的"控告人"说苏格拉底"教导他的友伴"蔑视雅典的法律，引导他们"轻视既有体制，使得他们狂暴起来"，这是说，准备用武力推翻它。控告人举出克里底亚斯*和阿尔西比亚德斯**为这些被腐蚀的青年的最主要的例子，并且说"没有人给国家带来这么多的

---

* Critias（约公元前460—前403），雅典政治家。柏拉图的亲戚，曾师从苏格拉底，后为三十僭主之一，以嗜杀著名。——译者注

** Alcibiades（公元前450—前404），雅典政治家、军人。曾多年追随苏格拉底，后多次率军征战。——译者注

邪恶了"。克里底亚斯作为三十僭主*独裁政权中的主要人物，"以贪婪和暴力著称"，而阿尔西比亚德斯在民主政体时期"放肆横蛮，无出其右"。²

除此以外，控告人还说苏格拉底"从最著名的诗人中挑选最不道德的诗句"来教导他的年轻追随者要"做暴君和坏人"。³

很可惜，我们没有波莱克拉底斯控告书的全文来亲眼看一看苏格拉底究竟引用了哪些诗人来教唆青年背离民主体制。有许多著名的贵族派诗人可以这样引用。我们马上想起的就有两个：品达**和提奥格尼斯。*** 的确，在4世纪李巴尼乌斯的唯一仍存但鲜为人知的另一版本的苏格拉底《自辩词》中，品达和提奥格尼斯的名字就列在苏格拉底被控引用的诗人中间。品达曾为许多著名暴君唱过赞歌。提奥格尼斯在他的挽歌里表露了地主贵族世家对中产阶级暴发户的无比妒恨，这些暴发户都是要求得到投票权和担任公职权的手艺

---

* 三十僭主是公元前404年推翻雅典民主政体的30人组成的统治集团。——译者注

** Pindar（公元前522—前443），希腊抒情诗人，尤擅撰写歌颂体育比赛胜利的诗。——译者注

*** Theognis（约公元前6世纪后期），希腊哀歌诗人。内容多为劝人为善。——译者注

人和生意人。

提奥格尼斯在一次狂烈的发作中,把他们比做一群牛,并且建议

> 踩踏头脑空虚的人吧!
> 用尖棍刺戳他们,把重轭
> 套在他们脖子上!在太阳底下
> 你不可能找到这么热爱奴役的人。[4]

把平民百姓看成是一群牲口同苏格拉底的观点并不是不像。如果"控告人"不引用这种大家都知道的反民主的诗句,倒是令人奇怪的事。但是根据色诺芬所举的例子,波莱克拉底斯引用的诗只有荷马和赫西奥德*各一行。赫西奥德的那一行诗无关题旨,因此我们完全可以断定,把它扯进来是出于转移目标的策略。作为教唆青年人要做"暴君和坏人"的诗句的一个例子,色诺芬引的赫西奥德的那行诗是:"干什么活都不丢脸,只有游手好闲才丢脸。"这句诗引自赫西奥德的《工作和日子》。[5]这不过是表达了一种工作观,同波莱克拉底斯提出的问题没有任何关系。

---

* Hesiod(公元前8世纪?),希腊诗人。所作多为写给农民的劝谕诗。——译者注

赫西奥德写诗是在民主兴起之前，但是不像反映贵族观点的荷马，他是个辛勤劳作的农民，他所表达的，是他的那个阶级反对大地主的感情。他的《工作和日子》是第一部社会抗议诗，"国王们"——贵族地主——是他经常针对的目标。像好几个世纪以后英国的乡绅一样，他们担任治安推事，解决他们辖地之内的佃农和长工的纠纷。

赫西奥德对于他们担任法官是否正直可靠，估计很低。他把他们叫做是"大把接受贿赂"和"以曲断错判来欺压同胞"的人。他警告他们，宙斯派来的"监督人"隐身在浓雾背后在地球上到处巡视，把他们的不法行为记录下来，由神给予报应。[6]因此很难把赫西奥德的诗用来灌输反民主思想。

只有色诺芬引用的荷马的一段诗才同控告苏格拉底的罪状有关。但是色诺芬对它作了精心的断章取义，以致读者察觉不出它的原来意义。不过，为了要弄清楚这一点，我们必须暂且回过头来，看一看这一段诗前面讲的是什么，怎么会引出这一段诗来的。这段诗引自《伊利亚特》第二卷，当时希腊人正纷纷奔向他们的船只，无心恋战，只想赶紧回家去。

我们在上文已经述及，宙斯在阿喀琉斯的母亲的恳求下，已让阿伽门农做了一个错梦，引他向特洛伊城墙发动一场损失惨重的正面进攻,以此来惩罚这位国王在女奴事件上使阿喀琉斯蒙受羞辱。阿伽门农则想出了一个自己的狡计。他告诉元老会议,他要下令宣布解除对特洛伊的包围,开船回国,以此来测验他的部下的斗志。他相信他的军队会抗议在他们有机会攻下该城加以洗劫之前解除包围的命令的。

阿伽门农要求元老会议,如果军队反而欢天喜地地奔向船去,就要警告他们,不要把国王的命令当真,而要回来重开大会听候新的指示。解除围城的命令所造成的结果正是阿伽门农所担心的。他的话刚出口,他的军队就开始向船只狂奔而去。奔去的不仅有普通士兵,还有他们的军官——"贵族分子"。大家都表现出他们对长期无结果的战争感到厌倦了。

奥德修斯带着元老们企图制止狂奔,把军队赶回来开大会。但是在这样做的时候,奥德修斯对待军官是一种方式,对待普通士兵又是一种方式。色诺芬引用荷马的话说,"凡是遇到一位'王'或者贵族",奥德修斯就"站在他身旁,好言相劝"。但是遇到"人民中来的人",他就对这种普通士兵殴打辱骂,荷马说,"他用权杖赶他,大声呵斥他"。奥德修斯叫他"坐下来,听……你上级的话:你不是个战士,只是个孬种,不论在战斗中或者在会议中都从来不算数的"。[7]

控告人说,苏格拉底把荷马的这些诗句解释为"意思是指诗人赞成呵斥普通百姓和穷人"。色诺芬的回答是,苏格拉底"从来没有说过这话",如果他说过,那就会认为自己"也该被呵斥"了。相反,苏格拉底"表现出他自己是人民的一分子,人类的一友人",因为尽管他有"许多热心的弟子",他"从来没有索取学费",而是把"他的一切……给大家"。

不过色诺芬像是一个能言善辩的辩护律师在反驳波莱克拉底斯的控告。如果我们回过头来自己阅读《伊利亚特》,我们就会见到,色诺芬把荷马的记述作了两处重要的省略,像波莱克拉底斯这样的一个民主派是决不会忽略的。省略的第一个地方是奥德修斯斥责普通士兵时说的其余的话。色诺芬引用的是第二卷中第198行到202行。四行以后的他的讲话的结束部分可以为波莱克拉底斯的控告提供一个重要的论点。这里,民主政体受到了直接的攻击,而且在西方文学中第一次确认了国王的神赋权力。这省略的四行是奥德修斯训话的高潮和教训所在,奥德修斯说:

> 我们希腊人不能人人在这里自立为王,

> 由大众来统治并不好，只能有一个王，
>
> 一个王，出坏主意的克罗诺斯的儿子
>
> 授他权杖和立法的权力，让他为他的人民操心。[8]*

反民主派在荷马的作品中找不到更好的引语了："由大众来统治并不好。"人民的责任是听命令，国王是下命令。这完全吻合《言行回忆录》中其他地方苏格拉底所提出的理想公式："那个知道的人应该统治，别人则服从。"怪不得色诺芬略去了这四行诗句。

在色诺芬的转引中还有第二处同样重要的省略：奥德修斯就国王的神赋权力的讲话以后出现的场面。在一窝蜂地奔向船只的人流被制止以后召开了大会，居然有一个普通士兵胆敢向奥德修斯和他刚才说教的主张提出挑战。

《伊利亚特》中有好几次战士大会，只有这次的情况与众不同。这是荷马史诗中第一次也是仅有的一次大会有一个普通士兵发言，表达了军队中一般战士的观点，当着国王阿伽门农的面直接嘲弄他。这是有史记载以来普通百姓的初次登台，一个平民在国王面前第一次行使言论自由的权利，结

---

* 希腊神话中，克罗诺斯（时间）是天与地的幼子，率天、地的其他子女造反，统治了世界。宙斯是他的儿子，又率奥林匹亚诸神推翻了他。诗中"克罗诺斯的儿子"即指宙斯。——译者注

果却被武力镇压下去：奥德修斯不是用辩论而是用鞭打答复这个士兵的发言。

凡是像波莱克拉底斯那样引用《伊利亚特》第二卷中的反抗来控告苏格拉底的人，是不会放过这个高潮场面的。这肯定是给心怀不满的年轻贵族提供了一个坏榜样，鼓励他们"呵斥普通百姓"。色诺芬省略这一部分也许是因为它太不利了。色诺芬从来没有提到过提尔塞特斯的名字。但是在他的字里行间也许不自觉地隐藏着这个名字的回声。色诺芬完全可以一口否认苏格拉底曾经引用过荷马的这几个段落，如果事实确是如此的话。但是，他为苏格拉底出面提出的反驳，与其说是否认，更像是承认。

色诺芬辩解说，"他［苏格拉底］说的其实是，凡是在说话和行为上不作贡献的人，在危急时刻不能帮助军队、城市或人民的人，应该予以制止，即使他们拥有大量财富，尤其是，如果他们不仅能力低下而且还态度蛮横"。⁹ 除了那句"即使他们拥有大量财富"的话颇想作蛊惑性的讨好尝试以外，没有一句话我们在奥德修斯的口中没有听到过的。苏格拉底也说态度蛮横的犯上者应该予以"制止"，即不让他们发言。这正是奥德修斯对提尔塞特斯所做的。奇怪的是，苏格拉底在这里用的横蛮一词不是从那比较常见的希腊名词

hybris 派生的，而是形容词 *thrasos*（大胆或鲁莽）派生的。这个头号犯上者就是以此得名的。* 弗洛伊德派可能会说，色诺芬略而不提的那个名字，是在选择形容词时无意中流露出来的。

荷马在描写提尔塞特斯的时候，表现了明显的阶级偏见。荷马描写普通百姓，甚至养猪的和奴隶时，是可以表现得十分感人和亲切的，只要这种普通人"守自己的本分"。对于这个不守本分的提尔塞特斯，这位贵族诗人就毫不容情了。在荷马的史诗中，没有其他的角色，甚至是吃人的独眼巨人，有比提尔塞特斯那样被描写得更加令人反感的。

希腊人都喜欢他们的英雄长得英俊。荷马却把提尔塞特斯写得那么畸形，几乎形同残废。荷马写他是向特洛伊进军的队伍中最丑的一个。[10] 他长着一双"罗圈腿"，一只脚还是瘸的，鸡胸驼背，额角尖尖的秃光瓢的头顶上只长着稀稀疏疏的几根毛。总而言之，这个人海伦是无论如何不会跟他私奔的。

现代的读者一定会奇怪，提尔塞特斯怎么会通过征兵处

---

* 在荷马史诗词汇中，用了许多方言，其中也有小亚细亚西北海岸的伊奥里斯方言，在这一方言中，thrasos 是 thersos，这个大胆的士兵 Tersites（提尔塞特斯）的名字由此而来。

的体格检查的。有个荷马评论家、拜占庭学者尤斯泰提乌斯*认为,允许提尔塞特斯参加远征的唯一原因是担心如果把他留在国内他会煽动起一场革命!¹¹ 古代寓言作家吕西安**讽刺荷马对提尔塞特斯的描写说,这个造反者到了冥府后控告荷马诽谤他。¹²

希腊人还喜爱滔滔雄辩,而荷马却使他们看到提尔塞特斯不但外表不好看,而且谈吐也令人生厌。荷马说他说起话来喋喋不休,满脑袋"语无伦次的话,用来谩骂国王"。他说话没有风度,只要能博得军队一笑,他什么话都说得出来。荷马并说,提尔塞特斯特别招阿喀琉斯和奥德修斯的憎恨,因为他们常常成为他的粗俗笑话的调侃对象。显然,他成为煽动者和活跃分子已有一个时候了。

当奥德修斯最后劝服了大家都在大会上坐下来以后,只有提尔塞特斯仍不肯安静下来。尽管荷马把提尔塞特斯令人讨厌地描写成一个说话语无伦次的人,但他在这里讲话不仅大胆,而且简单明了,切中要害。

---

* Eustathius,生卒年月不详。——译者注
** Lucian(约公元 2 世纪),希腊散文作家,著有《诸神对话录》等,讽刺古代神话。——译者注

提尔塞特斯指着鼻子呵斥国王。他说，"阿特路斯的儿子*，你如今有什么不满的？你的屋子里尽是战利品和许多女人，那是咱们阿坎亚人**每次攻克一个城池后给你的最精选的战利品。难道你已贪婪到要接受善于驯马的特洛伊人为了要赎取被我或者别的阿坎亚人俘虏的子弟而送来的黄金吗？或者是那个陪人睡觉的年轻姑娘，你要把她据为己有？这样做是不光彩的"，这个平民训斥阿伽门农道，"你是我们的领袖，不能把灾祸带给我们阿坎亚人的子弟"，那是指为了满足他对战利品的贪婪而拖延战争。

然后，提尔塞特斯转过身来对其他士兵说话，他叫他们是"软骨头，丢人现眼的东西，希腊的娘们，没有男子气"。提尔塞特斯敦促他们上船回家去，"让这个家伙在这里享受战利品到老吧，看看没有咱们他是不是对付得了"。看来好像是提尔塞特斯因为奥德修斯说普通士兵在作战时无足轻重而感到自尊心受伤。

就是这个提尔塞特斯在这次讲话中第一次叫阿伽门农是

---

* Atreus，希腊神话中迈西尼国王。他是阿伽门农之父，曾杀三侄，后被第四侄所杀。——译者注

** Achaean，古希腊伯罗奔尼撒北方 Achaea 的人，希腊人的另一称呼。——译者注

"人民的牧人"，那是《言行回忆录》中苏格拉底所喜欢引用的，但是提尔塞特斯在这里是用嘲笑的口气的。他的发言以对国王的最严重的不满收场：国王抢走了阿喀琉斯心爱的女奴，使这位英雄"蒙耻受辱"，而阿喀琉斯却是比他强得多的男子汉。阿喀琉斯在帐篷里生闷气，阿伽门农因为得罪了全军这位最英勇的战士而危害了整个远征。"人民的牧人"有负他的羊群的信任。他的欲念已经证明比他的忠于职守的责任心还要强烈。

奥德修斯恼羞成怒，以暴力作为回答。他当大会上的众人之面，殴打提尔塞特斯，打得他流血才止，一边还辱骂他，威胁说如果提尔塞特斯再敢"口出烂言侮辱国王"，他就要把他在大会上剥光衣服，让他"哭着上船去"。阿伽门农为了要测验军队的士气而宣布假决定所引起的兵变就这样结束了。围城继续，在《伊利亚特》以后 22 卷中仍没有成功。我们也就没有再听到荷马说起提尔塞特斯和普通百姓第一次运用言论自由权利的尝试。[13]

实际上，如果我们现在再回头读一读《伊利亚特》的话，我们就会发现，使得荷马和后来的许多古典学者不高兴的，不是提尔塞特斯说了阿伽门农什么话，而是一个平民百姓居然胆敢说这话。

的确，提尔塞特斯在《伊利亚特》第二卷中说阿伽门农的话不过是重复阿喀琉斯在第一卷中说过的话的回声而已。在第一卷中，两位国王因为心爱的女奴发生争吵时，阿喀琉斯说阿伽门农是"最贪得无厌的人"，"不知羞耻""酗酒成性"的醉汉，长着凶狠的"狗眼"但"胆小如鹿"的懦夫。阿喀琉斯对他说，"你从来没有勇气拿起武器来同你的同胞一起作战，或者同别的队长们一起出击"。[14]

像提尔塞特斯一样，阿喀琉斯也抱怨说，阿伽门农坐享其成，取最好的战利品，而打起仗来却让别人首当其冲。[15] 阿喀琉斯甚至还说了提尔塞特斯所不敢说的话，那就是他本人同特洛伊人并没有什么不和："他们从来不偷我的牛、马。"阿喀琉斯说，他来打仗只是帮阿伽门农的忙，因此他扬言要退出；的确，他在《伊利亚特》全书大部分时间里都坐在一旁，直到第18卷。

《伊利亚特》中这个头号英雄自尊心极强，不容伤害，对他来说，这比对战友的忠诚还重要。但是荷马对任性固执的阿喀琉斯并无微词，即使这个爱哭哭啼啼的孩子——没有别的更合适的词了——跑去找他的海神妈妈提的斯，叫她争取宙斯的帮助来反对希腊人：这无异是叛国行为。荷马对于两个反抗阿伽门农的叛逆采取了双重标准，这一点是很明显的。他美化了贵族,丑化了平民。

但是阿喀琉斯并不是《伊利亚特》中唯一不满阿伽门农的贵族。奥德修斯尽管因为提尔塞特斯说了冒犯君主的话而痛打了他一顿,但是他本人在第 14 卷中对阿伽门农也是同样不满的。在那一卷中,国王建议坐船逃遁。他说"离开废墟,我认为并不可耻"。但是奥德修斯"从他的浓眉下怒瞪了一眼"对阿伽门农说,"你是个注定要失败的人,但愿你是在指挥别的不光彩的军队,而不是我们的王"。[16] 这个场面很难说是绝对王政的证明。

由于色诺芬没有提到提尔塞特斯,我们永远无法从《言行回忆录》中知道苏格拉底对他的看法。但是柏拉图笔下的苏格拉底两次提及提尔塞特斯,两次都是瞧不起的。在《高尔吉亚斯篇》中,苏格拉底谈到做坏事的人死后会受到的惩罚时,把提尔塞特斯斥为普通罪犯,不配专门为身居高位做坏事的人才准备的永恒煎熬。[17] 在《共和国》中,苏格拉底谈到埃尔去游死人的冥府的故事,其中提尔塞特斯是作为丑角出现的,藏在猿猴的躯体里准备去转世。[18] 在这同一故事里,阿伽门农则选择转世为鹰。

在《言行回忆录》中所表示的对阿伽门农的尊敬显然不限于色诺芬笔下的苏格拉底。对柏拉图笔下的苏格拉底来说，这位国王也是备受尊敬的一个人物。在柏拉图的《自辩词》的末尾，苏格拉底向法官们告别时说，如果有来世，他很想同过去的伟人交谈，这是他向往的莫大享受。在这些伟人中，他很想见到阿伽门农。他问道："先生们，能够向率大军攻打特洛伊的领袖提问题，你还有什么代价不肯出呢？"[19] 在《会饮篇》中，苏格拉底引了《言行回忆录》中他引用过的荷马的话，说阿伽门农是"骁勇善战的"。[20] 在那本谈名字源流的次要对话录《克勒提勒斯篇》（*Cratylus*）中，苏格拉底提出，一个人的名字决定他的本性——这个奇想后来启发了斯端恩写作《特里斯特拉姆·尚迪》*。苏格拉底在阿伽门农这一名字中找到的字根表明他"有耐心和韧性"，令人钦佩。[21]

在《共和国》中，柏拉图笔下的苏格拉底对国王的忠心比色诺芬笔下更进一步。凡是荷马在《伊利亚特》中表示阿伽门农稍有不够美德标准的地方，苏格拉底都主张把这种不敬的段落删去，唯恐由此造成对权威的不尊重。苏格拉底具体提出了阿喀琉斯批评阿伽门农的讲话。[22] 在柏拉图的乌托邦中，文学是在两个层次上对臣属人民灌输"自制"的：一是

---

* Lawrence Stern（1713—1768），英国小说家。这部九卷巨著创后来内心独白技巧的先河。——译者注

"服从他们的统治者";二是克制自己的"肉体欲望"。阿喀琉斯批评他的国王,大概成了坏榜样。但是苏格拉底却只字未提统治者未克制自己对"女奴"的肉体欲望所起的坏榜样。

苏格拉底特别急于要把阿喀琉斯说阿伽门农"酗酒成性,长着狗脸*却胆小如鹿"的话[23],还有"其他一些普通公民对他们统治者不敬的文字或诗句"删去。柏拉图笔下的苏格拉底说,这些诗文"肯定不宜青年阅读"。

在《共和国》的第二卷中,苏格拉底也主张把宙斯让阿伽门农做个错误的梦一节删去。苏格拉底说,"虽然荷马的作品里有许多其他东西是我们赞赏的,但是对于这一节我们却不鼓掌。"[24] 他引了这一节——还有已失传的埃斯库罗斯**的剧本中阿波罗让提的斯做了一个类似的错误的梦——作为不允许在共和国的舞台上或学校教科书中那样表现神祇的例子。

同样在《共和国》里也隐含地对有些失传的剧本取笑阿伽门农不懂算术表示了不满。[25] 作为国王典范,阿伽门农是不容任何批评的。

读者不妨设想一下,这种删节会对埃斯库罗斯的《奥瑞

---

* 第61页第6行为"狗眼",此外为"狗脸"。原文如此。——译者注
** Aeschylus(公元前525—前456),希腊剧作家。世称悲剧之父。——译者注

斯提亚三部曲》造成什么结果。当阿伽门农从特洛伊带回他的侍妾预言家卡桑德拉时，克吕泰墨斯特拉把他们两个全都杀了，并且在盛怒之下说了一些正经人要掩耳的话：

"这里躺的是我的负心汉；伊里姆*女奴的心上人；躺在这里的她是他的俘虏，预言家，小老婆，他的忠实的共枕人，但是水手的木板床她也同样熟悉。这一对的下场是罪有应得。"[26] 这里"同样熟悉"这句话暗示在回家的航途上卡桑德拉也和普通水手睡过觉，这是原文中拉伯雷**式粗俗笔法的一种文雅的译法。按字面直译是卡桑德拉同水手们"同样干妖精打架"。在柏拉图的剧院里是绝对不会允许埃斯库罗斯用这种笔法的。

这样，我们就结束了苏格拉底和雅典之间在哲学上的第一点基本分歧。他和他的弟子把人类社会群体看做是必须由一个或几个国王来统治一伙人群，就像牧人看顾羊群一样。而雅典人则认为——正如亚里士多德后来所说的——人是"政治的动物"，不像其他动物，他赋有 logos 即理性，因此能够区别善恶，能够在一个 polis 中自己治理自己。这不是细微的分歧。

---

* Ilium，特洛伊另一名。——译者注
** Francois Rabelais（约1490—1533），法国小说家。作品以讽刺辛辣著称，笔法嬉笑怒骂，皆成文章，有时用字粗俗。——译者注

第四章
美德和知识的性质

我们现在来看一看苏格拉底和他的城市的第二个基本分歧。这关系到两个问题。对苏格拉底来说，这两个问题是不可分解地互相有关联的，但是对他的城市来说则不是。一个问题是：什么是美德？苏格拉底多次要想给它下个定义都没有结果，唯一成功的一次是把美德等同于知识。这就引起了第二个问题：什么是知识？

这两个问题当然是哲学的根本问题，如今仍在争论之中，还没有解决。看来它们是深奥难解而且是形而上学的，最好让博士研究生去对付。但是它们不可避免地有政治的涵义。如果美德就是知识，那么就像其他形式的知识一样，它是可以教的。如果它是可以教的，那么它就不可能限于少数人——贵族地主世家，而是可以被多数人——新兴的手艺人和生意人的中产阶级——来学习，甚至可以被普通百姓来学习。如果多数人都有美德，那么他们就有资格参与治理城市，而不能被拒绝。

但是，苏格拉底在谈"什么是知识"的问题时，却朝相反的方向支了开去。苏格拉底说，真正的知识只有通过绝对定义才能得到。如果你对某一事物不能下一绝对定义，你就并不知道它是什么。接着，苏格拉底证明，这种知识是得不到的，连他也得不到。他谦虚地声称，在这个意义上，他所知道的唯一东西就是他不知道。美德是知识，而真正知识是得不到的。即使这么一点真理也只有——如果有的话——极少数的人才能掌握。因此在他的无法衡量的谦虚后面隐藏着同样无法衡量的自大。

由此可见，至少对苏格拉底和他的弟子来说，既然美德是知识而知识又是不可获得的，那么普通人即多数人，就没有进行自治所必须具备的美德或知识。通过这条迷宫一样的形而上学的路线，苏格拉底又回到了他的根本命题：人类社会群体是一伙"羊群"，不能放手信任它能治理自己。

要了解与之相对立的雅典人的观点，在苏格拉底时代也是一般希腊人的观点，我们就要回到亚里士多德上来。他的道德观的基本前提，像他的政治观的基本前提一样是：美德是 *arete politike*。前一字是"美德"的意思，后一字是"政治的"意思，不过比较合适的对等英文词汇，我们从上文已可看出，是 civic（公民的）或 social（社会的）。对亚里士多德和大多数希腊人来说，每个公民"由于他的作为一个政治动物的性质"具有这种过群体生活所必需具备的基本美德。他不需要成为一个形而上学的大师。但是他需要具备必要的一点 logos 即理性,同时还要具备区别正确和错误的能力。[1]这种"政治的美德"使人们具有正义感,对别人的权利有足够的考虑,使得 polis——文明的社会群体——可以维持存在。

当然,当时和现在一样,不是每个人都够得上这一要求的,但是大多数人是够得上的。否则,甚至最原始的社会群体也不可能出现和发展成为城邦。这是希腊 polis 的基本道德前提,不论它的公民范围限于相对来说的少数人,还是扩大到所有生来自由的男人。苏格拉底的教导拒绝承认这一点基本美德和基本知识,就打击到了 polis 的核心——必要的前提。希腊人的普遍观点给予了普通人以尊严。而苏格拉底的观点则贬损了它。这是一种不可调和的分歧。

这个分歧反映在苏格拉底和所谓诡辩派*的对立上。诡辩派自称是知识和美德的教师。如果苏格拉底是对的,他们则是冒牌的骗子,因为不论知识还是美德都是不能教的。这

---

* Sophists,又译智者派。原指古希腊传授知识为业的哲学家,因对传统习俗和制度的批判引起柏拉图的不满,而诬蔑他们是诡辩家(当然其中也有人有诡辩倾向)。——译者注

两者，一般的多数人都是没有希望获得的。甚至精选的少数人——苏格拉底自己欣然承认这也包括他本人——都无法掌握它们的定义。

从色诺芬和柏拉图所记述的来看，苏格拉底和诡辩派的对立玷污了他们的名声。在此以前，*sophistes* 这一名称有褒意而无贬义。在荷马的著作里，*sophie* 是一种技能，不论哪一种技能。因此 *sophistes* 这个名称指的是一个技能娴熟的工匠或者艺术家，不久也用于称呼占卜者、诗人和乐师。传说中的希腊七贤人* 也被称做 *sophistai*，还有苏格拉底以前的哲学家也是如此。在罗马帝国，它成了教授希腊修辞学和哲学的教师的尊称。

在苏格拉底对诡辩派的敌意中有着强烈的阶级偏见因素。诡辩派都是在雅典这样的民主城市中的小康手艺人和生意人这个新兴的中产阶级中间找到市场的教师。这些手艺人和生意人有钱能够购置武器。他们作为 *hoplites*（即重型武装的步兵）参与城市的防御，也使他们赢得了共享政治权力的权利。他们希望学习讲演和逻辑的艺术，能够在议会中作有效的发言，这样就能够与贵族地主世家一争领导权。他们希

---

* 传说中的古代希腊七贤人众说不一，一般指 Bias, Chilon, Ceeobulus, Periander, Pittacus, Solon 和 Thales。——译者注

望能够分享城市的艺术和文化。而诡辩派就成了他们的教师。

贵族地主也早有他们自己的教师。柏拉图不论父系还是母系都出身于名门望族，像他那样的贵族从娘胎里生下来时并不是天生就受到过充分的教育的。他们都聘有私人教师。在荷马的作品中有这种关系的典型例子。其中有个名叫菲尼克斯的流亡贵族在阿喀琉斯的父亲彼留斯那里找到了一个栖身之所，担任阿喀琉斯的私人教师。在《伊利亚特》中，菲尼克斯回忆往事说，他当阿喀琉斯的私人教师时，阿喀琉斯还是个孩子，对于"可怕的战争，或者人们争出风头的议会"还一无所知。[2] 演讲术在当时贵族的课程表中就像武器一般重要了。

菲尼克斯在彼留斯的儿子身上为他作的服务与诡辩派在苏格拉底时代为小康的中产阶级父母所作的服务并没有什么不同。菲尼克斯提醒阿喀琉斯，他的父亲派他"来教授你这些东西，使你成为一个能言善道的言者和身体力行的行者"。

菲尼克斯并没有为自己的服务索取费用。地主的产业不是在货币经济的基础上经营的，他得到的报酬是保护和食宿。在柏拉图的笔下，诡辩派因为收费而受到轻蔑的对待。一代又一代的古典学者都不加批判地重复这种看法，尽管他们如果也不收费恐怕很少人能混得下去的。

公民的普及基础教育，在雅典很早就实现了，至少在苏格拉底以前一个世纪，识字似乎是很普遍的。这反映出民主政体的兴起。但是高等教育仍受贵族阶级的垄断，一直到诡辩派出现。他们传授演讲的艺术，由此招致了上层阶级的敌意，因为能够在公开场合侃侃而谈是中产阶级打开在政治上参与议会辩论的大门和谋得城市高级官职的手段。演讲的技术也使公民能够在法庭上为自己辩护，也许这是更加重要的。雅典人非常好打官司，由于当时没有我们所了解的那种律师，在一些民事和刑事的案件上，公民就需要具备一些讲话和逻辑的技能来为自己的权利辩护。甚至能够出得起钱请利亚西斯*或后来的德摩西尼斯**那样的职业发言起草人为自己服务的人，也需要受一点背诵和辩论的训练。

如果同古代罗马的教育作一比较，这一点就比较好理解了。在罗马，共和国是贵族寡头政体，他们不鼓励教授拉丁文演讲术，唯恐这会扩大对政府治理的参与，从而打破参议院元老对政治权力的控制。当初希腊教师在罗马开始出现的

---

* Lysias（约公元前 445—前 380），希腊著名演说家。——译者注
** Demosthenes（约公元前 384—前 322），希腊著名演说家。曾发表演讲反对马其顿国王腓力二世。直至 19 世纪以前，他的演讲词在西方一直作为典范学习。——译者注

时候，受到了猜疑的对待。

著名的加图*自己是个年老的农人，可是他对待年纪老的奴隶，却残酷无情得出名。加图当时担任对罗马的道德风尚拥有极大权力的检查官（censor）。他本人是个能言善道的演说家，可是他对传授这门艺术的人却十分仇视。在公元前161年，演讲术教师就曾经被驱逐出罗马。

加图时代以后，拉丁文演讲术教科书开始出现，它们引起了参议员们的怒意，《牛津古典词典》的"拉丁文演讲术"条目告诉我们，"在公元前92年，*rhetores Latini*［即拉丁文演讲术教师］受到了检查官的严禁"。但是，教授希腊文演讲术的教授却不受影响。因为掌握希腊文是上层阶级的修养，不是罗马老百姓力所能及的知识范围以内的事。希腊文演讲术只有增添罗马贵族的优雅风度。

当恺撒们推翻了共和国，结束了寡头控制的参议院和受到严密限制的平民组成的议会中的自由辩论时，演讲术和政治之间的紧密关系就明白地表现了出来。演讲退化为讲些空洞无物的漂亮话，成了一种耍嘴皮子的表演，再也没有它当初生为自由的人——不论是贵族派还是民主派——在为他们

---

* Marcus Porcius Cato（公元前234—前149），罗马政治家、军人、作家。曾任罗马检查官，第一个重要的拉丁文作家。——译者注

自己的命运作决断时，发出呼声那么勃勃有生气。没有言论自由，演讲只是放屁而已。

苏格拉底派和柏拉图派对诡辩派之所以抱有敌意，一个根本原因是，在这些教师中有一些首先确认人类平等的哲学家。有个诡辩派名叫安提丰†，作为苏格拉底的对手和批评者出现在色诺芬的《言行回忆录》中，他责备苏格拉底不参与政治生活。³ 他的著作《论真理》有一个片断在上一世纪埃及发现的一份古写本中出现，似乎是希腊哲学中最早明确肯定人类平等的。安提丰可谓是杰斐逊和雅各宾派*的精神祖先。⁴ 他蔑视出身的高贵，认为希腊人和野蛮人没有区别。安提丰写道："我们尊敬出身高贵的人，但是对出身不高贵的人，我们却不尊敬。在这方面，在我们相互的关系中，我们同野蛮人是一样的，因为我们在一切方面都是天生一样的，不论是野蛮人还是希腊人。"对安提丰来说，美德也是同知识有关的，虽然不完全等同。但是知识是可以教的，所有的人都能获得。他写道："观察自然法则，对人人都是可以做到的，因为自然法则是强制性的。同样，所有这些东西

---

† 勿与写演讲稿的安提丰相混，后者为寡头派，曾领导公元前 411 年推翻雅典民主政体的阴谋，建立了四百僭主独裁，但不久即被推翻，本人被处决。

* Jacobins，法国大革命时激进民主派。——译者注

都是人人都能得到的，而且在这些事情上，我们都不分野蛮人和希腊人。我们都是通过鼻孔和嘴巴呼吸，我们都用手吃东西……"到这里，残片就断了。

在另一残片中，安提丰提出了"被治理者的同意"这一概念。他区分了自然的法则和城市的人为的法律。[5]他写道，自然的法则对所有的人来说都是强制性的，但是城市的法律各地有所不同，却是"经过同意才制定的"。就像他明确提出所有的人都生来平等一样，他这里对被治理者的同意的强调，成了美国独立宣言的先声。安提丰另一部失传的作品是一篇《论和谐》即社会稳定的论文。在这篇论文中，安提丰可能是福利国家的第一位理论家。他表示了这样的看法："纷争不和的主要原因是财富不均"，他的结论是"应该鼓励富人帮助邻人"。[6]不论在色诺芬的笔下还是柏拉图的笔下，苏格拉底都没有提到穷人。他们似乎从来没有进入过他的视野。

另一位诡辩派阿尔西达马斯*是高尔吉亚斯**的学生，似乎是对奴隶制提出挑战的第一位哲学家。我们之所以

---

* Alcidamas，生卒年月、事迹不详。——译者注
** Gorgias（约公元前485—前380），希腊诡辩派哲学家。柏拉图的一篇对话录即以他命名。——译者注

知道这一点，多亏一位古代佚名的评论者在亚里士多德的《修辞学》手抄本上一处奇怪地中断的地方写的旁注。亚里士多德在谈到普遍的自然规律这个思想时说，"阿尔西达马斯在他的《麦西尼亚克斯》中也谈到了这个概念……"[7]这句吊人胃口的话在这份古老的手抄本中就戛然而止了，似乎抄写员害怕有什么危险的煽动性思想会挑起奴隶暴动似的。的确很可能是这种情况。我们无法确知，亚里士多德引用了什么话，但是在这个节骨眼上一条佚名古人的旁注引用阿尔西达马斯的话说："上帝赋予所有的人自由，大自然一个也没有把他们变成奴隶。"我不知道这段引语有没有收入美国废奴运动的文献。（从阿尔西达马斯这部失传的作品书名《麦西尼亚克斯》来看，写的很可能是麦西尼亚人反抗斯巴达奴役的起义。）

不过且慢为这崇高的感情过早感到兴奋，我必须再加上我自己的一个最后的悲哀的小脚注。在古典研究中，最令人悲哀的感想之一是，看到斯多噶派、圣保罗*和罗马的法学家们都确认人类的平等——不管是自由的人还是奴隶——但他们又都心安理得地安于奴隶制度的存在。我们的开国元勋

---

* St. Paul（公元5—67），原为狂热的犹太教徒，后皈依基督教，到希腊、罗马传教，被罗马皇帝尼禄处死。——译者注

第四章　美德和知识的性质　083

们大多数也是如此。

但是诡辩派之一阿尔西达马斯至少能超越他的时代的偏见（我们在下文就会见到，还有欧里庇得斯*），打开了人们的眼睛，使他们看到了还有一种更高境界的道德。像苏格拉底、柏拉图、亚里士多德那样的哲学家对于他们时代的奴隶制都采取了习俗的观点，因此至少在这一方面，他们的同情心和洞察力是低于像阿尔西达马斯这样的一个诡辩派的。

苏格拉底和柏拉图从来没有对奴隶制提出过怀疑，亚里士多德则认为这是"自然的"。他们三人都生活在一个有着因为遭战争或海盗的不幸而丧失自由的奴隶的社会中。然而这些人被带到古代奴隶市场，是由于命运不济，而不是"生性低劣"。即使是生为奴隶的，像在罗马那样，也常常能超越他们的出身而有所成就。荷马比哲学家高明。他说，一个人在战争中被俘成为奴隶后，他就成了"半个人"。他失去了自由，就什么都不在乎了；他以后制造生产的东西都是别人的。他成为奴隶，不是因为他的"天性"，而是奴役改变了他的"天性"。这里的教训就是，甚至最伟大的哲学家也可能戴着他们时代的眼罩，因为清晰的眼光会威胁到一种财

---

* Euripides（公元前480—前406），古希腊悲剧作家。——译者注

产权。

在色诺芬的著作中，从来没有提出过民主的论点，或者苏格拉底怎样对待这种论点，在柏拉图的许多对话录中也只有一次。但是，苏格拉底并没有接受挑战，为我们作出回答，相反，他回避了这个问题，把我们带到了一种语义学的浓雾之中。这发生在柏拉图的一篇用普罗泰戈拉斯*的名字命名的对话录中。普罗泰戈拉斯是被苏格拉底和柏拉图诬称为"诡辩派"的这个敌对派别的最著名的教师和哲学家。

在公元前5世纪，雅典是个思想的公开市场。希腊各地的教师都纷至沓来，他们是被一个渴望文化和哲学的繁荣的中产阶级吸引来的。在柏拉图的对话录中，普罗泰戈拉斯是他们中间唯一受到尊敬对待的一个。他是伯里克利的好友，当后者于公元前443年在图利建立一个模范殖民地时，他请普罗泰戈拉斯为它编一部法典。就像柏拉图自己常常做的那样，普罗泰戈拉斯有时用神话形式提出他的思想。在柏拉图用普罗泰戈拉斯的名字命名的那一篇对话录中，普罗泰戈拉斯的神话体现了民主社会的基本前提。

---

* Protagoras（约公元前490—前420），希腊诡辩派哲学家。有"人是一切事物的衡量"的名言。——译者注

在这篇对话录中,这个神话是由于苏格拉底轻蔑地谈到雅典议会的谈话而引发他说出来的。苏格拉底向普罗泰戈拉斯说,雅典的治理机构即议会如要处理一项建筑工程,就会请建筑工人提意见,要扩充海军舰队或商船队,就请造船工人。议会依靠有训练的职业专家。如果有个非专家想发表意见,"不论他长得多俊,多有钱,出身多好",开会的市民们就会"一笑置之,不去理他"。[8] 但是,苏格拉底说,他们开会讨论政府的基本问题时,"站起来向他们提供意见的却很可能是个铁匠、鞋匠、商人、船长、富人、穷人、出身好的或者不好的,没有人想到责备他"对正在讨论中的问题没有受过训练。[9]

这打击的是雅典民主的基础本身,这个基础是两个世纪以前由雅典的伟大立法者和社会改革家梭伦*所创始,他给予所有的男性公民,包括最穷的公民,在议会中和陪审团法庭上投票的权利。

要了解这件事具有多么大的革命性,我们只需回想一下,在西欧,没有家产的人直到 19 世纪末 20 世纪初才赢得投票权利。甚至在美国,直到 19 世纪 20 年代和 30 年代所谓

---

* Solon(约公元前 638—前 558),雅典立法者。九人执法官之一,以立法贤明名垂青史。——译者注

杰克逊式革命*之前，没有家产的人都没有投票的权利，即使在北方也是那样，更不用说寡头统治的蓄奴制南方了。

对于苏格拉底批评人人有权在议会讲话这点，普罗泰戈拉斯用一个关于文明生活起源的寓言或神话来作答。普罗泰戈拉斯说，人类刚创造出来时，过着单独的生活，没有能力在比他自己强壮的野兽面前保护自己和一家人。因此，他们联合在一起，"创建城市，保护自己的生活"。但是，城市里充满了纷争，因为城市居民还不懂得"政治艺术"（*politike techne*）使自己和平地生活在一起，因而"互相作恶"。这样，人类"又开始分散开来，终于灭亡"。

普罗泰戈拉斯说，宙斯担心"我们人种有完全毁灭的危险"，因此他派信使赫耳墨斯带着两个礼物到地球上来，终于使人类能够成功地运用"政治的艺术"，建立了他们能够安全地和睦地生活在一起的城市。宙斯送给人类的两个礼物是 *aidos* 和 *dike*。*Aidos* 是羞耻心，对别人的好评的重视。这是军人在战场上抛弃自己战友时所感到的羞耻，或者公民在做了什么不光彩的事被当场抓获时所感到的羞耻。*Dike* 的意

---

* Andrew Jackson（1767—1845），美国第七任总统。因维护下层人民利益，他所倡导的民主被称为杰克逊式民主。——译者注

思是尊重别人的权利。它意味着正义感，它通过裁决来解决纠纷，使得大家有可能得到社会的安宁。由于有了 *aidos* 和 *dike*，人类终于能够确保自己的生存。

但是赫耳墨斯在下凡去地球之前，问宙斯一个至关重要的问题，宙斯的回答就是普罗泰戈拉斯这一神话故事寓意的所在。赫耳墨斯向宙斯请教怎么发放 *aidos* 和 *dike* 的问题："我是不是要像以前发放其他艺术一样发放这两个艺术？"要了解这个问题，我们必须记住，用这句话中的"艺术"一词来翻译希腊文 *techne* 一词是不够充分的。希腊文 *techne* 就是我们英文中的 *technique*（技术）和 *technical*（技术的）的字根，在古代希腊，*techne* 所包含的远远超过我们所称的"艺术"。它还包括手艺和行业，不论是高等的还是低等的，从鞋匠、铁匠到医生和雕塑家。

赫耳墨斯提醒宙斯，其他的艺术发放的结果是使"一个掌握医疗艺术的人能够治疗许多普通人，其他的手艺人也是一样"。赫耳墨斯问宙斯，他要把"政治的艺术"发放给精选的少数人还是所有的人。宙斯的答复是民主的答复。"给所有的人"，这是他的回答，"让所有的人都有他们的一份"这公民的艺术。宙斯解释道，"因为如果只有少数人"掌握 *aidos* 和 *dike*，"城市就无法形成"。为了使得社会群体生活有存在的可能，所有的人都必须拥有 *aidos* 和 *dike*。为了要透彻说明这一点，宙斯进一步指示他的信使，"此外，再宣布我的一项法律：凡是不能共同享有尊敬［*aidos*］和权利［*dike*］的人都会被当做公害而死"。

于是普罗泰戈拉斯从他这个神话故事中得出教训说，"苏格拉底，这就是为什么城市里的人，尤其是雅典人"在专门技术问题上只听专家的意见，"而在开会商讨政治艺术"即一般的政府治理问题时，"在他们应该自始至终受到正义和明智意识指导的地方，他们很自然地允许人人都能发表意见，因为大家都认为，每个人都应该共同享有这份优越性，否则国家［即城市，*polis*］就不可能成为国家"。[10]

用一个现代名词来说，这就是伯里克利时代的雅典的意识形态，苏格拉底是在那种意识形态下长大的，但是他从来没有接受过。这个意识形态假定，所有的人都共同拥有普罗泰戈拉斯所说的"政治艺术"，因此可以信任他们有权治理自己。普罗泰戈拉斯的神话故事可以看做是民主的打基础寓言。

苏格拉底没有接受这个神话故事的挑战，给它直接答复。他满可以回答，这个神话故事是个好听的寓言，但是，它不过是提出一个有待证实的命题的方式而已，尽管它赋予了神的认可。不过，如果柏拉图把这话放在苏格拉底的嘴里说出来是有点难为情的，因为柏拉图自己也经常以同样方式用神话故事来说明自己的观点。

苏格拉底本来是可以这样做最坦率的回答的：城市的治理像任何其他艺术一样是一门艺术或者 techne，只有少数人掌握，就像只有少数人掌握医疗或雕塑的才能一样，没有掌握它的人——即多数人——为了自己的利益应该服从他们的统治，不要浪费时间，愚蠢地发表无知的意见。

但是，如果用这个论点在当时当地就答复普罗泰戈拉斯，就会太明显地显得苏格拉底不过是雅典民主之敌。因此，苏格拉底用一句恭维话来打发这个神话故事，他说普罗泰戈拉斯的讲话是一场"伟大的精彩的表演"[11]，就不再谈这个问题了，像一个精明的律师把证人打发掉，而不再在一个棘手的问题上再要他作证一样。这样，一场关于民主及其基本前提的真正辩论就被搁置起来了。在柏拉图的对话录里，我们就永远也找不到其他的机会了，因为在这些对话录里，民主经常受到忽略和讽刺，从来没有得到过认真和充分的辩论。到关于这个神话故事的话题结束时，《普罗泰戈拉斯篇》中的对话还只进行到三分之一，其余的篇幅都用在为美德下定义的这个吃力而没有结果的努力上面了。

苏格拉底问普罗泰戈拉斯的第一个问题是，各种美德是一个还是好几个。接着我们就开始读到关于美德是否可教的令人厌倦的讨论，这却是柏拉图心爱的题目。当然，对话以苏格拉底胜利结束。但这个胜利是一种奇怪的胜利：普罗泰戈拉斯和苏格拉底最后互相交换了立场。苏格拉底在开始时否认美德可教，收场时却说它是可教的。普罗泰戈拉斯也许纯粹由于累了，在论辩上也翻了一个大跟斗。他最后说，美德是不可教的——对一个职业教员来说这真叫人难为情。在辩论过程中，他们两人都忘记了关键的问题——他们辩论可教不可教的究竟是什么美德？

对话录最后是双方都辩垮了。筋疲力尽的普罗泰戈拉斯要求对方注意"我们把整个问题带到了怎么样的一团乱麻之中"。他表示希望另找时间也许能够和苏格拉底再来一遍"最后我们终于可以得出美德是什么的结论"。[12] 这情况永远没有出现。

苏格拉底素以混淆问题而把对方弄糊涂的才能著称，普罗泰戈拉斯不过是受他作弄的最著名的一个倒霉蛋而已。他（和柏拉图）常常用过分的简单化和在复杂的情况下寻求绝对抽象化的办法来做到这一点。当然，政治是一门很少人能够高度掌握的技能，掌握这门技能的人并不总是为大众的利益运用这门技能的。当然，雅典议会中很少人能自称是个政治家。但是给他们发言权和投票权的主张并不是以他们非得是政治斲轮老手为前提的，相反，这牵涉到好几个命题。第一个命题是普罗泰戈拉斯所提出的。后来亚里士多德也提出来过，那就是，除非大家——一般来说——都有那么一点使得共同生活成为可能的公民美德，对公共舆论的尊重和正义感，否则社会群体或城市是无法实现的。第二个命题是，如果公民觉得他们在影响到他们的生活和福利的问题上作出决断时有一定的发言权，这对社会稳定是有好处的。普罗泰戈拉斯的神话故事为自己治理自己的权利提供了哲学的基础。这种寓言在公元前5世纪的雅典似乎是很熟见的，因为柏拉图让苏格拉底在《普罗泰戈拉斯篇》的某一处这么说："我们可能从伯里克利或某个其他能言善辩的人那里听到过类似的谈论。"[13]

民主的来临为雅典带来了另外一个好处。它增强了军事力量，因为自由的人在保卫和扩张他们的城市时，由于觉得这个城市的确是"他们自己的"城市，打起仗来就格外忠心和勇敢。这是希罗多德*在他的历史著作里解释公元前5世

---

* Herodotus（公元前484—前425），古希腊史家。有"历史之父"之称。——译者注

纪上半叶雅典人在抵抗波斯帝国的多得多的军队和财富时所以取得节节胜利所得出的教训。希罗多德写道，波斯人是用鞭子抽打他们的士兵到战场上去的，而希腊人，特别是首当其冲的雅典人是作为自由的人打仗的。希罗多德说，"雅典的力量就这样增强起来，而且有不止一个，而是有许多例子证明，平等是一件好事；雅典人在暴君的统治下时，打起仗来比他们的邻国的人好不了多少，但是一旦他们赶走了暴君，他们就成了最最优秀的"。希罗多德补充说，在暴政之下，他们都是胆怯的，他们是"为主人工作的人，但是他们一旦获得自由，每个人就会很热心地为自己努力"。[14]

雅典人的观点出现在埃斯库罗斯的一段很铿锵有力的话里，埃斯库罗斯是雅典的第一位悲剧诗人、在某些方面也是最伟大的悲剧诗人，他本人也是在马其顿战胜波斯大军的一名老战士。这个段落是在苏格拉底出生前三年即公元前472年首次演出的剧本《波斯人》中。剧本的序言解释，"波斯那个年轻莽撞的国王"色雷斯*从他地大人多的版图内纠集了一支大军，要来"征服希腊，尤其是要对雅典进行

＊ Xerxes（死于公元前465），波斯国王（公元前485—前465）。大流士一世之子，征服埃及后，入侵希腊，舰队在萨拉米斯覆灭，后被部下士兵所杀。

报复,因为他的父亲大流士*就是在马其顿惨败于雅典之手的"。[15]

帷幕在波斯首都苏萨升起,那里的一些摄政者和母后因为战场方面没有消息传来而感到担忧。这时有使者来报,母后向他问了一个关于希腊军队的关键问题:"谁是他们的牧人,统率他们军队的主子?"信使回答道:"他们不是谁的奴隶或臣民。"

母后接着问道:"那么这种人是怎么能够抵御入侵大军的进攻的呢?"

信使没有在政治理论上同母后争论。他只求助于事实。他告诉她:"就是这些人击溃了大流士的军队,尽管大流士的军队人多势众。"我们可以很容易地想象,就在波斯战争后不久,这话在雅典观众听来是何等的令人兴奋。

"那么",母后悲哀地说,"我们派去的军队的父母们有充分理由感到担心"。[16]

接着又有一个信使来报告波斯舰队在萨拉米斯遭到覆灭,后撤的波斯军队遭到惨重损失。

---

* Darius(公元前550—前486),波斯国王。曾发动波斯战争,远征希腊,一次为风暴所阻,第二次在马拉松战败。

对埃斯库罗斯来说，而且对雅典人来说，这不仅仅是希腊人战胜波斯人的胜利，而且也是自由人战胜"奴隶"的胜利。在萨拉米斯获胜的人是由于有言论和自治的自由而受到激发和鼓舞的人。苏格拉底虽然本人也曾作为一个士兵而英勇地作过战，这却是他从来不肯承认的。

第五章
勇气作为美德

希腊文 *arete* 一词,我们译为美德,当初似乎与作战勇猛有关,而且可能与希腊战神的名字 Ares 有关,我们比较熟悉他的罗马名字 Mars。不论是希腊字 *arete* 和英文对等词 *virtue*(美德),都有男性气概的含义。(事实上,这就是拉丁文 *virtus* 一词的基本意义,我们的 *virtue* 就是由此派生而来的。)所以,当苏格拉底开始为美德下定义时,他想到勇气是它的主要组成部分之一,他就提出了这个命题:作为美德,勇气也是知识。

当然,在武器的训练和作战的经验这个意义上,知识在战争中起着一种重要的作用,人类从太古时代起就把战争视为男性气概和勇气的考验。但是除了知识以外,也有其他因素在勇气中起它们的作用,奇怪的是,苏格拉底本人曾在战争中有勇敢的表现,而且后来在对他的审判中表现了另外一种杰出的勇气,却忽视了这些因素。

勇气有许多表现方式。虽然作战是它的原始考验,但是有时候拒绝作战杀人也需要最大的勇气。在任何情况下,勇气当然是一种美德。如果我们把勇气当做苏格拉底的美德是知识这一观点的考验，我们很快就会发现，这个概念是如何的不足，是如何地冲淡了我们对人的本性的观点。亚里士多德在他的《尼各马科伦理学》*中，考虑到职业军人的情况，对苏格拉底的"勇气是知识"的思想提出不同的看法。职业军人的勇气乍看之下似乎的确产自知识。亚里士多德说，战事"是充满错误的警报的"，职业军人由于训练和经验有较好的准备来认识真正的危险。亚里士多德谈到职业军队时说，"经验使得他们能够最有效地使敌人蒙受损失"而把自己的损失降到最低限度，因为"他们使用武器娴熟"，并且配备有"不论用于进攻或者防御的最精良武器"。他们"仿佛是……有训练的运动员对付业余运动员"。

但是，亚里士多德说，也有知识破坏勇气的情况，当危险太大，职业军人发现自己处于"人数和装备的劣势"时就会怯懦起来。亚里士多德说，他们"是率先逃跑的，而公民军队却坚守阵地，战斗至死"。他认为，这是因为公民"认为逃跑是可耻的，宁可死也不要逃命"。[1] 职业雇佣兵常常轻易断定前途无望，而公民军队有了牺牲的准备倒可能扭败为

---

* 为亚里士多德的儿子尼各马科所编。——译者注

胜,克服懦夫认为无法克服的不利条件。

在这种情况下,勇气超过了知识。它产自动机,产自责任,产自对同伴的忠诚,产自爱国心,产自对事业的信念。这一切克服了对死亡本身的恐惧,使得人类能够为他们信奉的东西准备牺牲生命。

正如亚里士多德把一般的美德限定于政治性的或公民性的一样,他也限定勇气是一种社会性的美德。他说,"首先,公民的勇气最接近于真正的勇气"。亚里士多德按照他的中庸之道——即我们可以称为合情合理的温和方针——把真正的勇气界定为怯懦和鲁莽两个极端之间的中间点谨慎上。亚里士多德把这公民的勇气追溯到两个源头。一个源头是社会群体用以培养其成员个人使之习惯于美德的一套奖惩制度。这样,永远是现实主义的亚里士多德说,公民军人"承受危险"不仅出于公民的责任心,也是"因为怯懦所带来的法律惩罚和谴责"。

这种对"谴责"的担心把我们带到亚里士多德所举的公民勇气的第二个根源。这就是 *aidos*——内在的羞耻心——对于自己在别的公民心目中的形象的关心。亚里士多德说,公民军队是由"羞耻心,要想作出高尚表现的愿望所激励的"。

亚里士多德看到了培养人的美德性格的动机和习惯。这同苏格拉底的简单化观点形成对比，苏格拉底认为，勇气作为美德的一部分，是知识的产物。他说的知识到底是什么，这一点并不清楚，但在勇气这个问题上，它似乎是判断什么是真正危险的和什么只是看起来危险的那种能力。公民勇气——而且是任何一种完全的和真正的勇气——都超越了这种不光彩的功利主义的计算。

亚里士多德满可以援引苏格拉底在自己受审时的表现来驳斥苏格拉底对勇气所下的定义。他知道危险是真的，但宁死不屈。亚里士多德也把公民军队的勇猛同波斯军队的表现作了对比，后者之所以作战是因为害怕他们的军官。亚里士多德说，"如果他们后退"，军官就打他们，并且指出，波斯的指挥官们在他们自己的军队身后挖了战壕，使他们不能轻易逃跑![2]

雅典人，而且一般的希腊人也是如此，进军时奏的却是不同的音乐。在修昔底德*的著作中伯里克利追悼在伯罗奔尼撒战争中阵亡的希腊人的伟大悼词中响彻着这支进行曲的豪迈的曲调。雅典人的这种爱国心在柏拉图笔下的苏格拉底

---

* Thucydides（约公元前460—前395），希腊史家。著有《伯罗奔尼撒战争》流传后世。——译者注

身上没有回声。自由人的音乐，他的耳朵是听不进去的。如果听到它，就意味着承认他所钦佩的军人勇气和他所反对的民主之间有联系。有一个表面看来的例外，那就是柏拉图的《美尼希努斯篇》（*Menexenus*），但是在仔细考察之下，它似乎是开雅典人的爱国演说玩笑的游戏文章，也许是讽刺伯里克利悼词本身的。

柏拉图在一篇对话录《拉奇斯篇》（*Laches*）中，真的让苏格拉底同两位雅典名将尼西亚斯*和拉奇斯**讨论勇气的性质还有其他军事问题来。这次对话很有趣，也许比柏拉图当初的意图还有趣。对话有个古老的副题叫"论勇气"，并被形容为 *maieutikos*，那是"产婆术"的希腊文形容词。苏格拉底常常把他的辩论术比喻为产婆术——用提问题的方法套出他的对辩者的真正思想来。但是在《拉奇斯篇》中，像在别的地方常常发生的那样，他一个接着一个把这些思想刚出论辩的娘胎就加以窒息了。产婆似乎是个堕胎老手。

---

* Nicias（死于公元前413年），雅典政治家、将领。反对阿尔西亚德斯派兵远征叙拉古，但仍被任命为将领之一，因犹豫寡断和迷信月食，兵败被杀。——译者注

** Laches，生卒年月、事迹不详。——译者注

《拉奇斯篇》以披戴重盔进行作战的艺术的示范表演开始。两个不放心的父亲必须作出决定,让不让他们的儿子学这门艺术,表演这门艺术的人是不是个够格的教练。两位将军和苏格拉底被请去当咨询,前者是作为战争艺术的专家,后者是因为他的智者的名声。当然,这次对话很快就成了单人表演。我们从来没有听到那位受到测验的教师说的话。而两位将军不过是苏格拉底的陪衬而已。他们证明自己在逻辑上远不是苏格拉底的对手,这是毫不奇怪的。原定的题目 *hoplomachia*——重盔作战——几乎一开始就被搁置一旁而让位给为勇气下定义的尝试,接着又变成一场关于一般的美德的讨论。美德被认定为知识,看来似乎这两个孩子需要用来保卫自己的是"善与恶的知识"。讨论是迂回曲折的,常常很吸引人,但结果总是令人失望,苏格拉底最后承认,他也不知道怎样回答自己的问题。他建议他们大家——两位将军和两个孩子还有苏格拉底本人——应该回到学校里去重新开始。因此,这次对话就以一声亲切的咯笑和僵局告终。

在这次对话中从来没有出现过鲁莽的声音提出这个问题:"我亲爱的苏格拉底,当你在德里姆和波蒂地亚的战役中表现得这么英勇的时候,是不是因为你当时对勇气有个令你满意的定义？如果你当时对勇气的知识并不比你现在的多，而仍旧表现得十分勇敢，这似乎说明，勇气一点也不是一种知识。"一个鲁莽的提问者甚至可能举出这两位将军来证明他的论点。这两位将军都不能为勇气下定义。在这个意义上，以苏格拉底的标准来衡量，他们不知勇气为何物。但是从来没有人攻击他们作战时缺乏勇气，或者不能区别他们指挥下的战士是懦夫还是勇士。苏格拉底的逻辑引导到了一条死胡同里。对职业的逻辑家来说，这场对话妙趣横生，但是从实际的角度来看，却是令人沮丧的，因为所有的各种有益的工作都是由从将军到鞋匠这些不能为他们所表现的勇气或他们所制作的鞋下定义——至少是苏格拉底满意的定义——的人完成的。

苏格拉底是否定式论辩术大师，他能驳倒向他提出的任何一个命题。但是他很少提出自己的明确命题。对苏格拉底的否定式论辩术的这种不满，在他的时代是很熟见的，在稍后的古代也是如此。这不仅是柏拉图笔下的苏格拉底的特点，也是色诺芬笔下的苏格拉底的特点。这种不满是诡辩派希庇亚斯*在《言行回忆录》中向苏格拉底提出的，他本人

---

* Hippias of Elis（公元前5世纪），希腊诡辩派哲学家。著作只有残片传世。因自称掌握各门学问，被柏拉图视为浅薄。——译者注

也是个多才多艺的哲学家和教师，数学上一个重要的发现据信出于他之手。希庇亚斯多次游学雅典，有一次碰巧遇到苏格拉底在谈一个常谈的话题，便戏问他道："难道你还在说那很久以前我曾听到过你在说的话？"[3] 苏格拉底甚为不悦，就邀他辩论。但希庇亚斯予以拒绝，理由是苏格拉底总是在作纯粹否定性的论辩。希庇亚斯说，"你取笑别人，对人人都提出问题考人家，却从来不愿提出自己的观点，或者对什么事情谈一谈自己的意见"。

奇怪的是，对这种否定式论辩术引起的不满提供最有力的证据的，竟是在柏拉图的著作中。我们在上面已经看到色诺芬的《言行回忆录》中苏格拉底和希庇亚斯的冲突。他们的交锋在苏格拉底的弟子们中间一定留下了深刻的印象，因为在柏拉图的对话录里有两篇加以记述。即《大希庇亚斯篇》(*Hippias Major*) 和《小希庇亚斯篇》(*Hippias Minor*)。这两篇对话录有时看起来好像不仅是对这位诡辩派的讽刺，也是对苏格拉底本人的讽刺。像苏格拉底其他的对话一样，这两篇对话都有关定义问题。《大希庇亚斯篇》——之所以称"大"，是因为两篇之中它较长——是为"美"寻求定义。希腊文该词是 *kalos*，它比英文中的对等词有更多的含义和含混之处。苏格拉底充分利用了这些含混之处。[4] 他请希庇亚斯提出定义来，然后逐个驳倒，但从来不提出自己的定义。《洛勃古典文库》译者福勒在他序言中的看法是，"最后结果是否定的"。[5] 这位诡辩派被描述成在苏格拉底反面论辩的打击下毫无招架之功。但是在柏拉图所有事先布置好胜负的拳击赛的这一次最有布置的比赛中，胜利是这么一边倒，不由得使我们不大相信。这次比赛几近滑稽，它的结果充分证实了希庇亚斯在《言行回忆录》中所提出的对于苏格拉底的根深蒂固的否定主义的不满意见。这篇对话录真使我们希望能够有一篇由希庇亚斯的弟子从另一方的角度写的记述。

另外一篇对话录《小希庇亚斯篇》虽然比《大希庇亚斯篇》更加普遍地被认为是出自柏拉图自己的手笔，却更进一步把苏格拉底暴露在批评面前。它可以很容易地被改写成一部阿里斯托芬式的喜剧。其中又把希庇亚斯写得荒谬可笑。但是在这个过程中，苏格拉底显得更加荒谬可笑。正如福勒在《小希庇亚斯篇》的序言中所承认的，"整个对话录似乎是使得苏格拉底方法归于荒谬可笑"。[6]

讨论是苏格拉底开始的。他请希庇亚斯谈一谈高尚的阿喀琉斯和狡猾的奥德修斯的相对优缺点。这接下来就成了一番为人真诚与虚假的比较。根据福勒的总结，结果是"最了解真相的人最可能说假话，因此"——请系好你的论辩安全带！——"真诚的人最虚假"。悖论成了滑稽的变戏法。

苏格拉底在这里玩弄诡辩胜过了诡辩派。因为，一个真诚的人怎么能够变成虚假而犹不失真诚呢？希庇亚斯没有得到机会提出这个显而易见的反驳。他只是在最后疲乏地说："我不能同意你，苏格拉底。"这篇对话录中最令人意想不到的是苏格拉底的回答。他说："我也不能同意我自己，希庇亚斯。"而且苏格拉底还添了一句悲哀的承认的话。他最后说，"我一直在说，在这些问题上"——指他不断地努力要为美德下定义——"我误入了歧途，东跳西蹿，从来没有坚持同一个意见"。[7]因此，至少在《小希庇亚斯篇》中，苏格拉底承认自己也成了他的否定式论辩术手法的受害者。

《大希庇亚斯篇》的真伪最受到怀疑，主要是因为它缺乏柏拉图最优秀的对话录中所表现的那种文采和机智。《小希庇亚斯篇》既是它的续篇，也遭到同样的怀疑。但是这两篇对话录对否定式论辩术的讽刺性看法在柏拉图的其他对话录中也可以找到，而那些对话录的真实性是无可怀疑的。《美诺篇》（*Meno*）是个突出的例子。古人给它的副题是《论美德》。它是《普罗泰戈拉斯篇》的续篇，承接后者中断的话题。读者想必记得《普罗泰戈拉斯篇》结束时翻了一个论辩上的跟斗。普罗泰戈拉斯和苏格拉底互换了论点,苏格拉底唯一一次采取了正面的态度,他最后说,既然美德是知识,它一定是可教的。

如果美德是可教的,那么普通人可以通过教育来自制。这样的承认,对作为教师和民主派的普罗泰戈拉斯来说,是一个胜利。但是他从来没有机会在以他的名字命名的对话录中引出这个结论。

这个续篇的名字取自一个很有魅力的年轻弟子的名字,他是从色萨利来的一个贵族,色萨利是地处内陆的落后农业地带,地主仍是统治阶级,他们的土地是由农奴耕种的。在《美诺篇》中,苏格拉底一开始又改变了自己的立场,否认美德是可教的。他回到了否定式论辩术,使美诺陷入一场完全的混乱之中。但是他还是作了一个正面的虽然是软弱的承认。苏格拉底在讨论结束时承认,美德"既不是天生的,也不是教会的",而是"神赐"给我们的。[8]

但是,如果美德是神赐的,那么它就不会仅仅在有学识和优秀的少数人中间找到。在对话录中,这个推论没有提出来,但是它存在在那里。在柏拉图的全部著作中,这似乎是唯一的地方,我们看到了一瞬即逝的承认,即我们可能在多数人中间,甚至包括目不识丁的卑微的人中间发现美德。但是这个命题会导致民主的方向，于是柏拉图笔下的苏格拉底就马上加上一个奇怪的限制来把它破坏掉。他说，这种神赐是在"得到神赐的人懵然无知的情况下"得到的。因此一个普通人虽然有德行，也不能自称有"知识"。而只有"那个知道的人"才有权统治，就像苏格拉底常常告诉我们的那样。

但是，到苏格拉底向他的年轻朋友美诺告别时，蒙在美德、知识和它们的可教性之间的相互关系上的雾反而更浓了。美诺表示了我们今天读到这篇对话录的许多人都感到的失望和沮丧，尽管它写得十分有魅力。美诺抱怨说，"我在美德问题上向不同的人们作过无数次大量的演讲——而且我认为是很好的演讲——但是如今"，他感到，他不能"对它是什么再置一词"了。美诺说，在他见到苏格拉底之前，就有人警告他苏格拉底的否定主义。美诺说，"曾经有人告诉我你的方法就是你自己有怀疑而且让别人也怀疑。因此，如今我发现，你不过是用你的咒语来迷惑我，使我陷入完全的困惑不解之中"。

美诺并且开了他的教师一个小小的玩笑。"如果确实可以让我开个玩笑的话.我认为不论你的外表还是其他方面，你都极像一条扁平的带电的海鱼，谁走近一碰就麻

第五章 勇气作为美德

谁……我发现你现在对我做的就是那么一回事。因为说实话,我感到我的灵魂和舌头都麻木了。"[9]

在读到这一段动人的话时,我们不禁想到,在某种意义上,这话是否是自传性的,年轻的柏拉图早期同苏格拉底的接触中是否有时自己也感到同样的沮丧。不论什么情况,在这里,柏拉图作为哲理性戏剧作家的才能超越了他对先师的怀念之情。这个场面证实了"大小希庇亚斯篇"的具有讽刺意义的逼真性。

关于《美诺篇》,还有一句悲哀的话要说。这篇对话据说是在苏格拉底受审前三年的公元前402年在雅典进行的。[10] 美诺警告苏格拉底说,他的否定式论辩术可能为他带来麻烦,这是带有预兆性和戏剧性的。美诺关切地告诉苏格拉底说,"你从来不航海,也不离家远行,我想你这么做是很对的;因为如果你像这样到随便哪个其他城市里去做陌生客,你很可能被当做男巫而捉起来"。[11] 美诺用的希腊文"男巫"一词 goes,并不像我们在英文中所使用的 wizard 一词有恭维的性质。它在希腊文中按字面来说的确指一个男性的巫师,用在形象化的意义上是玩戏法或骗术的。因此,《美诺篇》已经为苏格拉底敲起了丧钟。

对于苏格拉底的否定式论辩术这样的不满，在稍后的古代是常见的。我们在西塞罗*身上发现了它，西塞罗是在苏格拉底受审后三个世纪在雅典学哲学的。苏格拉底是他崇拜的英雄之一。但是西塞罗在自己关于知识理论（即什么是知识或认识论）的对话录《学园派哲学》中，记述了他的朋友、罗马当时最有学问的人之一伐罗**的意见。伐罗说，"在听苏格拉底对话的人用这么不同的方式如此充分记录下来的几乎所有的对话录中，苏格拉底所用的讨论方法不是为了证明自己，而是为了反驳别人"。[12] 西塞罗对此表示同意。他在《论神的性质》一文中说，苏格拉底创始了"一种纯粹否定的论辩术，不发表任何肯定的判断"。[13]

圣奥古斯丁***提出了一个类似的看法。像西塞罗一样，他并不是对苏格拉底或者柏拉图抱有敌意的批评者。相反，他在他的《忏悔录》中说，他当初是被柏拉图的某些著作引向基督的——"一旦从它们那里得到提示，就开始寻觅

---

* Marcus Tullius Cicero（公元前106—前43），罗马演讲家、政治家、哲学家。——译者注

** Marcus Terentius Varro（公元前116—前27），罗马作家。著有约600卷各门学问的著作。——译者注

*** St. Augustine（354—430），生于北非的基督家、神学家。著有自传性的《忏悔录》和《上帝的城市》。——译者注

精神的真理。"[14] 然而在他的《反对学园派》（即柏拉图派）中，圣奥古斯丁抱怨说，他们相信"他们能够尽量不发表正面意见而避免犯错误"。[15] 在他的《上帝的城市》中，奥古斯丁追溯这种否定的论辩术一直到苏格拉底本人，并且说这在他的追随者中造成极大的混乱——甚至在他所说的至高的美，也即是过一种美德的生活这个终极目标这样一个基本的问题上。奥古斯丁说，苏格拉底"惯于展开一切可能的论点而又保留或者驳倒一切可能的立场"。然后，"他的门人各自教条地采取他的一个立场，确立他自己认为最好的善的标准"。

结果是，"对于这个目标，苏格拉底派的意见这么自相矛盾，以致有些人像阿里斯蒂普斯*竟称，'享乐是最高的善'，而别的人像安提西尼斯则说美德是最高的善。信奉同一个大师的门人居然发生这种情况似乎是令人难以置信的"。[16] 奥古斯丁甚至把这种否定式论辩术所引起的敌意归咎为造成苏格拉底受审的原因，说这位老哲学家"常常取笑和攻击没有受过教育的人的愚蠢"。奥古斯丁说，对苏格拉底来说，这种无知的人似乎不仅包括普通百姓，而且也包括他

---

* Aristippus（约公元前435—前356），希腊昔勒尼派哲学创始人。信奉享乐是人生目的。——译者注

们的领袖和任何敌对派别的教师。

圣奥古斯丁称赞苏格拉底"运用一种非常优雅的讨论方式和一种极其精细的机智"。但是圣奥古斯丁继续说,"他的习惯做法是,或者承认自己无知,或者掩饰自己的知识"。结果就使他的听众感到失望,有时甚至使他们生气。圣奥古斯丁最后说,"事实上,他就是这样引起人家的敌意的,后来被一项莫须有的罪名定了罪,招致了死刑的判决"。[17]

苏格拉底性格中最奇怪的特点之一是他对教学的态度,尽管教学是他毕生从事的行业。他从来没有做过别的工作。显然,他靠他父亲留给他的一笔遗产所得的微薄收入为生,他的父亲据说是个雕塑家,又说是石匠——在古代,艺术家和手艺人的界限是分不清的。苏格拉底像他(和柏拉图)常常贬抑的诡辩派一样是个巡回讲学的教师。他们在希腊各城市周游,而他则在雅典的健身房里和柱廊里同任何愿意听他讲话的人讲哲学消磨日子。

他是个市井中人,土生土长的哲学家。喜剧诗人在剧场里开他的玩笑,甚至写整本整本的喜剧来描写他作为教师的古怪脾气。当然,留传下来的一个最著名的例子是阿里斯托芬的《云》，在这个剧本里，苏格拉底是一所学校校长。阿里斯托芬甚至为这学校杜撰了一个滑稽的名字。他把它叫做 *Phrontisterion*，即仿希腊文动词 *Phrontizein*（思想）而创造的名词，英文可译为 thinkery，也就是我们今天称我们研究中心的 think-tank（思想库）。苏格拉底很快就从希腊各地吸引来了门徒，有许多不同的哲学派别都自称师承于他的教导。

然而苏格拉底一而再再而三地否认他是位教师。他以驳倒他碰到的每一个自称是教师的人为乐。他们越有名，他见到他们狼狈就越高兴。

他教训他的雅典同胞要具有美德，但是他又声称这是不能教的。他把美德等同于知识，然而又坚持说这种知识是得不到的，是不能教的。尤有甚者，在使得向他提问的人感到知识欠缺和空虚之后，苏格拉底又承认他自己也什么都不知道。这最后的自谦几近自大。如果有人告诉你，你知道的甚至比这个乐于承认自己什么也不知道的人更少，这无异是双重的侮辱。苏格拉底的所有似是而非的悖论之中，这个自称不是教师的表白似乎是最似是而非的。当然，我们无法确定苏格拉底的实际想法。但是我们可以从情况推断为什么他要否认他是个教师而坚持美德和知识是不能教的。我们可以提出三个可能的原因：一是政治上的；二是哲学上的；三是个人的。三个原因互相结合在一起,互相都起支持的作用。

政治上的原因同他的反民主观点有关联。如果知识和美德是可以教的,那么苏格拉底的"那个知道的人"进行统治而其他人服从的理论就要站不住脚。哲学上的原因是,苏格拉底在寻求绝对的确定性——美德和知识的绝对定义,但是他一而再再而三地发现,这些定义是无法求得的。

个人原因可能是,苏格拉底的两个最有名的学生——未来的独裁者克里底亚斯和聪明而不可靠的阿尔西比亚德斯——后来都变得很坏,对雅典造成许多伤害。他们的生涯可以作为证据,证明苏格拉底作为一个有美德的教师是个失败。否认自己是教师,就是推卸自己对这两个学生的可叹的生涯应负的责任。如果美德是知识而真正的知识是达不到教不会的话,那么苏格拉底的两个最出风头的学生结果变得这么坏,就不能责怪苏格拉底。

这个结论不仅仅是推测而已。它在《言行回忆录》中得到了证实。色诺芬在那里说,"控告人"指责"苏格拉底的弟子中有克里底亚斯和阿尔西比亚德斯,而没有人比他们给这个城市带来更大的伤害了"。控告人说,在三十僭主的"寡头专政"时期,克里底亚斯是当时统治雅典的30人中"最贪婪、最强暴和最阴险的",而在民主政体时期,阿尔西比亚德斯是"最荒淫、最骄横和最强暴的"。[18]

色诺芬同意谴责克里底亚斯和阿尔西比亚德斯。他写道,"我无意宽恕这两个人为国家带来的危害"。他说,野心"是他们两人的生命线:没有一个雅典人像他们那样。他们渴望控制一切,[在名声上]超过每个对手"。[19] 但是色诺芬辩称,他们的不良行为不能归咎于苏格拉底。色诺芬说,"他们知道苏格拉底生活清苦,但仍完全独立",并且说,"他在一切享受上都是极其有节制的"。但是他树立的榜样不起作用。他的简朴生活方式对他们没有吸引力。色诺芬说,"要是老天爷允许他们在他们所见到的苏格拉底过的生活与死亡之间作一选择,他们会宁可选择死亡"。

如果美德如苏格拉底所说的那样是知识,那么克里底亚斯和阿尔西比亚德斯就应该是最具有美德的人。因为他们是苏格拉底时代最杰出和多才多艺的雅典人。他们的无德不是由于无知,而是由于性格使然。这是苏格拉底之前和之后的希腊人的主要观点。它的残存的表现最初见诸前苏格拉底时代哲学家赫拉克利特*著作的著名残片:"一个人的性格就是他的命运"(*ethos anthropou daimon*)。这个闪电一样的真知

---

* Heraclitus(约公元前535—前475),希腊哲学家。认为变化为唯一现实、永久不变是幻觉。一切事物都包含自己的反面。——译者注

灼见是希腊悲剧的基础。克里底亚斯和阿尔西比亚德斯两人都是悲剧人物，他们性格中的缺点决定了他们的命运。Ethics（伦理、道德）一词及其思想，就起源于希腊文 *ethos*，它的意思是性格。亚里士多德的两篇关于道德的伟大论文就叫 *ethica*，英文 *ethics* 一词由此而来。它有一个隐藏的推论。如果美德来自性格，不是知识，那么它就是卑微的人也能具有而伟大的人可能缺乏的东西。

色诺芬说，把克里底亚斯和阿尔西比亚德斯吸引到苏格拉底那里去的，是他的辩才："对任何同他辩论的人，他要怎么样就怎么样。"这两人后来的生涯"暴露了"他们当初做苏格拉底的学生的"目的"，"因为他们一直认为自己胜于其他弟子，他们就离开了苏格拉底去从政：他们拜苏格拉底为师是为了政治上的目的"。[20]

但是色诺芬的辩解没有能够回答控诉中的一个重要部分。读者想必记得，在《言行回忆录》中前面部分，"控告人"指责苏格拉底的反民主教导"引导青年蔑视现行制度，使得他们强暴起来"。

没有证据可以证明苏格拉底鼓吹用武力推翻民主政体。没有理由怀疑色诺芬说苏格拉底提倡说服而反对暴力的论点。但是色诺芬没有回答这样的控诉：苏格拉底对雅典民主政体的蔑视——以及他对用抽签办法入选职位这种平均主义的措施的嘲笑——导致他的弟子"蔑视现行制度，使得他们强暴起来"。[21]

贬视民主和普通百姓是色诺芬笔下和柏拉图笔下的苏格拉底对话中常见的主题。它可以被看做是为权力欲熏心的人推翻民主政体（像克里底亚斯所做的那样）或者厚颜无耻地操纵它（像阿尔西比亚德斯在追逐权力时经常做的那样）作的辩护或者鼓励。

公元前404年取代议会的那个人数有限的寡头政体世称三十僭主专政，当初是斯巴达人在伯罗奔尼撒战争中战胜了雅典以后默许成立的。在专政中为斯巴达胜利者充当工具的原来心怀不满的贵族中有克里底亚斯和查尔米德斯。色诺芬没有提到他们两人都是柏拉图的亲戚，前者是表兄弟，后者是叔伯（舅）。这两人在柏拉图的对话录里似乎都是时髦人物，同苏格拉底关系融洽，查尔米德斯在以他名字命名的对话录中显得是个智力超群的可爱青年，苏格拉底向他提出有关美德的问题。克里底亚斯在不下于四篇的对话录中似乎是个受尊重的参与者，他的名字和他的家庭在另一篇对话录《克里底亚斯篇》的残片中是受到尊重的。但是除了在《第七封信》（可能是真的，也可能不是真的）中有简短的一个不以为然的段落以外，柏拉图从来没有提到过雅典历史上这血腥和痛苦的一章，在柏拉图的著作中也没有任何地方——甚至《第七封信》——把克里底亚斯的名字同这一段历史中的种种恐怖联系起来。但是在民主政体恢复四年后苏格拉底被推上法庭受审时，这仍是新鲜和痛苦的记忆。

苏格拉底在他心爱的弟子阿尔西比亚德斯的身上留下了他心爱的命题遭到驳斥的活生生证据。因为阿尔西比亚德斯有的是知识，我们平常所说的那种意义上的知识。但是任何人，甚至苏格拉底，都没有说过阿尔西比亚德斯是美德的模范。

阿尔西比亚德斯像彗星一般扫过雅典历史的上空。他不仅聪明而且英俊，是个多才多艺的人，天才的将领，受到 *demos*（民众）崇拜的英雄，对政治和哲学的讨论惊人的精通，在古代同性恋和异性恋并行不悖的世界里对女人和男人都有性的吸引力。（苏格拉底似乎是不受阿尔西比亚德斯性的诱惑的唯一例外，这是我们从柏拉图的《会饮篇》中后者不快地记述他与苏格拉底睡在同一条毯子下度过一本正经和平静无事的一夜中知道的。）雅典的 *demos*（民众）极其崇拜阿尔西比亚德斯，他们在绝望中一再来求他，把他当做他们的最后希望。不过他们从来不信任他。

民主政体选择阿尔西比亚德斯做司令，对叙拉古发动海上进攻，这是伯罗奔尼撒战争中最大胆的主动进攻，但是民主政体没有把全部权力信托给他。他们又派了平庸而又迷信的尼西亚斯分掌兵权，以致招来了灾难。叙拉古本来可以奇袭攻克，但恰好发生月食，吓得他不敢攻打。他迟疑的结果是雅典遭到了惨重的失败。

在此以前，海军远征队还没有到达叙拉古，阿尔西比亚德斯就被召回雅典，这是人民不信任的又一表现。也许是由于贵族中的敌手搞阴谋的结果，他被控在一次酒宴中亵渎了雅典的神圣仪式。他不敢回去受审，一走了之，又没有到一个中立地区去避难，而是投奔雅典的敌人，以他的军事知识和才能为斯巴达人效劳。

凡是神所能赋予的才能，除了一件以外，阿尔西比亚德斯都有，包括赢得他的老师苏格拉底的青睐。他唯一缺少的是性格。他的死是莎士比亚的绝妙题材，我们不禁要怀疑，莎士比亚取材于普鲁塔克*这么多，却没有把后者写得栩栩如生的《阿尔西比亚德斯的生平》改成他的一部悲剧。这个有缺点的英雄在流亡中手执利剑战斗而死，全身赤

---

* Plutarch（公元46—120），希腊传记家。所著《平行列传》把46对希腊人和罗马人的生平平列作传，传诵后世。——译者注

裸，寡不敌众——原来他是在一个女人的床上遭到一帮子刺客的暗袭。根据普鲁塔克的说法，这次暗杀是他的宿敌克里底亚斯策划的。当时克里底亚斯还是三十僭主的领袖，他担心雅典的民众在被他逐出该城之后可能又求助于阿尔西比亚德斯领导他们推翻他的可恶的独裁专政。克里底亚斯本人也很快同查尔米德斯一起在与收复雅典的民主派和稳健派的联盟作战时被杀身死。

柏拉图或色诺芬是永远不会让这次由苏格拉底最心爱的弟子在暧昧的权力斗争中可怕地暗杀另一弟子的事件插进来打扰他们的辩解和赞美的。但是很难相信这件事没有玷污他们年迈的老师在受审前几年的日子。

苏格拉底把美德与知识等同起来产生了一个著名的推论，那就是没有人是自觉地做错事的。或者，我们可以说，有人做错事是"因为他们不知道怎么做才是对的"。没有疑问，有时确实是如此。但是，一个人除非在人性的标准上堕落得非常低才会不分是非，或者实在绝望之极才会忘掉这种区别。

克里底亚斯对雅典所犯的罪行既不能归因于缺乏知识，也不能归因于绝望。这位贵族和阿尔西比亚德斯一样有才华。生命和财产在雅典从来没有受到过在他统治下那样的危害。他的劣迹掩过了他的品质。他是个诗人、戏剧家,最纯正的阿蒂卡*散文大师。有一个故事可以说明,要不是因为他涉足政治杀人无数,他可能会有多么崇高的声誉。那是许多世纪以后,一位雅典的著名修辞学家希罗德斯·阿蒂克斯**担任了罗马皇帝马科斯·奥勒利乌斯***的希腊文教师,后者是罗马皇帝中唯一的哲学家,也可以说在历史舞台上出现的唯一的一位哲学家国王。希罗德斯一向崇拜克里底亚斯的纯正优雅文风,很可能采用了他的著作来教罗马皇帝用古典的雅典风格写作希腊文。因此马科斯·奥勒利乌斯用希腊文(不是拉丁文)写作的崇高的《沉思录》的优美文风可以部分地归功于受人憎恨的雅典独裁者所树立的榜样。这部著作至今仍可为我们处于不利逆境时起鼓舞和安慰作用。

阿尔西比亚德斯和克里底亚斯两人的生涯之间有个极其重要的不同。阿尔西比亚德斯在他的多事的一生中有时是民主政体的领袖。而克里底亚斯却是个坚决的反对者。克里底

---

* Attic,古希腊雅典四周地区名 Attica 的形容词,后作优雅文风解。——译者注

** Herodes Atticus(约101—177),希腊诡辩派哲学家。——译者注

*** Marcus Aurelius(121—180),罗马皇帝(161—180),斯多噶派哲学家。——译者注

亚斯是第一个罗伯斯庇尔*。他的罪行是一种残忍的无人性的然而是始终一贯的逻辑的结果。他决心要按照自己的反民主的模式改造雅典，而不计生命的代价。在某种意义上来说，尽管苏格拉底可能会提出什么反对，但克里底亚斯满可以自称，他只是在实行苏格拉底的"那个知道的人"进行统治、其余的人服从的学说。这个学说本身就是邀请像克里底亚斯那样的坚信他们所追求的目的允许他们可以用任何必要手段来实现的空想家夺取政权。

---

* Maximilien Robespierre（1758—1794），法国革命家。在法国革命的恐怖统治期间，杀人无数。——译者注

第六章
徒劳的追求：苏格拉底对绝对定义的追求

在苏格拉底看来，如果你不能用始终不变的全面完整方式来为某一件事物下定义，你就并不真正知道它是什么东西。凡是够不上绝对定义的东西，他都叫做 *doxa*，即仅仅是意思而已，有别于真正的知识，这他叫做 *episteme*。后者常常译为"科学"或"科学的知识"。但是这个译法是令人误解的。苏格拉底的 *episteme* 不是我们如今所理解的科学，也不是亚里士多德所确立的科学——耐心地观察和搜集具体的事实，然后把它们组织到各个总体系中去。他的 *episteme* 是纯粹的和简单的定义，绝对的定义。

亚里士多德把提出定义问题的功劳归于苏格拉底。他认为这是苏格拉底对哲学的重大贡献。亚里士多德在《形而上学》中说，"苏格拉底不顾物质世界，把他的研究限于道德问题，企图在这个领域中寻找普遍性，他是第一个致力于定义的人"。[1]

但是这种致力于定义可以把苏格拉底引到毫无意义的方向，常常导致荒谬的陈述。定义的重要性在于它可以从论据中排除暧昧含混的成分，明确地集中注意力于正在进行讨论的实际问题上，这样双方都可以避开实际上在谈完全不同的两回事的陷阱，而这是经常发生的。强调定义对于逻辑的发展也是重要的，因为逻辑在很大程度上是从一般定义中得出的推论。

从希腊哲学的发展这个观点来看，苏格拉底寻求绝对的和不变的定义也可以理解为对前苏格拉底的伟大哲学家赫拉克利特世界观的一种反作用。变化，永恒的不可避免的变化，是他的中心主题。他认为，一切事物都在变化，就像他所说的，你永远不可能两次踏进同一条河。

这是很深刻的思想，是对哲学的重大贡献。但是，像其他伟大的真理一样，它可能给引申得过远，从它得出的结论很容易给陈说过分。赫拉克利特是个神秘主义者，他喜欢肯定相反事物的同一性。他有一次曾说，上去和下来是一回事。但是他在肯定永恒的变化时，却没有为这个学说留点余地。按照他自己的相反事物同一性的学说，永恒的变化既是对的，又是不对的。在一个意义上，一切事物确实在变化，但在另外一个意义上，它常常又仍是原来的样子。

我们是生活在种种神秘之中。一个是变化的神秘。另一个是同一性的神秘。两者都是现实，不过是不可分开的现实。河流不断地在变化，永远不会是原来的样子。河流里的水永远在流，在变。河岸和河道在洪涝和干旱的影响下不断地在变动。这些都是可以观察到的不可否认的事实。但是在另外一个意义上，尽管有这些变化，河流仍有着自己持久的不会弄错的同一性。亚马逊河、密西西比河、多瑙河、恒河已经存在了亿万年，河道和地点大致依旧，都是可以明显地认出来的，尽管有不断的变化。

同样，从孩子到成人，一个人是不同的，但个别的特点仍旧存在，可以认出来。每个人都在不断地变化，丢弃老细胞，长出新细胞，不断地生长和老化。有时老朋友见面很难认出来，但细看之下，还是可以看到熟悉的特点。变化是常数，同性也是常数。只有把两者都考虑在内才能求得完整的真理。这是黑格尔辩证法的最大启发，寻求相反事物在更高的综合中的调和。这也反映在纽约市立大学哲学家莫里斯·R. 科亨曾经称为"极性原则"的这个观点上。对一个问题不论哪一极的忽视，都会错过全部的现实。

对苏格拉底和柏拉图来说，寻求定义都成了在这个由不断地流动和不可分解的矛盾所组成的赫拉克利特式的宇宙的四面八方，寻求一种一成不变的、永恒的、绝对的"现实"。这种寻求的历史就是哲学历史的缩影。我们发现自己好像陷身于一个形而上学的迷宫，一个世纪又一个世纪地，通过不断增加的精细和复杂的螺旋形，回到古代希腊哲学家早已解答的六七个同样的基本问题上来。

苏格拉底和他对定义的寻求，在那场永无尽头的辩论中，起了一种枢纽的作用。但是它却造成他自己的弟子朝两个截然相反的方向发展。一个是柏拉图采取的方向，另一个是安提西尼斯的方向。两人都是从同一个看法出发的，那就是他们的老师永远不能求得他所寻求的定义，这是他自己也承认的。但是他们在寻找从这个死胡同里走出来的办法上，却截然不同，只好分道扬镳了，就是这两个相反的方向成了此后哲学思想的特点。

一个方向导致完全的怀疑主义，否认知识是可能求得的。另一个方向，也就是柏拉图的方向，是创立另外一个高高屹立在这个世界之上的世界，一个永恒的、不变的"观念"的世界，并且称它为真实的世界。柏拉图的这个真实的世界充满了不真实的、因之也是令人放心不变的和永恒的客体。他就躲在这个形而上学的乐园里。

柏拉图是典型的保守派。他最怕变化，他的哲学就是寻求逃避变化的方法。他在进行这样的寻求时，建立了一座美轮美奂的思想巨厦，在其中进行探索是一种享受。但是它也有许多语言上的模棱两可、自相矛盾、从哲学转入神学的飞跃、神秘的喜悦和吸引人的荒谬,就像在一个中世纪大教堂的黑暗角落中向我们眨眼的古怪雕像一样。

对柏拉图的观念或形式*的中心理论最早进行攻击的也许是诡辩派哲学家安提丰。当然,柏拉图的形式是普通概念的人格化,不同于体现这种概念的具体客体。由于形式的理论,柏拉图是第一个引起人们注意"普遍性"的,这是后来的称呼。但是柏拉图的眼光如此锐利,他的观察进入了荒谬的领域。因为他声称,具体的客体只有靠"参与形式或观念才得以存在"(这是用亚里士多德的话)。[2] 在柏拉图看来,只有观念是"真实的"。具体客体不过是观念的可变的瞬息的反映。

用具体的例子来说,一个人的床是"不真实的",永远存在于某种遥远的虚无中的床的观念才是真实的现实。对此,安提丰曾经作出过有力的回答。安提丰在已经失传的著作《论真理》的一张残片中说,如果有人把一张木床埋在土中,让它去腐烂,它最后会长出一株树来,而不是一张床。换句话说,做床的材料先于形式或观念。木头会再生,但它

---

* Idea or Forms,国内有关著作和参考书中的译法不一,尤其是 Forms,有译"理式""范式"者。——译者注

需要新一代的新工匠把木头制成新床。从这个角度来看，普遍性的概念，即床的观念只是作为具体的东西的形而上学的影子而存在的。因此，安提丰用这种唯物主义的和常识的观察，把柏拉图的宇宙上下翻了个儿，或者说把正确的一面朝上。这就是苏格拉底领导他的弟子为寻求绝对定义而陷进去的骗人的形而上学泥淖。

苏格拉底寻求定义到了荒谬的程度。柏拉图的对话录里有些段落读起来好像是从阿里斯托芬某一部失传的喜剧中摘出来的。一个段落是在《提阿提特斯篇》（*Theaetetus*）中，苏格拉底在讨论知识问题时谈到了制鞋。另一段是在《斐德勒斯篇》（*Phaedrus*）中，他也是在讨论同一问题时谈到了买卖马的生意。

苏格拉底的两篇对话录中都是以老生常谈开始的，那就是你不知什么是鞋就无法做鞋，或者你不知什么是马就无法做买卖马的生意。但是为了要制鞋或者买卖马而要知道什么是鞋或什么是马，难道也必须附和苏格拉底的逻辑的不可能达到的标准，对鞋或马提出绝对的完善的定义？难道制鞋的或者卖马的一定要够资格得到形而上学的博士学位？苏格拉底不仅要求对鞋和马下完善的定义，而且更加困难的是，还要求对知识本身下一个完善的定义。提阿提特斯*也许是柏拉图著作中苏格拉底的所有驯服的应声虫中最不开窍的一个。苏格拉底就是这样向他提出要求的：

> 苏格拉底：因此如果他［鞋匠］不知道知识，他就不了解鞋的知识。
>
> 提阿提特斯：对。
>
> 苏格拉底：那么不知知识的就不了解制鞋或任何别的手艺。
>
> 提阿提特斯：这话不错。[3]

任何一个有头脑的雅典人都显然会反对这种玄乎其玄的胡说八道：鞋匠不需要是个哲学家，哲学家不一定是个好鞋匠。的确，顾客送一块皮革到鞋匠那里去，他的兴趣不是像哲学家所说的那种普遍性的东西，而是具体性的东西。他要给他做一双合脚的鞋，合他的具体的脚的鞋，而不是一只鞋的形而上学方面完善的定义。当时和现在一样，右脚不同于左脚。因此，不论鞋的定义如何完善，即使同一双鞋也不是一样的。顾客希望他那具体的一双能够最好地利用他选定的那一块具体的皮革。不论在哪一点上，"具体性"都比"普

---

* Theaetetus，生卒年月和事迹不详。——译者注

遍性"更加重要。在一个重要的方面，鞋匠是在哲学家前面一步。鞋匠能够制造一只鞋，而哲学家仍不能提出一个绝对完善的定义——不论是鞋的定义还是知识的定义。从他们各自行业的技能来看，显然，鞋匠比形而上学家更胜一筹。马的买卖也是这样。在《斐得勒篇》中，苏格拉底说，"如果我要求你买一匹马去同侵略者打仗，而你我都不知道马是什么"那不是笑话吗？[4] 一个局外的旁观者这时可能会插言道，如果苏格拉底和斐得勒都不知道马是什么，他们的智商显然太低，在军队里不会有什么用处。

同制鞋一样，卖马的艺术也在于具体性上而不是普遍性上。卖马的第一个要问的问题是你要哪一种马。打仗用的？还是赛马用的？在田里干重活的？还是拉华丽的马车去假日出游的？接着，精明的买主也会好好地检查一下马齿、马腿、马蹄，然后再做交易。大家都知道，买马的不是个白痴，可以用斑马或者毛驴来蒙他。从常识的观点来看，形而上学的深奥似乎纯粹是痴人的梦呓。人人都知道马是什么，只有哲学家不知道。

然而，就是这种欺骗性的类比和语义上的混乱被苏格拉底和他的弟子用来大肆嘲弄民主。这种类比有其反政治的言外之意。如果像制鞋或卖马这样低微的行业没有求得不可求得的定义就无法做好,那么怎么能信托普通人去实践更加复杂的治理他们自己的城市的艺术呢?

苏格拉底的每个弟子都可能从他们老师的含混暧昧中得出不同的结论,甚至不同的哲学体系。但是所有的弟子毫无例外地都从中得出了这种反民主的结论。如果认真地实行起来,这些结论可以使城市的生活停顿下来。

苏格拉底的最大弟子安提西尼斯是犬儒派的第一人。他拒斥人类社会和它的习俗。苏格拉底的寻求完善的定义把安提西尼斯驱向怀疑主义。他很可能是第一个阐释后来在中世纪称为唯名论的人,这种观点认为普遍性概念作为总类或定义仅是名字而已,是思想的虚构,根本不是现实。但在政治上,安提西尼斯完全同意苏格拉底。他对民主政体只有蔑视,没有别的。狄奥奇尼斯·拉尔修斯在他的《哲学家生平》中说,安提西尼斯"曾经建议雅典人投票说驴子就是马"。[5] 这种对用多数票治理一个城市的嘲笑在苏格拉底圈子里是很常见的。柏拉图的《斐得勒篇》中出现了另外一个花样。其中,苏格拉底在这个主题上对自己开了一个小小的玩笑。就在我们上面提到要想买马而又不知马是什么的那一段话的后面,苏格拉底继续开玩笑说,"但是关于你,我只知道这一些,那就是斐得勒认为,马是驯服动物之一,它的耳朵最长"。[†]斐得勒可没有那么傻，他打断苏格拉底说，"苏格拉底，那可是荒乎其唐的"。但是苏格拉底还没有说完他的小小的笑话。他像安提西尼斯那样用同样的怀疑调子说：

> 苏格拉底：……但是如果我一本正经地想要说服你，发表一篇称赞驴子的演讲，把它叫做马，并且说，这牲口是家中和战时最有价值的财产，你可以在打仗时把它当坐骑，它能够驮载行李，还可充作许多用途——
>
> 斐德勒斯：那么这就更加荒乎其唐了。

确是如此。驴子不是马。很难想象有个农民笨得把驴子当做马买回来，不论推销的话说得多么动听，哪怕苏格拉底本人是推销员也做不到。但是苏格拉底用这简单化的类比来对雅典议会及议会中的发言者进行排炮似的攻击：

> 苏格拉底：那么，当不知善与恶是什么的发言者要说服同样无知的国家，不是用赞扬马的招牌下的"驴子的影子"的办法，而是用赞扬善的招牌下的恶的办法，并且在研究了大众的意见后说服他们作恶而不是行善的时候，你以为他的辩才以后会从他播下的种子那里

[†] 在这汽车时代，我想在这里指出，耳朵长得最长的是驴不是马。

收获什么呢？

斐得勒：不会有很好的收获。⁶

又确是如此。但是议会，还有"大众"——在柏拉图的对话录里，这是个贬称——必须考虑一下许许多多与善和恶这简单的问题没有什么相干的事情：比如治理城市的一些烦琐的问题，或者有时连哲学家——或者特别是哲学家——也发现很难区分明白无误的善与明白无误的恶这种重大的问题。的确，甚至神学家在上帝的意志上有不同的看法，也不是不常见的。少数人就像多数人一样，在生活的复杂的情况中常常会绊跤。人类的事务不能寻找完美无缺的主人，或者等待完美无缺的解决办法。

苏格拉底的这些教导，在漫不经心和不假思索的人听来可能很深刻，但是很容易变得荒唐可笑。这些教导的目的是要大肆嘲笑民主，但结果却常常使苏格拉底和柏拉图丢丑。它们使人想起了英国哲学家霍布斯*在他的《利维坦》中讽刺的话。霍布斯用他17世纪庄严的口气说，"荒谬是个特权，没有别的生物可以享有，只有人类才可以"，他并且恶

---

* Thomas Hobbes（1588—1679），英国哲学家。所著《利维坦》被公认为英语世界最伟大的政治哲学著作。——译者注

作剧似地说,"而在人中间,最有权利享受它的是宣扬哲学的"。[†]霍布斯继续说,"除了可能在哲学书中找到的以外,没有东西会是这么荒谬的"。[7]接着就在下一页上,霍布斯把目标指向那些说"一件事物的定义就是它的性质"的人。这完全适用于苏格拉底。霍布斯列举哲学上的荒谬的例子,其中包括那些声称"有普遍性的事物"的人。这显然是针对柏拉图派,他们不仅把普遍概念——即观念或形式——当成物,而且声称这些东西不仅仅是供分析和分类用的有用的虚构,而且是真正"真实的"唯一事物。这样,柏拉图派在他们虚无缥缈、令人入迷的沉思默想中,把他们所玩弄的辞句的明白意义翻了个儿,颠了倒,以此来对民主进行报复。

柏拉图的形式理论是从苏格拉底寻求绝对定义发展出来的。但是据亚里士多德说,苏格拉底本人"并没有把普遍性同具体性分离开来",而且"他没有这么分是对的"。[8]

尽管如此,还是这个苏格拉底开始了后来由柏拉图又推

[†] 这段话引自贝尔(A. C. Baier)那篇妙不可言的文章《胡说八道》(nonsense),此文收于保罗爱德华兹(Paul Edwards)主编的《哲学百科全书》(*Encyclopaedia of Philosophy*, New York: Macmillan, 1967)。

进了一步的徒劳的形而上学追逐。形式就是柏拉图对苏格拉底从来没有求得的定义的代替。

如果我们暂时停一下，且来看看《哲学百科全书》中关于"定义"的那篇文章，也许就能更确切地了解苏格拉底所开始的那个任务的长期性、复杂性和基本上的无法解决。

这篇文章说明，在两千多年激烈争论和深奥分析之后，哲学家们还没有能够断定定义是什么，更不用说完善的定义是否可以求得了。[†]这个权威的总结对于我们听到可怜的美诺在同苏格拉底的否定式论辩术进行较量后所诉说的"麻木效果"是一服解毒剂。苏格拉底就是用那种从容不迫的方法——驳倒别人的定义而自己却从不提出一个来的。那篇文章说，"定义问题经常在哲学讨论中重复出现"，但是"任何知识问题都没有像定义问题那样没有得到解决"。因此，在两千年以后，我们现代"诡辩派"发现这些定义问题仍像在柏拉图的对话录中一样令人烦恼。

问题不仅仅在于事物不断地变化，使你无法求得绝对的定义。问题也在于，就像法院里的每个法官都知道的一

[†] 这篇由阿贝尔森（Raziel Abelson）写的文章长达20栏，是《哲学百科全书》中最长文章之一，凡是要研究柏拉图对话录者都不妨一读。

样，情况的变化不仅可能影响案件，而且可能对一般看来不可动摇的原则是否适用也提出怀疑。

在苏格拉底心爱的主题——美德的定义——上，也是如此。苏格拉底肯定会同意，讲实话对美德来说是基本的条件：说谎的人不是有美德的人。但情况总是这样吗？有些情况难道永远不能改变一下这个基本命题？假定你有个朋友在医院里快要死了，他心里在想他临终的时刻他心爱的妻子为什么没有来看他。哪样做才是有美德的：把全部真相告诉那个可怜的家伙——她同他们那个英俊的汽车司机私奔了？还是用令人宽慰的谎话来缓解他临终的痛苦？这是个极端的例子，但正是极端的例子——这一点苏格拉底很明白——才能推翻完善的定义。我们的例子说明，甚至最基本的美德和正义概念在法官们所说的"紧急案子"上也可能不是视苏格拉底所寻求的普遍性，而是视具体环境而定。

所有的法律和一般的命题都有例外，这个事实并不推翻法律和指导人类行为的一般规律的价值，就像自卫杀人的理论并不推翻禁止杀人的法律一样。但是它的确意味着，当普通人和法官都经常在实际生活中遇到必须作出的痛苦抉择时，真正的美德、人道、仁慈心肠可能需要变通规则，有时是程度很大的变通。仅仅靠抽象概念，不管是多么古老和可敬，有时证明是不够的。要判断在什么时候是这样的情况，可能是痛苦的和危险的。法律必须维护，但正义也必须伸张。两者不一定总是一回事。希腊悲剧和苏格拉底柏拉图哲学的古老难题仍摆在我们面前，而且将来也永远如此。

柏拉图在他的对话录中只有一次放弃了"唯心主义"——抽象化的至上地位和绝对化的专横统治——而承认这个根本性的难题。但典型的是，他放弃了一种形式的绝对主义，只是为了用另外一种形式把它提出来。这发生在叫做《政治家篇》的对话录中。在那里，柏拉图主张，理想的国家是由一个绝对的君主统治的国家——所谓绝对的意思是君主甚至不受法律的约束。

在《政治家篇》中，柏拉图提出了一个与他一般提倡的唯心主义截然相反的论点。但是在这样做的时候，他对法学表现了精确的和细致的了解。有意思的是，他这次的代言人不是苏格拉底，而是"一个陌生客"。他的论点如果放在苏格拉底的嘴里就太不协调了。这位陌生客辩称，从什么是 ariston（最好）或 dikaiotaton（最公平）的抽象定义中是得不出公平的判断的。这位陌生客声称，在理想的国家里，绝对的权力不能放在法律手里而是要放在国王手里。陌生客继续解释道，这么做的原因是，"法律永远不能"断定"什么是最高尚的，对大家都是最公平的"，因为"人与人之间有不同，行动与行动之间有不同"，而且没有东西"在人的生活中是永远不变的"。因此，没有办法"为一切事物永久地规定任何简单的规则"。

这位陌生客说，"始终是简单的东西"，即法律，对"永远不是简单的事物"，即人的生活和冲突，"是不能适用的"。不论成文的或不成文的法律和习俗都不是完全充分的。正如霍姆斯法官*曾经极其精确地说过的那样，"一般的考虑不能决定具体的案件"。这是用各种法典中称为公平原则**的东西来补充法律的经典论据。

要补救法律的不可避免的缺陷，不是像柏拉图要我们做的那样，把所有权力随意交在一个人的手里。的确，柏拉图自己的对话录却成了不利于他自己的论点的一个生动隐喻。这里，他作为一个作家的天才推翻了他自己的论点。

这个陌生客最后提出绝对王政的主张，他把法律比做"一个顽固无知的人，不容别人做违反他的命令的事，甚至不容别人提出问题，哪怕是有人想到了什么新的念头比他本

---

* Oliver W. Holmes（1841—1935），美国最高法院大法官。——译者注
** equity，亦有译衡平法者。——译者注

人规定的规则要好"。[9] 在古代，国王如此执政的情况是太经常了，正如他们现代版本的各种各样的独裁者一样。法律尽管有它各种各样的局限性，却证明是个比较明智和比较能适应的主子。

我们如今已有能力可以了解苏格拉底所称得自特尔斐*神谕的神圣使命，以及这个神圣使命怎么使他陷入困境。关于神谕一事有两种版本，一是在色诺芬的著作里，另一个在柏拉图的著作里。前者简单直率，但夸口夸到了难为情的程度。后者巧妙动人。不过两者有一个重要地方是共同的——苏格拉底自称是世界上最贤明的人。

比较早的那个不加修饰的版本出现在色诺芬的《自辩词》里。而柏拉图的《自辩词》则有多年以后在平心静气的状态下追忆和加工这么一篇记述的所有痕迹。而没有那么出名的色诺芬的版本却不是这么一篇杰作。它粗枝大叶，是一份匆忙记下的备忘录，向同时代人的舆论的呼吁。因此它可能比较接近于历史事实。色诺芬说，苏格拉底告诉法

---

* Delphi，希腊阿波罗神殿所在地。求答者从巫师那里得到用诗句解释的神谕。——译者注

庭，他的弟子克勒丰*"在特尔斐神殿作了关于我的询问，阿波罗当着许多人的面回答道，没有人比我更自由，或者更公正，或者更谨慎"。

苏格拉底先告诉陪审员，当初斯巴达立法者拉古格斯**走进神殿的圣地，预言者的声音惊叫，他不知道叫拉古格斯是"神还是人"。苏格拉底假装正经地承认，"阿波罗没有把我比做神"，但是又补充说，"不过，他确是认为我远远地胜过其余人类"。[10]

柏拉图所记的这次参拜没有那么狂妄。两种记述的第一个不同之点是在向神殿提出的问题里。在色诺芬的记述里，苏格拉底只说，克勒丰在神殿"作了关于我的询问"。上文已经说过，答复是，苏格拉底"远远胜过其余人类"。

但是在柏拉图的《自辩词》中，苏格拉底说，向神殿问了一个谜一样的问题，神谕作了一个谜一样的答复，或者至少苏格拉底本人是愿意这样看待的。这个问题是，是否"有什么人比我更贤明"。答复是，"没有一个人更贤明"。[11] 柏拉图的版本在风度和异想天开或者讽刺意味上有所不同，但在

---

* Chaerephon，生卒年月、事迹不详。——译者注
** Lycurgus（约公元前8世纪），传说中的斯巴达法律改革家。——译者注

第六章 徒劳的追求：苏格拉底对绝对定义的追求

实质上与色诺芬的版本并没有实际的不同。在柏拉图的版本里，苏格拉底貌似谦虚地提出这个问题，好像是要解除法庭的敌意。他请陪审员们不要"大惊小怪"——用了色诺芬的记述中用的同一个希腊动词 *thorubeo*——"要是你们似乎觉得我在吹牛的话"（他当然是在吹牛）。苏格拉底抱歉地说，居然有人向神殿问了这样一个问题，他把责任推在克勒丰那个竟敢这么提问的弟子身上。他告诉陪审员们，"你们知道克勒丰是怎么一种人，他不论做什么事都是那么莽撞"。这样，吹嘘的责任就推到克勒丰身上去了。

这与色诺芬的记述形成强烈的对比。在色诺芬的记述中，在陪审员们作出了"大惊小怪"的抗议以后，苏格拉底为神谕对他的很高估计进行了辩护。苏格拉底请陪审员们不要相信神谕，"如果没有充分的理由，甚至在这个问题上"也不要相信，而且邀请他们"详细地考察神说的话"。苏格拉底问陪审员："首先，据你们所知，有谁比我更不是自己肉体欲望的奴隶？世界上有谁更自由——因为我从不接受任何人的礼物或酬劳？有谁被你们有理由认为更加公正……有哪个有理性的人不称我是贤人？难道你们不认为以下这个事实已经证明我的劳动没有白费，那就是，我的许多寻求美德的同胞和许多国外来的人都愿意与我交往胜过所有其他人？"[12]

但是在柏拉图的记述中，苏格拉底把神对他的赞美当做神的玩笑。苏格拉底在那里告诉陪审员说："因为我一听到这个，我就对自己说，'神的这话究竟是什么意思，他在叫人猜什么谜语？因为我知道，我算不上贤明。那么他说我是最贤明的人是什么意思呢？"[13]在这里，柏拉图添上了最后一笔，也就是与色诺芬的主要不同之点：神的使命这个主题。这在色诺芬的版本里根本没有出现。柏拉图的苏格拉底说，神不可能在说谎。因为他是神。因此，到处去问他的同胞，看看他们之中是否有人比他更贤明，成了苏格拉底一生中的使命。据柏拉图的苏格拉底告诉陪审员们，这就是他招来麻烦，使得自己不受欢迎的原因。因为他发现，虽然他自己什么也不知道，但他询问过的所有其他人比他知道得甚至更少——他们甚至不知自己的无知！因此，尽管千方百计地谦让，柏拉图的苏格拉底，像色诺芬的苏格拉底一样，的确认为自己胜过其余人类。

在柏拉图比较有风度的记述的表层下面，我们不仅可以感觉得到苏格拉底的一种自大，而且甚至可以感觉得到对他的提问者的残酷。苏格拉底问答模式的最侮辱人和最令人生气的部分是，就在他们感到他自称无知是装出来给人看的时候,却暴露出他们的无知是真实的。这就是著名的苏格拉底式的"讽刺"。英文讽刺一词(irony)来自希腊词 *eiraneia*,它的意思是掩饰之词,即说一些并不是自己真正意思的话。苏格拉底的提问者觉得,在他的"讽刺"背后,在他的佯作谦虚的伪装背后,苏格拉底是在取笑他们。[14]这就是隐藏在柏拉图的文雅和贵族化玩笑的记述背后的残忍,由于它的彬彬有礼,就更加无情了。

在柏拉图的《自辩词》中,苏格拉底为什么要说特尔斐神谕的故事?苏格拉底为什么声称,神谕赋予了他一个神圣的使命——这个使命就是向他的同胞,特别是雅典头面人物提问,以便断定神谕没有人比苏格拉底更贤明是什么意思?

苏格拉底对陪审团说,他在城里变成了猜疑的对象。他的同胞都在问:"苏格拉底,你出了什么麻烦啦?这些对你的偏见是从哪儿来的?……告诉我们这是怎么一回事,这样我们就不至于在你的问题上做不适宜的事。"[15]苏格拉底解释道,他有这种不好的名声只不过是由于他有一种智慧,虽然他自己也不完全了解这种智慧是什么。就是在这里,在解释的时候,他说了特尔斐神谕的故事。

这里产生了一个关键重大的问题,在柏拉图的《自辩词》中并没有提出来,也没有答复过。在雅典那样的一个城市，许多哲学家都从希腊各地奔来，他们作为教师和讲学者不仅都受到欢迎而且还得到优厚的报酬，在这样一个城市里，为什么有贤明的名声会给人带来麻烦呢？雅典是古代、也许是历史上所有时代中最开放的城市，是伯里克利赞为"希腊的学校"的城市，凡是公共场所都可看到无休无止地进行哲学辩论的愉快场面的城市。

答复似乎是，苏格拉底利用了他的那种特别的"智慧"——他作为逻辑家和哲学家的诡辩或技巧——来为一种特殊的政治目标服务：使城市里的所有头面人物显得是无知的傻瓜。他自称得自神谕的神圣使命，结果却是我们称为自我吹捧的东西——那就是为自己自吹自擂一番而把雅典城市里的最受尊重的领袖人物贬低一番。这样，他就破坏了 *polis*，诋毁了它所依靠的人的名誉，离间了青年。

这的确就是柏拉图的记述所告诉我们的。他笔下的苏格拉底解释——他在实际的审判时也很可能这么做——说，他对神谕的调查引导了他对雅典三个处于领导地位的公民阶层的质询。他以 *politikoi* 即政治家开始，这些人担任城市里最高的职位，而且作为演说家，在议会里起着领导的作用。接着他去找诗人，包括悲剧诗人，他们流传下来的剧本仍据世界文学的最高峰的地位。最后是雅典的手艺人。他们制作的商品质高物美，在地中海四岸很有市场，而且能够使人多拥挤的阿蒂卡赚得足够的面包喂养它的贫瘠土地所无法满足的人口。这些手艺人也是建造巴台农神庙*的工人。苏格拉底却发现他们都是愚昧无知的。

苏格拉底在柏拉图的《自辩词》中承认，"除了"他自己的反问引起了敌意以外，还有"最有闲暇时间的年轻人，最有钱的人的子弟，自愿陪伴我，以听到人们受到我的反问为乐趣，而且常常模仿我，去反问别人。因此，我想他们一定发现有许多人自以为知道什么，而实际上知道得很少或者根本什么都不知道"。

"很少或者根本什么都不知道"什么？这些初出茅庐的苏格拉底模仿者向雅典的头面人物提出了怎样一种问题使得他们显得"很少或者根本什么都不知道"？苏格拉底没有告诉陪审团。相反，他继续说："因此，结果是，受到他们反问的人生我的气，却不生他们自己的气，并且说'苏格拉底是最可憎的人，他腐蚀了青年'。"[16]

因此，从实际的意义上来说，苏格拉底确是这样。他教这些年轻的生手，初次涉猎知识而不知天高地厚的后生，学

---

* Parthenon，供奉雅典娜的神庙，建于公元前447—前432年，在雅典卫城山上。——译者注

会一种简便的方法来使公民领袖——那些城市官员，同城市里的诗人和工匠一起，当然还有民众——那无知的多数人，统统成为笑柄，这些人还以为自己可以在议会中对公共事务投票呢。

他们是怎么做到的？用我们在上文已经见到的苏格拉底拿手本领——否定式论辩术。他要求人家提出他自己从来没有能求得的定义，然后轻易地驳倒人家提出的不论是什么的定义。这经常是用他一向指责是诡辩派使用的同样耍嘴皮子的手段——也就是我们仍叫做"诡辩"的强词夺理。他的"智慧"——以及他自称得自神谕的神圣使命——使他惹来了麻烦，因为这是教唆雅典的纨绔子弟反对民主政体的一种很轻易的办法。其中最有才华的是柏拉图，他的对话录就是证明。

即使在最好的情况下，苏格拉底式的否定式论辩术也只为衡量政治家、悲剧诗人或者鞋匠在他们各自的行业中的才能提出了一个不相干的标准。尤其是，要对普通人参与管理他们自己的生活和城市的权利提出质疑，这不是办法。

苏格拉底无异是要求他们通过形而上学的考试，证明自己是逻辑学家。他说他们无知，因为他们不能应付哲学上最持久存在的问题——*epistemological* 和 *ontological* 问题，用现代词汇来说即知识的性质和存在的性质。苏格拉底自己也为它们所困，直到今天的哲学家也都为它们所困。这两个名词本身就是形而上学的怪物，无法解决的难题。甚至康德用形而上学家所能设计的最有系统的答案都没有完全令他的哲学家同行满意，苏格拉底怎么能因他同时代的雅典人没有能通过这一考试而取笑他们是无知的蠢材呢？

在《高尔吉亚斯篇》这一对话录中，柏拉图笔下的苏格拉底卸下了假装谦虚的面具——即他自称他只知道他并不知道什么。在那篇对话录中，他对他这一辈和前一辈的雅典四位最伟大的领袖予以轻蔑的对待。他自称他本人是雅典所产生的极少数真正政治家之一，"如果不是唯一的一个"的话。《高尔吉亚斯篇》中的这种吹牛——如果苏格拉底有时真正这么说的话——足以为他招来雅典政界几乎每一个人的不悦了，除了少数顽固派，他们从来不能接受任何形式的自治，不论是民主的还是寡头的。苏格拉底在《高尔吉亚斯篇》中予以轻蔑对待的四个政治家除了一个以外都是贵族家庭出身。有钱人和出身好的人继续担任雅典的最高级职位，尽管早已实行男子普选权，要担任公职的一切财产限制都已取消。四位政治家中唯一的例外是提米斯托克利斯，他出身贫苦低微。在《高尔吉亚斯篇》中遭到苏格拉底攻击的四位政治家中有两位——提米斯托克利斯和伯里克利——是 *hoi polloi*（民众）的偶像。但是另外两位——米尔蒂阿德斯和他的儿子赛蒙——却是 *hoi oligoi* 即"少数人""上层阶级"、有钱人特别是那些有祖传家产的人即"贵族"的偶像。这两人是我们称为保守党的领袖，他们希望对投票权和担任公职加以财产限制。但是这两大保守派领袖都是忠于城市的，不论在平时和战时都为雅典克尽厥责。

对于雅典来说，这四个人都是它的很大骄傲。米尔蒂阿德斯和提米斯托克利斯在雅典人的心中与波斯战争中两大最著名战役有关——马拉松战役和萨拉米斯战役。公元前490年大流士的大军兵临雅典城下的时候，米尔蒂阿德斯率领寡不敌众的军队在马拉松击退了入侵者。十年后，波斯人再次来犯，蹂躏了整个阿蒂卡地区，迫使雅典撤为空城，占领了卫城，焚毁了它的神圣建筑，最后胜利唾手可得。这次是靠提米斯托克利斯在公元前480年的萨拉米斯海战中击溃了色雷斯的强大波斯舰队，拯救了雅典。再过十年，又是米尔蒂阿德斯的儿子赛蒙摧毁了另一支波斯舰队，为雅典帝国奠定了基础，从而永远粉碎了波斯的美梦。又过了十年，这四位政治家的最后一位伯里克利担任了雅典的领导，把它引导到最高峰。由于这四位伟大的领袖——和雅典的普通人的品质——我们心目中才有象征雅典光荣的一切东西：巴台农神庙，它的庄严的废墟仍使我们由衷地敬畏，还有雅典在民主和思想自由方面的伟大实验，它的戏剧，它的范围广泛的哲学辩论，所有这一切不仅使得雅典成为"希腊人的学校"，而且自此以后也成为全人类的学校。这些就是柏拉图笔下的苏格拉底在《高尔吉亚斯篇》中以其夸夸其谈和好斗争胜的自大态度一笔抹杀的成就，他把这四人比做面点师博，仅仅是讨好无知群众的"马屁鬼"。

苏格拉底对这四人的攻击达到荒谬的高潮的地方，是他指责这四人中最伟大的伯里克利把雅典人养成"游手好闲、胆小怯懦、夸夸其谈和贪婪成性"。[17] 其实苏格拉底才是他的时代里最夸夸其谈的雅典人，他弃家里和城市里的事务于不顾，一天到晚喋喋不休，把同人谈话视为自己的生命和丰碑，居然攻击伯里克利把他的雅典同胞养成"夸夸其谈"！不错，苏格拉底以英雄的气概和典范的从容态度饮下了最后的鸩酒。但是，如果雅典人突然失去了空谈的兴趣，而讨厌地躲避他拉住人问个不休，你能想象他会神态自若吗？

当然，我们不知道历史上的苏格拉底究竟有没有对这四位政治家进行过这样的攻击。《高尔吉亚斯篇》是他死后很久才写的，当时柏拉图正好流放回来，办了他的学园。但是对这四人的攻击同我们在别处了解的苏格拉底并不是不一致的，特别是色诺芬笔下对苏格拉底在法官面前的表现的描写。在柏拉图的对话录里，苏格拉底对自己的很高估计一般用"讽刺"来伪装。但是，在柏拉图的《自辩词》里他对雅典政治家的很低估计是毋庸置疑的，这使人想起柏拉图的《美诺篇》中对苏格拉底的警告。

在那篇对话录中，苏格拉底遇见了阿奈特斯，这是一位家道小康的皮匠师傅，一个中产阶级政治领袖。谈论的话题又是美德——除了它还有什么——它是否能教以及如何教。阿奈特斯说，在城市里，是用榜样来教年轻人美德的，用他们的长辈为他们树立的典范，用该城市过去的伟人。这在当时像在现在一样都是起码的常识。但是苏格拉底却轻蔑地对这论点不屑一顾。显然，他不喜欢承认社会群体——即 po-lis——本身就是个教师，用它的榜样和传统来谆谆诱导。苏格拉底在这里就像往常一样总是反政治的，不仅是现代意义上的而且是希腊意义上的。为了要驳斥雅典的伟人树立了一个好榜样这种看法，苏格拉底就以雅典的这四位政治家为攻击对象，就像他在《高尔吉亚斯篇》中所做的那样，不过只是略为温和一些而已。他再一次不分彼此地攻击寡头派和民主派。他挑出来的民主派仍是提米斯托克利斯和伯里克利。但是这一次从保守的和寡头的一边他挑了两位别的杰出政治家。一位是伯里克利头号强敌修昔底德将军（不是作为史家）*。另一位是古代公正的典范阿里斯蒂德斯**后世以"公正执法之神阿里斯蒂德斯"著称。这几位在《美诺篇》中都像《高尔吉亚斯篇》中的四位一样受到了轻蔑的对待。

柏拉图不愧是个戏剧家，他让阿奈特斯作为临别警告对苏格拉底说："苏格拉底，我认为你太容易说别人的坏话了。如果你听我的忠告的话，我就要警告你小心一些。"[18] 几年以后，阿奈特斯成了苏格拉底审判中的三个控告人中最有名望的一位。四位被苏格拉底攻击的人将在法庭上有了出气之日。

我并不想暗示，苏格拉底最后被交付审判是因为他侮辱了雅典的政治家。在雅典，侮辱他们不是什么罪行。这是大家都乐此不倦地在做的。喜剧诗人一直在这么做，雅典人都

---

* Thucydides（约公元前460—前395），希腊史家。在伯罗奔尼撒战争中曾率兵远征失败，在流放中写《伯罗奔尼撒战争史》。——译者注

** Aristides（死于约公元前468年），希腊政治家和将军。曾在波斯海战中获胜。——译者注

极其欣赏。他们在雅典起的作用就像独立的新闻记者在我们的世界中起的作用一样。

苏格拉底的真正过错在于他用过分简单化的方法和哲学上的简单化的前提来攻击雅典城市，它的领袖和民主政体。

当然，一个城市或者任何其他政治实体的统治者应该是"那个知道的人"。但是他应该知道什么？当时像今天一样，常识的回答是：知道足够的外交、贸易、防御、公共设施、经济和社会问题来明智地领导这个城市。但是在苏格拉底看来，"那个知道的人"必须是个职业的哲学家。他的"知识"必须是专门化的形而上学空想。

苏格拉底把统治权交给"那个知道的人"的理论孕育着柏拉图哲学家国王的胚芽。但是苏格拉底还比柏拉图更进一步。苏格拉底甚至在哲学家中间也找不到掌握他的狭隘意义上的 *episteme* 即真正知识的人。

没有人能够符合他所规定的完善的和绝对的条件。他自己也不能够，这是他愉快地承认的。没有人"知道"，因此没有人够格来统治。这结果会把城市带到哪里？死路一条。他的论辩术通到了一条死胡同。

原来是正当的即使有时是沉闷的哲学游戏，应用到 *polis*

的事务上去时，就会变得具有破坏性，就像有智力的鲸鱼在深海里翻腾一样。一个例子就是苏格拉底著名的美德等于知识的等式所必然导致的推论：没有人作恶是自愿的"悖论"。这会破坏任何刑事司法制度。不错，人们有时犯罪是由于我们所说的"因为他们不知怎么做才是对的"。但是，在苏格拉底逻辑的这个特殊世界中他们怎么能"知道怎么做才是对的"呢？如果美德是知识，而"知识"是不能求得的，那么就没有人能够"知道怎么做才是对的"。没有人有罪，每个罪犯都可以释放。

在正常的司法制度下，一个人犯了纵火或杀人罪后，如果他的律师能证明他精神错乱，他就能逃避定罪，在苏格拉底的司法制度下，任何罪犯都可以辩称，罪行是由于"无知"而非自愿犯下的，从而逃避惩罚。如果一个精通哲学的盗窃犯能够轻易地用苏格拉底的标准证明他甚至连银行是什么也不知道，怎么能够把这个抢银行的盗匪定罪呢？

在唯心主义哲学家所创的领域里，他们在一个不完善的世界中不断寻求完美，非要人们为了寻求秩序和正义而必须对付的复杂的情况得到合理的解决。认为没有人自愿作恶，就是事先假定他不知是非。在什么意义上说人不知是非才是正确的呢？只有在这样的意义上：他们不能提出完善的是非定义以对付任何可以想象得到的意外情况。但是在疯人院外或者低能人收养院外，我们很难能找到一个真正不知道烧邻人房屋或抢劫和杀死他人是错的人。大多数罪犯很清楚地知道他们是在干什么，很少人在心里是不感到有罪的，有的甚至招供和请求给他们惩罚以赎洗自己的这种感觉。罪犯对于现实世界的知识常常是很高明的，而不是低劣的。他可能比别人更加大胆冒险，不把是非放在心上，而不是不知是非。

除了基本道德问题以外，苏格拉底的逻辑要破坏的，还有法律上比较简单的一些方面。在雅典，像在其他地方一样，不遵守本城市的法律是"错"的，即使不牵涉到道德问题，而仅仅是作为社会的治安问题。在我们的时代，在纽约靠左开车是"错"的，而在伦敦靠右开车是"错"的。这些是被法学家称为"习惯的"而不是道德的规则。当时，像现在一样，不能把不知道法律作为借口，否则证据就几乎不可能有什么标准了。你怎么能证明一个自称"不知道"的人是"知道的"呢？

公民要履行必须知法的基本责任。他不能自称不知而逃避这责任。普通人在争取正义的斗争中所取得的最初胜利之一就是迫使大地主统治阶级把法律明文写下来，这样每个人都能看到它，知道自己被控违反了什么法律。这个胜利在苏格拉底出生前一个世纪就在雅典赢得了。

提出的法律建议都在议会中作辩论和表决。在苏格拉底时代，识字是很普遍的，法律就张贴在相当于今天的市政布告牌上。在雅典，你不需要请个律师来了解法律。在这个意义上，没有一个雅典人能声称不知在法律上什么是"对"的或是"错"的。说实在的，说他这方面无知他肯定还感到不高兴呢。

至于作为比较广义的道德标准，在这个意义上的是和非，在任何城市中都没有像在雅典那样得到更充分的辩论，柏拉图的对话录本身就是明证。悲剧剧场也是这样，痛苦的道德冲突是它的中心主题，就像它们也是修昔底德所记录的最伟大的公开辩论中的中心主题一样。诡辩派和苏格拉底派吸引到道德讨论中来的热心听众也是这样。

雅典人"做错事"的时候，他们是明知其错而且自愿地这么做的，这或者是因为作为个人，他们以为能够逃脱责任，或者是因为作为城市，在面临各种祸害的选择时，他们选择了他们认为比起军事失败或帝国灭亡等是较轻的祸害，尽管他们常常是在经过尖锐而且意见分裂的辩论后才作出这种选择的。对在伯罗奔尼撒战争中反叛雅典的美洛人进行大屠杀的决定就是这样。这是雅典所犯的最严重的"战争罪行",但是在他们所有关于美德的讨论中,不论是苏格拉底或者柏拉图都没有提起过。也许这是因为它表明,生活复杂多变,是不能塞到他们过分简单化的天地中去的。

不论在色诺芬的著作里,或者在柏拉图的著作里,苏格拉底都没有碰到他的自相矛盾的悖论所引起的基本社会问题。如果人们在事先就有他们永远不会自愿地做错事这个学说保证他们可以逃脱惩罚,那么怎么能够训练他们从善的美德呢?

第七章
苏格拉底和演讲术*

像在希腊文学中其他一切一样，演讲术即修辞学起源于荷马。但是，在不论是寡头政体的还是民主政体的希腊城邦实现了自治以后，它就有了新的重要意义。自治政府的主要机构是议会，法律在那里制定；还有陪审团—法庭，法律在那里得到解释和实施。公民不论是少数人还是多数人，都必须学会怎样清楚地说话和有力地辩论，以便在议会中和在法庭上保护自己的利益。随着民主的发展、参政的扩大，有一些说话和辩论的技巧成了一种政治上和实际上的必要。

第一批关于演讲艺术的操练手册出现的具体情况很能说明在演讲术方面受到一些训练的实用意义。这些情况是亚里士多德一部失传作品的一个残片所记录的，后来由西塞罗保存在他关于演讲术的论文《布鲁图》中，这篇论文是以暗杀

---

* 英文 rhetoric 来自希腊文 *rhetorike*，兼有口头说话和书面写作的技巧之意。本书中出现的 rhetoric 大半是指演讲、说话的口才，因此译演讲术，或索性译口才，不译修辞学。——译者注

恺撒的共和国贵族的名字命名的。*

亚里士多德说，最初两个写过演讲术的希腊作家科拉克斯和蒂西亚斯是在公元前5世纪中叶暴君被驱出西西里以后写作他们的训练手册的。被独裁者没收了财产的流亡者回来，同法院提出诉讼，要求发还。他们需要在演讲术方面得到一些训练以便成功地陈述自己的理由来控诉那些从暴君那里得到这些"赃物"的人。西塞罗声称，演讲的艺术因此就是既有宪法体制的"产物"。[1]但是柏拉图笔下的苏格拉底对演讲术是抱蔑视的态度的，曾经对之进行了两次破坏性的攻击，一次是在《斐得勒斯篇》中，另一次在《高尔吉亚斯篇》中。前者是柏拉图对话录最令人神迷的一篇，但是它上升到了诗与神学之间的一个神秘领域。它为"真正的"演讲家定下的必需的知识标准如此之高，以致很少人能够达到。苏格拉底说，演讲家必须去理解灵魂的性质和它同神的关系，而且必须看到过一眼高高地存在于天上为凡人所不能见的理想"形式"。洛勃古典文库版这篇对话录的前言说，"要获得这一知识是个艰巨的任务，没有人仅仅为了要说服别人

---

* Marcus Junius Brutus（公元前85—前42），罗马将领。曾参与暗杀恺撒阴谋，后兵败自杀。——译者注

而从事这项任务；必须以一个更高尚的目的，那就是追求自己灵魂的完善和为神服务的愿望，来激励想学习真正演讲艺术者的精神"。² 在《自辩词》中，苏格拉底也同样为了灵魂的完善而反对参与政治。

另一方面，在柏拉图所有对话录中最激烈的一篇《高尔吉亚斯篇》中，苏格拉底对当时实行的演讲术采取了一种十分看不起的态度，以致他的学生都不敢给他看到在采用那种演讲术。他把演讲者的艺术比做面点师傅的手艺，并且把口才视为拍马屁。苏格拉底对当时最有名的演讲教师之一高尔吉亚斯说，演讲术是"一种谈不上是艺术的行当，只不过是表现一种精明大胆的精神，天生有着同人巧妙打交道的倾向"。苏格拉底补充说，"我用'马屁术'这个名词来总结它的实质。我认为，这门技术有许多分支，其中之一是烹调术，表面看来烹调的确是一门艺术"，但只是"一种经验或窍门……口才是其中一个分支，就像个人修饰和诡辩也是一个分支一样"。³

这话说得这么绝对，我们不禁为苏格拉底感到脸红。这似乎是在谩骂，而不是在作认真的分析。就像在其他地方他经常做的那样，苏格拉底在此从非此即彼而不是从或多或少的观点来看待他的问题。并不是在议会中和法庭上的所有慷慨陈词都是厚颜无耻的拍马屁。庄严肃穆有贵族气概的伯里克利可不是马屁鬼。后来接替他的有蛊惑煽动家之称的克里昂*是很会责骂他的跟随者的，而且我们从修昔底德那里知道，他也是经常这样做的。

苏格拉底瞧不起议会里的粗俗的手艺人。他永远不会承认他们行事有时也会有头脑和理智，就像他们在处理自己事情的时候那样；他也不会承认这些狡猾的生意人足够精明能识别纯粹的马屁。劝说不一定总是拍马屁，而拍马屁也不一定总是有说眼力的。苏格拉底对演讲术的攻击的没有明言的前提是对雅典普通百姓的蔑视。在《高尔吉亚斯篇》中，苏格拉底把悲剧诗人同演讲家一起包括在拍马屁者之列，这种蔑视就暴露出来了。这种对雅典悲剧的轻视似乎产生自苏格拉底对观众的轻视。他把悲剧诗篇称为"对儿童和既有自由人也有奴隶的男男女女组成的这种公众发表的一种演讲；一种我们并不怎么赞许的艺术，因为我们说它是一种拍马屁的艺术"。这样，埃斯库罗斯、索福克勒斯、欧里庇得斯都是向那些由无知的乌合之众组成的观众拍马屁的人！

苏格拉底最后说，演讲家"像诗人一样"都是"存心要

---

* Cleon（死于公元前422），雅典政治家。修昔底德和阿里斯托芬称他为蛊惑煽动家。——译者注

取悦公民……为了他们自己的利益而牺牲公共利益","对待这些议会就像对孩子一样"。[4] 如果这话出诸不像苏格拉底那样受到尊敬的人之口,肯定是会被斥为反民主的蛊惑人心的话。《高尔吉亚斯篇》中有害的胡说八道的最好解毒药是亚里士多德的《修辞学》*。它反映了占主要地位的希腊人和雅典人的观点,同苏格拉底和柏拉图的学说针锋相对。上文已经述及,亚里士多德在他的《政治学》和《伦理学》中一开始就确认,polis 和文明的生活之所以有可能,是因为人类一般拥有那么一些"公民美德"和 logos 足以区分是非,区分公正和不公正。因此,他在《修辞学》中一开始也同样地确认,人类一般具有充分的智力,可以为合理的论点所打动。这种信念是民主政体的根本基础;如果把人类当做没有头脑的一伙人群,自由政府就没有前途。因此从《修辞学》的头几行开始,我们就在同苏格拉底和柏拉图迥然不同的天地里,呼吸着不同的空气。亚里士多德把演讲术,即在法院和议会辩论的方法,同在哲学派别中所采用的论辩术同等对待。他在他的论文开首说:"演讲术是论辩术的一个对等物;因为这两者要处理的事情可以说都是在所有人的认识范围之

---

* 亚里士多德的书名,这里根据通行译法,但亦可译为《演讲术》。引文中该词一概译演讲术,或口才。——译者注

内而不限于任何专门科学。因此所有人可以说对两者［即演讲术和论辩术］都有一份；因为大家在一定程度上都在努力批评或者维护一种论点。"[5] 人常常在相互之间争辩，而且喜欢在相互之间争辩。因此亚里士多德决定要研究议会里和法庭上进行争辩的方式。

当然，亚里士多德认识到流行的演讲术是会受到滥用的。仿佛是直接答复苏格拉底，他说，"如果说有人不恰当地利用这种讲话能力会造成很大的害处，那么这个反对意见也适用于一切好的事物"。亚里士多德在下面的信念中找到了希望：（一）"演讲术是有用的，因为真实的和公正的东西从本性上来说是优于它们相反的东西的"，（二）"一般来说，凡是真实的和较好的东西从本性上来说总是比较容易证明而且比较可能说服人"，（三）"人有足够的天生能力接受真理而且在大多数的情况下的确求得了真理"。[6] 历史上比较黑暗的篇章，有的还是很近的，常常使得这些话看来似乎有些过于乐观，但是没有一些这样的信念，好人就只能屈服于绝望了。

苏格拉底不断地寻求以完善的定义形式出现的绝对确定性，而始终没有找到，柏拉图为了不变的观念或形式这个虚无世界而放弃了现实世界,亚里士多德却从一个接近我们称之为常识的观点来对待知识问题。亚里士多德第一次把逻辑加以系统化,而且创造了三段论法作为它的主要工具。他这么做的时候,区分了两种形式的三段论法,即论辩术的三段论法和演讲术的三段论法。两者都是以被认为真实的命题开始的:论辩术的三段论法的命题被认为是一定真实的和总是真实的命题;而演讲术的三段论法的命题被认为大概是真实的,而不总是真实的命题。亚里士多德称演讲术的三段论法是一种 *enthymeme*,李德尔一斯各特一琼斯编《希英辞典》给这一名词下的定义是"从大概的前提得出的三段论法"。[7]

区别并不产生于有学识的论辩家与普通人的能力之间的不同,而产生自后者在议会中和法庭上所必须对付的材料的性质。在议会中和法庭上要作出的决定的性质迫使作为立法者和法官的公民从或然性出发进行辩论,而不是从不可能达到的绝对确定性出发进行辩论。议会必须作出对付未来情况的政策决定,而未来是不可预测的。法庭必须断定过去的一件事情中实际发生了什么,而在这一点上,诚实的证人提供的情况常常有很显著的不同。在这种捉摸不定的事情上,甚至柏拉图的哲学家国王也不可能比最平常的雅典公民更有把握。在这里,苏格拉底的理想统治者,"那个知道的人"也会发现要够得上这个称号是不可能的。

人不需要讨论确定的事,而是需要讨论不确定的事,在这上面,他们的判断不过是或然性而已。亚里士多德在讨论 enthymeme 时解释道,这是他们能够找到的最佳向导,因为"可以说,没有任何人类的行动是不可避免的"。[8]

亚里士多德的观点是说明问题的和令人鼓舞的,而苏格拉底和柏拉图的观点却是令人沮丧的,其目的在于破坏人类对于他们自己治理自己的能力的信心。

亚里士多德尊重观察和不信绝对性,这可能反映了他是医生的儿子这个事实。在他的哲学著作中,他常常像一个医生那样进行思考,而且反映了医学的经验。例如在《尼各马科伦理学》中,亚里士多德驳斥唯心主义的知识概念说,医生治的不是病,而是病人,一个具体的病人,每个病人都各有自己的病情。没有两个病人是完全一样的,尽管他们患的是同一种病。

当然,医生必须了解各种疾病的定义和一般的治疗规则。但这只是治疗艺术的开始。正是把一般理论同具体观察结合起来,才使古代希腊的医学既是科学又是艺术。的确,这是希腊研究精神第一个具有真正科学性——充分现代意义的科学性——的分支。它的最伟大人物希波克拉底斯*生前就饮誉遐迩，而用现代的话来说，他是经验主义和实用主义的。《牛津古典文学指南》关于他的条目中说，他的大量著作"揭示了一种真正的科学精神，即坚持因果关系的永久性和细心观察医学事实的必要性"。

医学如此，法律也是如此。亚里士多德对于绝对性的警惕在他对法律的伟大贡献中又表露出来。他是第一个制定衡平法原则概念来作为任何公正的法律制度的必要组成部分的。我们现在所知道的英美法中所谓"衡平法原则"这样的东西，在英国历代国王的大法官法庭中作为习惯法的补救办法而得到发展，是这以后好多世纪的事。†

亚里士多德在《修辞学》中说，在制定法律时，立法者"不得不作出一种并不适用于所有案件而只适用于大多数案件的普遍规定"，"因为，由于案件数目无限"，各有各的特点，"很难下一个定义"（即绝对定义）。[9] 因此，衡平法原则"变通"法律，在具体的案件上主持公道。亚里士多德用的

---

* Hippocrates（公元前460—前370），希腊名医。世称医学之父。——译者注

† 法国起草拿破仑法典时，起草人也从亚里士多德那里寻找启发，使该法典有个衡平法的系统。

希腊文衡平法原则一词是 *epieikeia*。它的意思是公平。亚里士多德进一步给它下的定义是"相对于法律文字的法律精神"。[10] 亚里士多德在《尼各马科伦理学》中称衡平法原则是"由于法律的一般性而有缺陷时对法律的补救"。[11] 一般性是苏格拉底的目标，这的确也是所有知识的目标。一般性是法律的根本必要条件，但亚里士多德在同一节中继续说，"有一些案件是不可能对它们规定法律的"。这当然不是亚里士多德的发现。亚里士多德关于有些案件没有法律可言的话，反映了雅典的平民组成的陪审团——法庭的两个多世纪的经验。这种法庭叫做 *dikasteries*，在那里所有阶级的公民都既充当陪审员又充当法官。

衡平法原则的概念隐含在雅典 *dikasts* 即陪审员——法官宣誓的誓言中。他们宣誓要"凡是有法律的地方按法律投票，没有法律的地方按像我们心中有法律一样公正地投票"。[12]

亚里士多德说任何法律的一般规定都固有不足之处，这话早已有柏拉图在《政治学》中说过，上文已有述及，这是柏拉图著作中他完全放弃了绝对唯心主义的唯一地方。听到《政治学》中作为柏拉图的喉舌的那个陌生客几乎用亚里士多德同样的话辩论，不免令人大吃一惊。那个陌生客说，法律不能断定什么是"最公正的"，因为"人与人之间、行动与行动之间有所不同"就不可能制定"对一切事情和一切时候都适用的任何简单的规定"。对柏拉图来说,这是在形而上学方面的完全的背离。它从绝对形式和绝对定义的暴政中摆脱了出来。

正如这位陌生客所说,制定法律虽然属于"王政的科学"(即国王为社会群体制定法律),但理想的情况是他本人应该不受法律的约束。陌生客声称,"最好的事情不是法律当权,而是贤明的人和有国王气质的人当统治者"。[13] 这是苏格拉底的"那个知道的人"进行统治和其他人服从的学说的新翻版。这样,这个反绝对主义的法律观点——在柏拉图身上是令人意想不到的——却成了把绝对主义当做理想政府的论点!但是人的经验——不论是古代的还是现代的——都表明,绝对主义孕育不公正,独裁者制定压制性的政策,近代斯大林的生涯就是明证。

在亚里士多德的手中,根据衡平法原则发展起来的观察经验,成了逃脱形而上学和政治死胡同的办法,因为它把唯心主义成分同我们后来叫做经验主义和实用主义的成分结合起来。亚里士多德的解决办法不是选择"非此即彼",而是"两者兼收"——把两者的成分结合起来逃避不论哪个极端的暴政。这是他称为中庸之道的一种应用。

衡平法原则从法律的一般定义移向案件的具体情况。然后它又变通法律来达到"公正"。这样，它回到了苏格拉底和柏拉图使我们意识到的超越一切的普遍性标准。尽管我们不能给"公正"一个绝对的定义，而且人言人殊，但"公正"仍旧是"理想"——这是我们从柏拉图那里得来的概念。

很像在运算方面不能求得极限这个概念一样，它在对社会和政治问题作有成果的分析方面却提供了一个不可缺少的组成成分。这是柏拉图的伟大贡献，也是苏格拉底为它准备好道路的。但是亚里士多德加了一个他们不愿承认的组成成分，因为它向民主方向移动，把尊严给了普通人。亚里士多德认识到，"公正"这个概念本身，不是只有很少的少数人才能达到的东西，而是从普通人的经验和人类作为"政治动物"的本性的深根中产生的。

因此，雅典陪审员作的誓言——"公正地"投票——意味着他们内在的公正意识。加一句"像我们心中有法律一样"就是承认，虽然他们不是完人——难道国王或哲学家是完人？——他们将努力尽自己之所能。这种"公民美德"的普通道理是雅典实施民主和亚里士多德规定衡平法原则的基础。

苏格拉底的否定式论辩术,如果雅典把它当真的话,就会使得衡平法原则和民主政体不可能实现。他把美德等同于不可能求得的知识,剥夺了普通人的希望,否认他们治理自己的能力。

第八章
幸福的生活：苏格拉底的第三个分歧

亚里士多德说，一个没有城市归属的人好像"棋盘上一颗孤单的棋子"。[1]一颗孤单的棋子单独放在那里是没有功能的。它只有在一盘棋中同其他棋子发生关系时才有意义。这个生动的比喻的意思是人只有在 polis 中才实现自我。个人只有在社会群体中同别人发生关系才能找到幸福的生活。这个概念并不是亚里士多德首先提出来的。这是希腊人的普遍观点。"没有城市归属"——apolis——在亚里士多德之前一个世纪已经在希罗多德和索福克勒斯的作品中显示了悲惨的命运。这把我们带到了苏格拉底和他的雅典同胞的第三个哲学上的基本分歧点。

苏格拉底言传身教的是退出城市政治生活。在柏拉图的《自辩词》里，他为这种隐退辩护，认为这是灵魂"完善"的必要。[2]雅典人和希腊人则普遍认为，公民是通过充分参与城市生活和事务而得到教育和完善的。

亚里士多德写道："人得到完善后是最好的动物，但是如果他孤立于法律和正义，他就是最坏的动物……如果他没有美德，他就是一头最邪恶和野蛮的生物。"³ 只有正义感才能使他超脱于自己的兽性冲动之上。亚里士多德说，这种正义感"属于 polis；因为，断定什么是公正的意识是政治联合的一个结果"。

一个孤单的人则生活在正义一词毫无意义的世界里。那里没有"别人"，不产生需要"公正"解决办法的冲突。公正的问题只在一个社会群体中出现。而 polis 就是一个长期开学的学校，用它的法律、节日、文化、宗教仪式、传说、头面人物的榜样、剧院，以及用参与城市的治理，特别是参与公正问题在那里辩论和决定的议会和陪审团—法庭的辩论，来塑造它的人民。

雅典人生活在一个那么美丽的城市里，它的遗迹仍使我们惊叹不已。它的悲剧和喜剧诗人仍使我们心醉神迷。我们至今仍受到它的最优秀政治演讲家的启迪。我们至今仍从他们那里学习到适用于我们时代的教训，就像别的人世世代代以来所做的那样。如果说有一个城市值得它的公民全身心地贡献力量和忠诚的话，那个城市就是雅典。参与"政治"——即管理城市——是一种权利、一种责任、一种教育。但是所有苏格拉底弟子，从安提西尼斯到柏拉图，都教诲要退出它。

雅典的社会改革家和立法者梭伦是第一个向贫苦阶级开放议会和陪审团—法庭的，早在公元前 6 世纪，他就制定了一项法律，规定任何公民如果在 stasis 时刻，即发生严重政治争论和阶级斗争的时刻，保持中立和不参与一方，就应剥夺其公民身份。[4] 普鲁塔克在其《梭伦的生平》中解释说，这是因为这位伟大的立法者相信，"一个人不应该对共同利益不问不闻或不加置理，只顾妥善安排自己的事，以自己不参与国家的动乱和危难为荣"。[5] 这种态度也反映在伯里克利的悼词中，也许这是有史以来关于民主理想的最为雄辩的陈说。伯里克利声称，雅典的议会向人人开放，贫富一律，他接着补充说，雅典人"把不参与公共事务的人，不是看做只顾自己的不管闲事的人，而是看做无用废物"。[6] 城市的事——照亚里士多德看来——就是每个公民的事。

根据这些标准来看，苏格拉底不是个好公民。他当兵尽了责，而且表现勇敢。但是像他那样一个德高望重的雅典人在有生的 70 年中居然能做到几乎绝不参与城市的事务，这是十分不平常的。要是梭伦的关于在发生内部动乱时禁止不参与公共事务的法律在公元前 5 世纪仍旧有效的话，苏格拉底很可能因此被剥夺公民权。苏格拉底生前两次最大的政治动乱，也是雅典历史上两次最糟糕的政治动乱，是公元前

411年和前404年的推翻民主政体。苏格拉底在这两次既没有参加推翻也没有参加恢复民主政体。他既没有站在篡夺政权的心怀不满的贵族一边，也没有站在被这些贵族所杀戮和放逐出城市的民主派一边，甚至没有站在被独裁者马上驱向反对派那边去的稳健派一边。除了在第二次独裁期间——即三十僭主时期——他有一次勇敢的然而沉默的不服从表现以外，他置身于冲突之外。

在柏拉图的《自辩词》的一个著名的有趣的段落中，苏格拉底告诉审判他的法官，"如果你们把我处死，你们就不会再能轻易地找到一个——用有些荒谬可笑的话来说——像盯住一匹马的牛虻一样盯住这个城市的人"，他又补充说，这是匹"懒惰的"马，需要不时"叮"一下，才对它有好处。[7] 这就是后来在我们的时代有些贬义地用于持批判和激进态度的新闻记者的套话的起源。但是苏格拉底这只牛虻在最需要它叮的时候似乎总是不在。在他生前，议会中要作出命运攸关的决定时，他从来没有在议会中发表过意见。在他的公民同胞们的眼中，他看上去一定不像牛虻，而像伯里克利在悼词中所称的 *idiotes*，这是对不参与公共事务的公民的贬称。在我们上面引用的悼词中，它被译为"无用废物"。(此词是英文 idiot［白痴］词源上的最早祖先，但当时并没有"智力低能"的涵义。)

在柏拉图的《自辩词》里，动词 *idioteuo* 和动词 *demosieuo* 之间也有类似的对比。[8] 后者的意思是参与公共事务，即 *demos*（民众）的事务。苏格拉底是明白他不参与政治招来的批评的。这两个动词被苏格拉底用在他为不参与城市事务而提出的几个理由的第二个中。他告诉法官说，"也许这显得有些奇怪，我到处走动，管别人的闲事，私下提供这个劝告，但是却没有到你们的议会上来，向国家提供意见"。他在这里用"你们的"而不用"我们的"是很说明问题的。即使在他的语言中，也像在他的生活中一样，他是站在一旁的。

他在《自辩词》中提出的第一个理由是，他的著名的 *daimonion*——隐藏在内心的警告的声音，或者他自称拥有的指导他的神灵——警告他不要参与政治。那个 *daimonion* 从来没有解释它为什么这么警告。但是苏格拉底作了解释。他向法庭说，"请不要因为我讲了真话而生我的气，事实是，任何人如果高尚地反对你们或任何其他民众［他用的希腊文是 *plethos*，即大众］，防止许多不公和非法的事情在这个国家中发生，是无法救自己一命的"。

这个理由是对城市的侮辱，也是一个怯懦的表白，苏格拉底接下来说得更加明白:"一个真正为这权利斗争的人,如果他要保全性命哪怕只有一会儿,也必须是个私人公民,而不是公共人物。"[9]《古典丛书》洛勃版译本在这里冲淡了希腊原文的真正力量。苏格拉底说的是 idioteuein all a me demosieuein——你如果要安全的话,必须是个 idiotes,不参与 demos 的事务。

但是就在几分钟之前,苏格拉底还叫自己是牛虻,吹嘘说,为了雅典自己的好处,他叮了雅典这匹懒马!就像苏格拉底刚才说的,一个人真正为这权利斗争怎么能不冒战斗的危险呢?怎么能不在议会中发言和投票反对"不公和非法"的事,以防止它们发生呢?雅典允许在议会中言论自由和投票自由,作为防止不公正政策的手段,如果公民没有勇气运用这些权利,这些保障措施怎么能有效力呢?苏格拉底提供的是权宜的教训,而不是美德的教训。

没有人要求苏格拉底放弃哲学去担任公共职务。但是在城市生活中有这样的时候,它遇到了深刻的道德性质的紧迫问题。在这样的情况下,一位哲学家在议会中发出的声音是会产生不同影响的。而且,对一位哲学家来说,还有什么比议会更好的讲坛来生动地表现争取美德的斗争呢?在苏格拉底生前伯罗奔尼撒战争时期,曾经有两次这样令人难忘和对比强烈的辩论。两次都牵涉到雅典的一个反叛的盟友。一次辩论是关于米洛斯*，另一次是关于米提利尼**。前者的结果使雅典永远留下了黑色的污点。后者则为雅典带来光荣。两次都是对雅典这个城市的美德的考验。两次都值得一个哲学家的参与。

为了城市的名誉，也为了苏格拉底本人的名誉，人们是多么希望苏格拉底露一次面啊。虽然苏格拉底否认自己是个教师，但他很难否认自己是个说教者。他不断地在教训他的同胞要有美德。而这两次正是美德受到考验的时刻。要了解在米洛斯和米提利尼问题上的辩论的重要性，我们必须回忆一下希腊的城邦在公元前5世纪前半叶战胜波斯人以后的情况。那次胜利是与斯巴达联合并在雅典的领导下赢得的。但到了战后，原来是平等国家之间的保护性联盟很快就成了一种雅典帝国的关系。

如果说帝国一词令人想起了波斯帝国或罗马帝国的形象，那么用这个词也许太强烈了一些。但是这个保护性联盟

---

* Melos，爱琴海上一岛。曾是爱琴海文明的中心，公元前416年反抗雅典统治而遭屠城。著名维纳斯女神塑像即于1820年在此发现。——译者注

** Mytilene，爱琴海累斯博斯岛上一城市，古希腊女诗人萨福即生于此。——译者注

的越来越多的决定大权——不仅关于防御方面的决定而且也包括其他问题上的决定——落到了更强的一个盟员国家雅典的手中。原来所说的共同财政库也是这样。在共同防务中用以维持雅典海军的捐款很快成了纳贡。雅典以此养肥和美化了自己。巴台农神庙的修建款就是由此而来，它成了从保护国转化为帝国的巍峨象征。

这就孕育了反叛。雅典和斯巴达关系破裂。各自组织了一个敌对集团。一些小国不是投向斯巴达要求保护以对付雅典，就是投向雅典要求保护以对付斯巴达。希腊世界分裂成二，公元前5世纪中的下一次武装大冲突就是在这两个敌对集团之间进行的。最后酿成了长期的、破坏性的伯罗奔尼撒战争。有着共同文明的同种的人民之间这种兄弟阋墙、互相毁坏的战争是后来我们自己的时代中两次世界大战的雏形，而且也是现在已在酝酿形成中的第三次也是最后一次全球大战的雏形。

在希腊人民的那一次"世界大战"中，战中有战。在各个联盟中，常常发生小国反对保护国的叛乱，因为后者在他们应该保护的小国越来越不受欢迎了，就像我们时代的北约和华约集团一样。在争霸的斗争中还求助于阶级斗争。在每个城邦里，都不断有贫富之间的斗争。早在西班牙内战创

"第五纵队"*一词之前，雅典和斯巴达都各有自己的"第五纵队"潜伏于对方境内。民主政体的雅典同斯巴达压制下的各城邦中的心怀不满的民主派勾结，寡头政体的斯巴达同雅典支配的城邦中的心怀不满的贵族派合谋，而且斯巴达在雅典城内有它的由有钱的反民主派组成的第五纵队。政权易手，城市就易帜，或者企图易帜，倒向另外一边。到处生灵涂炭，惨无人道。

米洛斯成了史书记载的战争和强权政治所造成的残暴不公正的典型例子，这种强权政治，德国人叫 *Realpolitik*（现实政治），世界上所有强国，不论遵奉什么意识形态，至今仍在实行。米洛斯的遭遇生动地表明了在一个相互之间没有法律的世界中，所谓主权国家之间的关系不论弱国还是强国都得按照一种残酷的逻辑。而这逻辑今天仍在发生作用。希腊的每一个超级大国，为了要预防或窒息卫星国的反叛，常常采取残暴的行动，唯恐显得软弱——像个学校操场里的欺侮小学生的大孩子，生怕别人认为他是"胆小鬼"。在大国看来，对待小盟友不公，似乎是保全自己的必需。这就是修昔

---

* 1936年西班牙内战期间佛朗哥叛军围困政府军驻守的首都马德里，共用四个纵队进攻。叛军将领莫拉自夸尚有第五个纵队在城内策应，此词自此成为内奸同义词。——译者注

第八章　幸福的生活：苏格拉底的第三个分歧

底德的精彩绝伦的著作中所说的故事，一个对任何时代都适用的政治寓言。

米洛斯是个岛屿城邦，本是斯巴达的一个殖民地，长期以来一直是雅典独霸的爱琴海中一个令人烦恼的据点。虽然米洛斯偏向斯巴达而且是由寡头政体所统治，但在伯罗奔尼撒战争中却没有站在斯巴达一边。它保持中立，在雅典人眼中，这就是它的罪过。在波斯战争中，从米洛斯来的船只参加了希腊海军在萨拉米斯的决战。在同斯巴达的斗争中米洛斯舰队和米洛斯资源可以助雅典一臂之力，但是也有米洛斯向斯巴达舰队开放港口，使它在爱琴海得到一个基地的危险。

在公元前426年，雅典对米洛斯发动了一次没有成功的进攻，十年后又威胁要再发动一次，要求米洛斯同雅典联手。但是米洛斯人拒绝同雅典结盟，只答应保持中立，于是雅典就兵围米洛斯城。米洛斯在挨了一个冬天的饿以后投降，听任雅典摆布。雅典的回报是杀尽全部男子，把妇女和儿童掳去为奴，把该岛交给雅典移民。这是一场残酷的战争中一段最残酷的插曲。

那是在公元前416年。苏格拉底当时大约53岁，是城里的一位头面人物，为希腊各地来求教的弟子所包围。苏格拉底是否认为这是公正的？他是否认为毁灭一个已经投降的城市是合乎美德的？他是否认为这是明智的决策？在这样一个痛心的时刻，城市当然有权要求苏格拉底参加辩论。这个自命的牛虻到哪里去了？在色诺芬的著作或者柏拉图的著作里都没有提到米洛斯屠城事件。这种沉默显得更加奇怪了，因为这是苏格拉底所蔑视的民主政体这么明显的一个黑色污点。也许他们也认为为了 *Realpolitic* 之故，这次屠杀是有理由的。哲学家常常并不比普通人更能免受战争煽起的民族主义情绪的影响。

色诺芬和柏拉图著作中苏格拉底没有谈到米洛斯，可能是由于他痛苦地知道他心爱的阿尔西比亚德斯在米洛斯屠杀中所起的名誉扫地的作用。我们从普鲁塔克和一位雅典演讲家那里知道，阿尔西比亚德斯是议会决定不向米洛斯人表示慈悲时的主要动力。[10] 我们从这两个来源也知道，阿尔西比亚德斯在雅典出了一件丑闻，他让从米洛斯俘虏来的一个新寡女人给他生了个儿子。

苏格拉底当时在议会如果说了话，可能会救了米洛斯人免遭屠杀。十年之前，在关于米提利尼的一场类似的辩论中，有人说了话，结果确是不一样，议会从屠杀转为了宽恕。米提利尼是富饶和人口众多的累斯博斯岛上最重要的城市，以抒情诗人萨福*和阿尔凯奥斯**著名，它在公元前482年领导了该岛除了一个城市以外其他全部城市对雅典的起义。米提利尼决定在伯罗奔尼撒战争中背叛雅典人，这对雅典来说是个黑暗的时刻。当时雅典城外阿蒂卡一带所有的土地都因斯巴达的入侵而荒芜了。他们对雅典的围城使得这个充满从附近乡间逃来的难民而显得过分拥挤的城市发生了瘟疫。在当时极为原始的卫生条件下，那是恐怖的日子。最糟糕的打击是伯里克利在那次瘟疫中染病而死。

雅典还没有从这些可怕的厄运中恢复过来就传来了累斯博斯岛上发生反叛的消息。鼓励这次反叛的斯巴达人于是开始了他们对阿蒂卡地区的第四次进犯。雅典害怕而斯巴达希望，米提利尼的榜样和雅典的困难会散布反叛的种子。到了次年，米提利尼终于由于雅典的包围所带来的饥馑和阶级冲突而投降，但是雅典极为不高兴。

在议会中第一天辩论米提利尼的命运时，强硬路线派就轻易地赢得了胜利。他们要毁灭米提利尼，以便在酝酿反叛的其他城市心中制造恐怖。根据继伯里克利担任雅典领导的克里昂提出的动议，议会表决要摧毁米提利尼，杀尽全部居

---

* Sappho（约公元前6世纪），希腊抒情女诗人。——译者注
** Alcaeus（死于约公元前580年），希腊抒情诗人。——译者注

民，把妇女和儿童出卖为奴。这是以恐惧作为威慑力量的逻辑。

议会马上派出了一艘三层桨战船去那个降城实施这些命令。但是一夜之间又产生了相反的意见，强烈得足以在第二天就迫使议会开会重新考虑它匆忙决定的残酷行动。克里昂大为震怒。他谴责任何的动摇都是软弱的表现，缺乏决心，危及联盟的牢固基础和雅典自己的安全。这个论点，根据我们现代的经验并不陌生，而且也不缺少分量。克里昂着了急。这个善于"蛊惑人心的政客"呵责民众。他谴责议会说，他常常认识到民主国家是没有能力统治其他国家人民的，但是没有比这一次在米提利尼问题上认识得更清楚了。[11]他警告不要产生怜悯之心。他要求雅典人记住，他们的联盟实际上是一种专制。讲人道是一个帝国所负担不起的奢侈。

他的演讲为雅典人画了一幅生动的、即使是敌意的画像。克里昂抱怨说，"你们都不仅善于被新鲜建议所骗而且善于拒绝遵循已获批准的意见"。克里昂称雅典人是"每个新怪论的……奴隶，瞧不起熟悉的东西，没有等漂亮话出口就来不及地鼓掌"。[12]这可不是一个不愿听相反意见的议会的画像。出乎意料出现的反对派领袖是一个名叫狄奥多特斯的人，此人在历史上别无记载。他在第一天辩论中力陈宽大为怀但没有效果，如今利用情绪的变化对克里昂的领导提出挑战。当时后悔的情绪已经蔓延，恻隐之心开始抬头。狄奥多特斯如今企图用冷静和客观的逻辑把仍在动摇之中的人争取过来。他辩称，即使从帝国的观点来看，宽大也比无情的恐怖更为得策。狄奥多特斯提出了三个主要的论点。第一是毁灭一个已经准备投降的城市之不智。要攻克一座决意抵抗的围墙城市是不容易的。米提利尼的城墙并没有被攻破。使得该城屈膝的是饥饿。该城领袖决定投降时，它还没有陷落。它还可以继续作战，等待斯巴达所答应的援军的到来。如果把该城加以毁灭，那么就等于告知其他反叛的城市，它们从雅典那里不能期望得到宽恕，不能在投降中觅得安全。这就会使得将来镇压其他反叛更加困难。

第二个论点是以阶级斗争的逻辑为基础的。雅典的战略是在对斯巴达友好的城市中争取民主派反对占统治地位的寡头派。如果现今雅典在米提利尼实行不分青红皂白的屠杀和奴役，它就是把寡头派和民主派，富人和穷人，都同等对待。

米提利尼的内部局势十分复杂。它由亲斯巴达的一个寡头政体牢牢统治。它的统治者在绝望中武装了群众，这才出现了和平的转机。群众已在挨饿，他们厌倦了战争，准备向雅典输诚。他们一旦有了武器，就不买寡头派的账，企图求和。因此寡头派才抢在他们前面投降，生怕结果会把政权丢失给米提利尼的新成立的民主政府。狄奥多特斯问雅典议会，为什么要把潜在的盟友同天然的敌人一起杀掉呢？

狄奥多特斯主张宽恕的第三个理由也是同样的冷静和实际。为什么要毁灭一个其舰队、人力、财政资源可以对雅典本身的生存和胜利作出这么大贡献的城市呢？雅典和米提利尼的争吵是由于后者要想退出联盟开始的。如今它的投降已经表示愿意与雅典重修盟好，那为什么要毁灭它？狄奥多特斯最后说，"考虑得当的人比鲁莽地用暴力向前冲的人更能对付敌人"。[13]

就像现实政治中的许多关键重大的决定一样，这个选择不容易作出。两个方针——报复还是宽恕，强硬还是和解——各有各的风险。两个方针都不能保证成功。和解可能会使得其他心怀不满的盟友认为造反并不那么危险。但是屠杀会播下对雅典的更多仇恨，造成更猛烈的反叛。最后狄奥多特斯的论点占了上风。议会改变了决定，尽管票数相差不大，这次还是投了宽恕的票。

不幸的是，带着早先那个命令的三层桨战船已经向米提利尼进发。到第二天议会表决时，这艘带着大屠杀的命令的战船,据修昔底德告诉我们,早走了"大约有一天一夜"。这是他的史书中最富有戏剧性的插曲之一:带着收回成命的命令的第二艘战船赶紧出发,希望看到米提利尼还没有遭到毁灭。划桨者吃饭的时候也不停桨,"轮流睡觉和划桨"。但是,第一艘战船还是早已抵达。屠杀的命令已经高声宣读。第二艘战船靠岸时,第一批雅典使者正要执行命令。修昔底德告诉我们,"就是靠这么一点时差,米提利尼逃脱了它的危难",雅典挽救了自己的荣誉。[14] 这个决定证明是英明的:米提利尼成了雅典的忠实盟友。难道这不是把美德付诸行动吗?只是它是由那些不能把美德作出令苏格拉底满意的定义的人完成的。

在柏拉图的《自辩词》里,苏格拉底为自己从来不参与城市事务提出了一个不足道的理由。他问法官们说:"你们以为,如果我参与公共生活,做一个好人应做的事,向公正的事情尽我的能力,并且把这认为是最有重要意义的事,我能活得这么高龄吗?"[15] 关于米提利尼的辩论证明苏格拉底是错了。他所蔑视的 demos(民众)是具有可以打动的良心的。一个确实是"做了一个好人应做的事"的名不见经传的无名之辈力挽狂澜争取到了宽恕,尽管城市最著名的民主派领袖克里昂竭力反对。狄奥多特斯树立的榜样使我们为苏格拉底感到脸红。

在古代稍后时期，柏拉图的著作使苏格拉底成了一个受人崇拜的英雄，一个俗世的圣徒，有些作家一定感到奇怪，至少在危急关头，苏格拉底为什么没有把自己的才能贡献出来为他的城市服务。在古代历史和传记中，事实和虚构是常常互相交杂的。作家以虚构一些动人事件来活跃他们英雄的事迹著称。也许他们觉得这些故事有着伪经一样的真实性，如果这些英雄名副其实的话这些事情是应该发生的。

曾经有过两次这种戏剧性的然而是幻想性的表明苏格拉底是个好公民的事件，一次是在普鲁塔克写的传记中，另一次是在狄奥多勒斯·西克勒斯*写的史书中。两个故事都是在苏格拉底受审后 500 年写的。两位作家都是说教者，喜欢讲劝人为善的故事。普鲁塔克的故事是关于在叙拉古发生的海军大惨败的，那是雅典在伯罗奔尼撒战争中损失最惨重的挫折之一。普鲁塔克似乎感到奇怪，苏格拉底的 *daimonion*，即他内心的声音或者说他熟悉的指导他的神灵难道没有把这即将来临的灾难警告给他？还有苏格拉底为什么没有把这警告转告给他的同胞？这种推测似乎在普鲁塔克的

---

* Diodorus Siculus（死于公元前 21 年后），西西里史家。——译者注

尼西阿斯传中也有反映。尼西阿斯是负责向叙拉古远征的雅典将领之一。迷信的普鲁塔克说，即将来临的灾难有许多预兆。他写道，"对苏格拉底这位贤人来说也是这样，指导他的神灵［daimonion］利用习惯的象征向他点明，这次远征将为城市带来毁灭"。普鲁塔克继续说，苏格拉底"让他的亲近朋友知道，这事就传得很广"。[16]

在修昔底德或普鲁塔克之前的任何古代作家的作品中，都没有提到苏格拉底的这种警告。伯纳多特·皮林在他关于《尼西阿斯生平》的评论中说，这故事"带有推想创造的一切痕迹"。[17] 要是当初有这样的警告，我们是会从色诺芬或柏拉图那里听到的。实际上，苏格拉底并不需要从他的指导神灵那里得到警告才担心这次西西里远征。西西里远征的主要推动者之一是他的得意门生阿尔西比亚德斯，这次计划有着阿尔西比亚德斯所特有的那种出奇制胜战略和同时存在的危险的狂妄自大。他完全缺乏苏格拉底在柏拉图的《共和国》中强调的那种 sophrosyne 即稳健的美德。但是没有证据说明苏格拉底曾在议会中露面，警告这次远征宏伟有余而谨慎不足。

说起稳健就不免想到关于苏格拉底的文献中第二个幻想

性的事件。这有关他同一个名叫提拉美尼斯*的这个命运不济的雅典政治领袖的关系。提拉美尼斯是两次推翻民主政体的寡头阴谋中稳健派的领袖，第一次是在公元前411年，后来又在公元前404年，大约是苏格拉底受审前五年，正好是雅典在伯罗奔尼撒战争中战败以后的事。

在这两次阴谋中，提拉美尼斯都是要以稳健的寡头政体取代民主政体的人们的一个领袖，两次他都与贵族派决裂，因为他们建立了一个紧紧控制的少数人寡头政体而把他们的中产阶级盟友推向反对派。公元前411年的那次称四百僭主，公元前404年那次称三十僭主。三十僭主的领袖克里底亚斯是提拉美尼斯的竞争者，在后者敢于反对他们专政时把他处死了。

提拉美尼斯肯定是想实行 *sophrosyne*（稳健政策）的，也许有人认为他在苏格拉底和柏拉图眼中是个英雄。但是在柏拉图的著作中，克里底亚斯常常以风头人物姿态出现，而对提拉美尼斯却只字不提。色诺芬在《言行回忆录》中关于苏格拉底和三十僭主的记述中也是如此。寡头贵族派

---

* Theramenes（约公元前455—前404），雅典政治家。曾参与公元前411年四百寡头政体的建立．后又积极推翻。他又参与三十僭主专政但后被处死。——译者注

把提拉美尼斯看做是个叛徒。但是亚里士多德在《雅典政制》中却对他是赞许备至的,他似乎是作为亚里士多德的中庸学说实际行动的体现出现的,是一个在过分狭隘的寡头政体和过分完全的民主政体之间寻求中间道路的政治家。

狄奥多勒斯·西克勒斯在他的史书中写到这个时期时,显然觉得苏格拉底一定是同情稳健派提拉美尼斯的。狄奥多勒斯提供了一段他认为提拉美尼斯与克里底亚斯激烈争吵时被拉出去处死的时候一定会发生的情况的想象性记述。(色诺芬在《希腊史》中所作的同时代记载证明提拉美尼斯被拉出去时确有其事。)狄奥多勒斯说,当克里底亚斯的打手抓住提拉美尼斯时,"他临危不惧",因为"他与苏格拉底一起探索哲学已走了一段很长的路了"。除了狄奥多勒斯,没有别的作家指出过他是苏格拉底的一个学生。狄奥多勒斯还用一个戏剧性的场面来点缀他的故事。他说,"一般来说,群众看到提拉美尼斯倒台很是不安",但是鉴于克里底亚斯纠集的"武装随从的力量,不敢干预",只有"苏格拉底这位哲学家和他圈子里的两个人跑上去企图阻止[独裁者的]军官"。

于是提拉美尼斯恳求他们不要抗拒。"他赞扬他们的忠诚和勇气",但他说如果他们要想救他的尝试反而引起"那些对他也有同样感情的人丧生","他会感到十分悲痛的"。因此，狄奥多勒斯的没有生气的记述最后说，苏格拉底和他的同道"鉴于缺乏任何别人的支持以及当局的越来越顽固的态度，就退了下来"。[18]

色诺芬在《希腊史》中记述提拉美尼斯之死时没有提到这样的事。苏格拉底的朋友演讲家利西亚斯演讲中也没有提到。利西亚斯是我们关于三十僭主专政时期所发生的情况的最完全的同时代资料来源。在一辈人之后的亚里士多德的著作中也没有这件事的记载。

苏格拉底的不参与是异乎寻常的。除了我们下文将要述及的在三十僭主专政下一件悄悄的公民不服从行动之外，好像凡是在城市最困难的时刻他都不在那里。只要稍有公开的抗议表示，就会大大地驱散他受审前十年之内发生的这些可怕事情后开始引起的对他的怀疑。当时极有必要表明他的立场。因为公元前411年推翻民主政体的事件是他的得意门生阿尔西比亚德斯发难的，而公元前404年那次又是克里底亚斯和查尔米德斯领导的，在柏拉图的谈话录中，他们两人看来是苏格拉底的学生。而柏拉图又是克里底亚斯的表兄弟，查尔米德斯的侄子。克里底亚斯和查尔米德斯都是从那个被阿里斯托芬在公元前414年写《鸟》时称为"苏格拉底化的"亲斯巴达贵族青年圈子中招募他们的支持者——打手和"冲锋队员"——的。[19]

在提拉美尼斯之死和苏格拉底本人之死之间有一个联系的环节，但常常被忽略过去了。苏格拉底受审时有三个控告人，其中最有影响的一个人名叫阿奈特斯，他是提拉美尼斯的一个副手。阿奈特斯是在提拉美尼斯被杀后逃出雅典的中产阶级稳健派之一，他投奔流亡中的民主派，成了那个推翻三十僭主恢复民主政体的稳健派和民主派联盟的将领之一。阿奈特斯一定对苏格拉底在反对三十僭主的斗争时既不支持稳健派又不支持民主派而心怀不满。

对于指责他总是置身于城市的政治生活之外的罪状，苏格拉底是很敏感的。根据柏拉图的《自辩词》，他在受审时举出了他参与政治的两个例子，一次是反对民主政体，一次是反对三十僭主专政。根据他自己的计算，这是他仅有的两次积极参与了他的城市的事务。两次参与都是情势所迫，不是出于他自由的选择。不过遇到该负的责任时，他的行为是公正的，而且是有勇气的。

第一次是在公元前406年，那是在阿琴纽西岛战役中指挥雅典舰队的将领受审的时候。他们被控在战后没有拯救落水幸存者和打捞死亡者的尸体。这些将领们声称风浪太大，无法拯救。苏格拉底是主持审判的 50 人委员会 prytaneis 之一。这 50 人是抽签决定的。使得苏格拉底的骨气受到考验的问题是，这些将领们是否有权要求分别审判。

把他们放在一起审判显然是不公平的。每一个指挥官都有权要求根据他本人在具体情况下依照自己职责范围规定的实际表现来加以审判。雅典的 boule，即市政会议，在准备这个案件交付议会审判时，已在群众对将领们的公愤前屈服，决定把他们放在一起审判。但是在议会开审时，有一个坚决的不同意者提出，这样的集体审判按照雅典的法律和程序是无效的。[20]

这一挑战是由一个叫做 graphe paranomon 的动议——它相当于我们称为指控违宪的动议——提出来的。根据公元前 5 世纪很少的一些法律记录（公元前 4 世纪却有不少案件的报告）来判断，正常的情况下，这些将领的审判就要推延，一直等到这个动议经过辩论和表决之后。但是人民大众对于推延审判的想法十分气愤，迫使主持审判的委员会不顾"违宪"动议，立即表决要把将领们放在一起审判的决议。这个主席团的其他成员都给会场上发出的威胁吓住了，只有苏格拉底一人坚持到最后，反对这个不合法的和不公正的程序。但是主席团的裁决不需要一致通过，多数票占了上风。集体审判的道路就扫清了。

苏格拉底在《自辩词》中谈到他在将军审判中起的作用时承认，这是仅有的一次他在城市里担任公共职务。苏格拉底说，"雅典同胞们，我从来没有在国家中担任任何其他职务，但是……你们要集体地而不是分别审判那十位在作战后未能打捞死者的将领时，正好我的一族担任主席团。这样审判是非法的，事后你们也都同意。在当时"，苏格拉底接着说，"我是唯一反对做任何违反法律的事情的，虽然演讲的人都准备弹劾和逮捕我，虽然你们大声呼喊要求他们这样做，我认为我应该冒险到底，因为法律和正义在我这边。我没有在你们的愿望不公正的时候出于对监禁或死刑的恐惧而同你们在一起"。[21]

但是苏格拉底尽管表示恐惧，他并没有因抗拒多数意见而受到惩罚。的确是这样，当后悔时刻来临时，他们"后来都同意"，他们所做的是非法的。因此他一定已被公认是勇敢地做了应该做的事。

苏格拉底第二次不得不担当起公民责任的事件牵涉到三十僭主统治时期一个富有的外国侨民萨拉米斯人里昂。当时这个独裁政权很少得到公众的支持，需要斯巴达在雅典驻军，才有希望维持下去。为了要筹款偿付驻军的费用，它着手"清算"有钱的非公民商人，没收他们的财产来偿付斯巴达占领军。

苏格拉底在柏拉图的《自辩词》中告诉他的法官们说，"寡头政权建立后，三十僭主把我和其他四人叫到圆形大厅，命令我们把萨拉米斯人里昂带去……处死"。三十僭主不需民团去逮捕人。他们有打手队带着鞭子和匕首吓唬公民。这些打手很容易抓住里昂。他们为什么要苏格拉底去参加？苏格拉底解释道，"他们对别人也曾发出过许多这样的命令，因为他们想把尽量多的人拉下水，牵连到他们的罪行中去"。我们应当还记得，苏格拉底同三十僭主们很熟悉。领导这个贵族派的克里底亚斯和查尔米德斯都是苏格拉底圈子里的人。

苏格拉底怎么做？苏格拉底进行了抗拒，但是尽量不声张，不是作为一个政治行动，而是作为一个私人行动。他没有抗议这个命令，只是离开了圆形大厅，悄悄回了家，没有参与去抓人。把他的吹牛成分去掉，这就是他自己说的经过的实质。苏格拉底说，"后来我又用行动而不仅是语言来表示，我对死，屁也不怕——如果这么说不嫌太粗鲁的话，但是我确是十分当心不做任何不公正或不敬神的事。因为那个政府，尽管有权有势，却没有把我吓得去做任何不公正的事，但是我们走出圆形大厅后，其他四个人去了……把里昂抓了来，而我却回家了事"。[22]

苏格拉底没有像他的控告人阿奈特斯那样离开城市去参加那些已经在策划推翻独裁政权的流亡者的队伍。他如果去的话肯定会是一个受到欢迎和鼓舞人心的投奔者。但他"却回家了事"。难道这是履行他的反对不公的公民责任吗？还是他仅仅避免个人的牵连，像他自己所说的那样，拯救自己的灵魂？

苏格拉底为他一生不参与政治提出了几个理由，这就是其中之一。在柏拉图《自辩词》中，苏格拉底说，他不参与政治是为了不让他的灵魂蒙上污点。这话的意思是，公共事务是有些肮脏的，正如后来基督教徒所说的，是"有罪的"。事实上这就是后来沙漠中的修道僧的感觉，他们远离尘世，去过他们自己的集体或单独的生活。在古代的希腊要是有修道院的话，苏格拉底和他的追随者就会被吸引去的。苏格拉底关于灵魂的教导中有一点后来变成中世纪基督教义的特点，但是对古代希腊的明媚阳光和欢娱——除了精神上的还有俗世的和肉体的欢娱——却是格格不入的。

按照古典的观点，肉体和灵魂是一致的。苏格拉底派和柏拉图派却把它们分割开来，贬低肉体，抬高灵魂。身心健康——正像罗马诗人尤文那尔*后来在他著名的《第十首讽刺》[23]中所说的：mens sana in corpore sano——是古典的理想。

在苏格拉底身上出现了一种新的调子，也许更早一些出现在毕达哥拉斯**派身上，他们是他的敬仰者和崇拜者。柏拉图的《斐多篇》中写到他在牢房里的最后一天生活有一些动人的段落，我们可以从他同毕达哥拉斯派的谈话中看到这一点。毕达哥拉斯派或有关的奥菲士教派***运动据说起源于肉体是灵魂的坟墓这句话——这是对希腊文 soma（肉体）和 sema（坟墓）的一语双关的文字游戏。退出城市生活很快地演变为退出生活本身。我们可以看到这个倾向在安提西尼斯和他从苏格拉底的教导的一个方面所得出——和夸大了——的犬儒哲学中最为强烈。苏格拉底不仅实行退出城市的事务，而且这么宣教。他在《自辩词》中告诉他的法官说，这是他的使命。苏格拉底说，"我到处走动，没有做别的，只

---

* Juvenal（约公元1至2世纪），罗马讽刺诗人，著有讽刺诗16首，挞伐当时罗马社会弊端。——译者注

** Pythagoras（约公元前570—前495），希腊哲学家。创神秘主义哲学派别。——译者注

*** Orphics，奥菲士教派，相传为奥菲士（Orpheus）所创的神秘主义教派。又译俄耳甫斯派。——译者注

是要求你们，不分老少，不要只顾你们的肉体，而要保护你们的灵魂"。[24]约翰·伯纳特关于《自辩词》中这段话的评论说，"苏格拉底似乎是第一个希腊人谈到 *psyche*〔灵魂〕是知与无知，善与恶的所在"。由此可见，人类的主要责任是"要顾到自己的灵魂"，这在苏格拉底的教导中是根本性的。[25]

不论从希腊的观点还是现代的观点来看，这都在回避真正的问题。一个人怎么完善他的灵魂？是退出生活，还是投入生活，实现自己作为社会群体的一分子？古典的理想是在完善城市之中完善自己。

亚里士多德比较接近这个古典的理想。我们在上文已经述及，他从美德不是"孤单的"而是政治的或公民的这个前提出发，发展他的政治学和伦理学。他认为灵魂是推动一切有生命的东西，不论是动物还是植物的原则。亚里士多德说，"灵魂和肉体的结合才造成一个生物"。[26]在亚里士多德看来，个人的灵魂随肉体消失。亚里士多德把"灵魂"问题从神学带回到生理学，从神秘主义带回到科学。

按照雅典人的观点，在萨拉米斯人里昂这个人的问题上，采取公正的行动有两个方面。一个是苏格拉底强调的作为个人的行为公正。这是必要的，也是值得钦佩的，但这只是一个人的责任的一半。另一半是尽他之所能使得城市的法律和行为符合公正的标准。他不能简单地"回家"了事，推卸责任。作为一个公民，他对城市的所作所为负有责任。如果城市做了错事，他要分担责任，除非他曾尽力加以防止。

在三十僭主的专政下不公正的事情层出不穷。他们开始把穷人、民主派赶出城市。苏格拉底本可以跟他们一起走，以示他对正义的关怀。或者他可以随第二次外移的浪潮，当时像阿奈特斯这样的中产阶级稳健派也离城而去，与民主派联手要推翻专政。这样，苏格拉底就可以在民主政体恢复后获得一席荣誉的地位，他过去与克里底亚斯的关系就可以被原谅，阿奈特斯就不会提出他的控告。因此，也就不会有审判。

他在三十僭主的专政下的经验，是自由发表意见会带来危险，但这也没有使他对雅典的自由制度有新的重视。他对民主的蔑视并没有任何改变的迹象。相反，我们在下文将会看到，有一些理由可以担心，他的教导可能会启发新的一代肆意妄为的青年再作一次推翻民主的尝试。

第九章
苏格拉底的偏见

只有一次,但是也只有一次,苏格拉底劝告他的一个弟子参与政治。这不寻常的劝告令人奇怪的是给予柏拉图的叔(舅)查尔米德斯的,他后来在三十僭主的政权中成了克里底亚斯的主要副手。在色诺芬的《言行回忆录》中,查尔米德斯当时还是个很有前途的年轻人,苏格拉底劝他参加议会中的辩论,从而参与政治。

查尔米德斯不愿意这样做。于是苏格拉底向查尔米德斯提出了一个很可以向苏格拉底自己提出的问题。"如果一个人有能力担负国家的事务使国家蒙益个人受荣,而犹躲避国家的事务",苏格拉底问道,"难道没有理由认为他是一个懦夫?"

查尔米德斯承认,他对在公开场合露面感到羞怯。苏格拉底说,他常常听到查尔米德斯在私下谈话中向公众领袖提供很好的意见。查尔米德斯说,"私下谈话与众多人参加的辩论相比是一件非常不同的事"。

苏格拉底反驳了他,然后泄露了他自己对雅典议会的深度蔑视。"最聪明的人也不会使你害羞",他对查尔米德斯说,"然而你却不好意思在一批笨蛋和傻瓜面前讲话"。

苏格拉底这句对雅典民主充满蔑视的话的后面隐藏着一个毫无疑问的社会势利鬼的嘴脸。他问查尔米德斯,这些使你感到不好意思向他们讲话的人是些什么人?接着他一一开列了议会中那些人所代表的普通的和——在他眼中——粗鄙的行业:

"漂洗羊毛的,做鞋的,盖房子的,打铁的,种田的,做买卖的",苏格拉底把他们轻蔑地算了一遍,"或者是在市场上倒卖的,他们除了低价买进高价卖出以外什么都不想……而你却对这些从来不关心公共事务的人讲话感到胆怯?"[1] 既然如此,他们为什么要放下本业的行当不做而在议会上露面?这种社会偏见和纯粹的侮辱,你是不会想到出自一位哲学家之口的。考虑到他本人的阶级背景,这就更加奇怪了。[2]

苏格拉底不是一个富有的贵族。他属于中产阶级。他的母亲是个产婆。他的父亲是个石匠,也许也是个雕刻师——在古代,手艺工匠和艺术家之间的区别不是截然可以划清的。甚至最杰出的艺术家仍靠双手干活所得的收入来养活自己。

苏格拉底靠什么谋生？他有一个妻子和三个儿子要他供养。他一直活到70岁。但是他似乎从来没有一份差使或者干过一种行业。他的时间都是在空闲中高谈阔论度过的。苏格拉底嘲笑诡辩派从学生那里收取报酬。他以从未向弟子索取费用自豪。那么他是靠什么来供养家庭的呢？这个很自然的问题在柏拉图的对话录中从来没有得到过答复。在《自辩词》中，苏格拉底自称是个穷人，同崇敬他的随从中像柏拉图这么显赫的富有贵族相比，他当然很穷。但是他还没有穷到要谋一份差使或者干一种行业。

答案似乎是，他靠他父亲留下的一份小小遗产生活，他父亲在石匠行业方面干得很不错。遗产方面所得的收入似乎很微薄。他的可怜的老婆詹西比是苏格拉底传说中没有受到歌颂的女主人公，被描绘成一个悍妇，也许是因为她要靠手头的一点点钱去扶养孩子，日子实在不好过。但是这些钱足够他过闲暇的日子了。

他的收入很可能还不如他瞧不起的手艺人多。苏格拉底继承了多少遗产，众说不一。我们最早的估计是在色诺芬的《经济学篇》对话录中。这篇对话录又名《怎么管理产业》。苏格拉底在其中同他的有钱朋友克里托波利斯谈话时，开玩笑地自称，两人之中他更有钱，因为苏格拉底的要求不多。

真可惜没有让手头拮据、捉襟见肘的詹西比出现在这次对话录中。

对方要苏格拉底估计一下自己的产业究竟有多少，他答道，"这个嘛，要是我找到个好买主，我想我的全部家当，包括房子，大概卖 5 迈那不成问题。至于你的，我敢说"，苏格拉底对克里托波利斯说，"可以卖这个价钱的一百多倍"。[3] 后来的两个资料来源对苏格拉底的家产的估计要大得多。普鲁塔克告诉我们，"苏格拉底不仅拥有房子，还有 70 迈那"，[4] 他放债"给克力同取息"，那是柏拉图用他名字作篇名的对话录里的亲密朋友。公元 4 世纪的演讲家李巴尼乌斯对苏格拉底的家产作了一个类似的估计。苏格拉底在《自辩词》中说，他从他的父亲那里继承了 80 迈那，但因投资不当都亏掉了。[5]

他所服的兵役为他的社会地位提供了最清楚不过的说明。他没有和阿尔西比亚德斯那样的贵族一起在骑兵中作战。他也没有同穷人一起在轻武装的步兵中服役，或者在海军中划桨。苏格拉底是以 *hoplite* 身份作战的，那是一种重武装的步兵。雅典人服兵役要自带装备。只有中产阶级的手艺人和生意人才供得起 *hoplite* 的重盔。苏格拉底上述贬低议会的话实际上是在蔑视自己在社会上的同辈。他所列举的行业

第九章 苏格拉底的偏见

和生意都是属于中产阶级的。

在建立民主政体后,雅典的中产阶级赢得了与地主乡绅平等的政治地位,即使不是平等的社会地位。像柏拉图和色诺芬这样的贵族就出身于这种地主乡绅。

但是我们知道,有时最势利的人出在中产阶级。苏格拉底的势利态度一定很博得他在柏拉图的《自辩词》中称之为自己的追随者的有钱有闲的年轻贵族们的欢心。苏格拉底在同查尔米德斯谈话时表示了只有一个贵族才会对出身低微但有时却比贵族有钱而开始在政治中露面的"粗鄙手艺人"所怀有的蔑视。

苏格拉底死后约半个世纪德摩西尼斯所辩护的一个私人案件显示,对一个人的低微出身或行业说势利的话当时在雅典是可以根据反 kakegoria(讲坏话)法加以惩处的,这项法律包括各种形式的诽谤。德摩西尼斯提出的私人诉讼中,对一个小官吏欧布里德斯提出的控告之一是,他嘲笑原告的母亲,因为她靠卖缎带和当奶妈为生。这比苏格拉底自己母亲产婆的出身低不了多少。原告要求有权对"任何以在市场做生意为由诋毁男性或女性公民的人提出诉讼"。[6]

苏格拉底本人对"市场里倒卖的人"的态度可能起了惹

怒他的主要控告人的作用。阿奈特斯是个皮匠师傅。从色诺芬的《自辩词》看来，苏格拉底似乎因为轻蔑地谈到阿奈特斯的行业和批评他让自己的儿子也学这一粗鄙的行业而侮辱了他。色诺芬说，苏格拉底在被定罪后看到他走过去时说，"这里走过去一个人，他以为把我处死他就完成了一种伟大和崇高的目标而心中充满了骄傲，因为，我在看到城市把最高的职位给他时曾说过，他不应该让他儿子的教育限于鞣皮"。[7]

柏拉图在《美诺篇》中描绘了阿奈特斯和苏格拉底之间一场有关的交锋。阿奈特斯警告苏格拉底，他对雅典政治家"讲坏话"可能会惹来麻烦。说完阿奈特斯就气冲冲地走了，这时苏格拉底不客气地说，阿奈特斯之所以生气是因为"他认为他自己是其中之一"。[8]《美诺篇》中所用希腊文"讲坏话"一词 kakegorein 是德摩西尼斯用于势利话的同一法律术语的动词形态。

在柏拉图的《提阿提特斯篇》中，我们看到苏格拉底的势利从社会层次转到了哲学层次。柏拉图笔下的苏格拉底把哲学家分为两类，并且说明优越的一类怎么看待雅典的政治制度。苏格拉底说，他谈的只是"领袖性的"哲学家，他问道："为什么要谈次一等的哲学家呢？"他说，优越的哲学家

"从青年时代起就始终不知道去 agora［议会］* 的道路"。他们不知道它的存在。苏格拉底继续说，他们"甚至不知道法院在哪里，或者参议院在哪里，或者任何其他公共会场在哪里……至于法律和法令"，苏格拉底继续说，"他们既不听它们的辩论，也不看它们的发表"。

柏拉图让苏格拉底把公民事务贬低为粗鄙的琐事。苏格拉底最后说，"政治团体争夺公共职位的活动，开会……同歌舞女郎戏闹——他们甚至在梦中也不会想到沉迷在这种事情中的"。政治等于春梦。哲学家一本正经，是不干那事的。我们一点也不奇怪他这么说真正的哲学家："真的，只有他的肉体在城市里有安顿的地方和家。他的思想认为所有这些事情都是小事，不足挂齿，因此瞧不起它们。"[9] 这里，柏拉图笔下的苏格拉底，像阿里斯托芬笔下的苏格拉底一样，确是脑袋飘在云里。

苏格拉底受到敬重，因为他是个不守成规的人。但很少人认识到，他反对开放的社会，是个拥护关闭社会的信徒。苏格拉底是蔑视民主、崇拜斯巴达的雅典人之一。[10] 最早提到

---

* 希腊文 *agora* 原意为公共集会之池，亦可指市集。详见本书第十五章。——译者注

这一点的是阿里斯托芬在公元前 414 年上演的喜剧《鸟》中，当时苏格拉底大概 55 岁。阿里斯托芬把他描绘为雅典城中亲斯巴达的不满派的偶像。这位喜剧诗人以其杰出的创造性甚至造了两个希腊字来形容他们。

在《鸟》的第 1281 行，他称他们是 elakonomanoun，即"斯巴达迷"，好像是从动词 Lakono-maneo 而来，意即着迷于拉可尼亚即斯巴达方式。在 1282 行，阿里斯托芬造了另外一个字 esokrotoun，好像来自动词 sokrateo，意即模仿苏格拉底。这些年轻人被描写成：

　　……拉可尼亚迷；他们留着长发，

　　半饥饿，不洗澡，学苏格拉底，

　　手中拿着羊皮纸裹的棍棒……[11]*

斯巴达人以饮食简单出名——我们至今仍把简单的饮食称为"斯巴达式饮食"——并且还以不讲究穿着、态度和外表著称。他们留着长发，不修边幅，不赞成常常洗澡。刚才引的这段诗最后一行的羊皮纸裹的棍棒是斯巴达人手中经常拿的短棍。按照阿里斯托芬的形容，他们的雅典仰慕者也是

---

* 拉可尼亚是斯巴达另一名称。斯巴达人在羊皮纸裹棍棒上面书写信息。——译者注

如此。

从普鲁塔克《阿尔西比亚德斯生平》中的一个段落来看,这并不是太过分的滑稽描写。阿尔西比亚德斯在雅典的时候是个衣食讲究的花花公子。可是他因为在雅典一次贵族宴会上喝醉了酒亵渎了雅典神圣的神秘仪式想逃避起诉而逃到斯巴达以后,就放弃了讲究的雅典风度,采用了斯巴达的生活方式,赢得了他的斯巴达主人的欢心。

普鲁塔克写道,"他们〔斯巴达人〕看到他头发未剪,洗冷水澡,吃粗面包,喝黑稀饭,他们几乎不能相信自己的眼睛。"普鲁塔克叫阿尔西比亚德斯是"变色龙",并且说,"在斯巴达,他完全赞成锻炼身体,生活简单,外表朴素"。[12]

柏拉图本人也是钦慕和崇拜斯巴达的雅典心怀不满的贵族之一。他对亲斯巴达的雅典人的画像还加了另外一笔。柏拉图有写喜剧的天才。在他的《高尔吉亚斯篇》中有一段交谈符合阿里斯托芬的描写。在那篇对话录中,苏格拉底对雅典的所有政治家,不论是民主派的还是寡头派的,都加以嘲笑之后,他的长篇宏论的高潮是攻击伯里克利"由于开始实行公共服务酬劳制度",即在陪审团—法庭服务付给酬劳的制度,使得雅典人"游手好闲,胆小怕事,夸夸其谈和贪得无厌"。这时柏拉图让他的提问者卡立克利斯讽刺地评论道,"苏格拉底,你是从那些打瘪了耳朵的人那里听来的"。[13] 在这里"打瘪了耳朵"是指我们在拳击用语中所说的"花菜耳朵"。

在雅典的读者那里,这会马上引起一笑,但是在我们这个时代,还需要一番解释。E. R. 陶兹在他关于这篇对话录的评论中解释,这是指"公元前5世纪末期雅典的年轻寡头派,他们模仿斯巴达人的爱好和趣味,以此来标榜他们的政治倾向,其中之一就是,或者被认为是爱好拳击"。[14]

苏格拉底对斯巴达的着迷,不论在色诺芬或者柏拉图对他的描绘中都得到了证明。最有力的证据是柏拉图的《克力同篇》。在这篇对话录里,苏格拉底的亲斯巴达倾向在他和拟人化的雅典法律之间的想象对话中提到。

克力同是苏格拉底最忠实的弟子之一,他在苏格拉底受审后到监狱的牢房里来看他。克力同透露,他和苏格拉底的其他友人正在策划他的逃狱。他们为此目的已经筹了款,作好安排付钱给"一些愿意救你,帮你从这里逃出去的人"。[15]

苏格拉底拒绝他们来救他出狱。他说他不想以恶报恶。即使是为了在他认为是不公正的判决下救他的命,他也不愿破坏法律。苏格拉底要克力同设想一下,如果雅典的法律如今到他的牢房来同他讨论这个问题,雅典的法律会说什么话。在这个想象中的与法律的对话中,他提出了法律的概念是国家与各个公民之间的契约。这也许是社会契约理论在非宗教典籍中的第一次出现。《圣经》中也暗示有耶和华和以色列的类似契约。

法律认为,苏格拉底一生得到雅典法律的好处以后,如今如果只是因为他认为一项合法的命令不公正就逃走而不服从,那么他就是违反了这个契约。这个论点虽然冠冕堂皇十分有力,但绝不是最后结论性的。在这里,就像在柏拉图的对话录里所常见的那样,苏格拉底并不需要尽全力来对付对方论点的进攻。

因为克力同就像柏拉图笔下那么多的向苏格拉底提问的人一样,不是他的对手。[16] 苏格拉底立场中的矛盾真正是什么,因此一直困惑着后来的学者。这次想象中的辩论的这个方面的问题,我们在下文中将会述及,这里并没有什么关系。使我们关心的是,法律提到了苏格拉底的亲斯巴达倾向。

法律辩称,苏格拉底一生中任何时候都可以自由地离开雅典,"如果我们不能满足你,而你认为这个协议是不公平的",但是他选择留了下来。法律说,他很可以移民到两个他很钦佩它们的法律的其他国家中的一个国家去。法律告诉苏格拉底,"但是你既不要到拉西德蒙*去,也不要到克里特去,这两个地方你一直说是管理得很好"。[17] 伯纳特在他的评论中说,把这话放在《克力同篇》中是"没有意义的","除非'历史上的'苏格拉底确是赞美过斯巴达和克里特的法律"。[18]

在《克力同篇》中把苏格拉底对斯巴达和克里特的仰慕之情用一个玩笑掩饰过去,是令人不解的。斯巴达和克里特是古希腊在文化上和政治上最落后的两个地区。在这两个地区,土地都是农奴耕种的,农奴则是用秘密警察和实行使人想起现代南非的种族隔离制度的军人统治来使之驯服的(至少在斯巴达是如此,对它,我们了解的比克里特的多)。苏格拉底偏爱斯巴达和克里特在色诺芬和柏拉图的著作中的别的地方也得到了证实,他们两人都仰慕斯巴达胜过他们的家乡城市。在《言行回忆录》中,苏格拉底说雅典人"堕落",并把他们同斯巴达人作对比,他特别赞美斯巴达人的军事训练。[19] 在《共和国》中,柏拉图让苏格拉底赞扬"克里特和斯巴达的制度",认为这是最好的政府形式,比寡头

---

* 斯巴达所在的希腊南部地区的古称。——译者注

政体还好,他把它列为第二,当然比民主政体更好,他把它列为第三。[20]

我们知道,斯巴达——大概还有克里特——限制公民出国旅行,就像苏联等国一样。当时这样做的目的同现在一样是防止所谓受外国思想"精神污染"的危险。柏拉图的《法律篇》中的一个特点是有类似的一道铁幕。在这篇对话录中,他的发言人是"雅典陌生客"(他的观点对雅典来说的确是很陌生的),向他提问的人限于一个克里特人和一个斯巴达人。这个角色阵容就像他们三人都赞成的封闭社会一样封闭。他们都赞成树起铁幕来把外国思想和访客拒之门外,限制本国公民的旅行。他们甚至建议先要给少数得到允许作这种旅行的人"消毒",消除他们所受到的任何危险思想的污染,然后再让他们在回国后同其余公民有来往。

苏格拉底和法律的对话中断得太早了。法律应该问一下苏格拉底,他为什么不移民到斯巴达去。显而易见的回答在古代是人所共知的,但说出来却十分令人难堪。苏格拉底是个哲学家,而哲学家在斯巴达是不受欢迎的。哲学家们从希腊各地纷纷来到雅典,但从来不去斯巴达或克里特。这两个地方都不是思想市场,都以怀疑的眼光来看待哲学。

显然,把斯巴达当做苏格拉底避难地的想法,克力同甚至根本没有想到过,其他策划越狱的忠实弟子也是那样。克力同说,"你不论到哪里去,他们都会欢迎你的"。他甚至提到落后的色萨利作为避难地,克力同说,他在那里有朋友"会十分重视你,会保护你"[21],但是他没有提到苏格拉底这么仰慕的两个地方——斯巴达和克里特。

许多亲斯巴达的雅典人不时地到斯巴达去避难。苏格拉底的弟子色诺芬从雅典流亡以后余生都在斯巴达度过。我们在上文已有述及,阿尔西比亚德斯曾在那里避过难。但他们是作为斯巴达同雅典的斗争中的军事人才受到欢迎的。色诺芬为斯巴达人当过雇佣兵。阿尔西比亚德斯因为是自己城市的卖国贼而受到伸开双臂的欢迎。但是苏格拉底是个哲学家。分别就在这里。我们从来没有听到过有哲学家在斯巴达或克里特的。柏拉图在苏格拉底被判罪后逃离雅典。他到处旅行,去了埃及;他对埃及的阶级制度的钦慕之情反映在他的《法律篇》和《克里底亚斯篇》中,但是没有提到他去过斯巴达或克里特。

柏拉图最后从自我流放中回到他的故乡雅典。他创办了学园,把以后40年的余生花在那里教授反民主哲学不受干扰，但对于雅典给他的自由没有说一句感谢的话。

阿蒂卡地区地主贵族阶级中有些人钦慕和崇拜斯巴达，原因是很容易看出来的。在斯巴达，中产阶级手艺人和生意人是没有公民权的，而在雅典的历史上，他们却起了很有力的作用。他们在斯巴达叫 perioikoi，意即斯巴达"周围居民"，权利受到限制，社会地位低下。但是军人阶级专政要压制中产阶级的兴起和使大多数农奴（helots）保持驯服，在文化上付出了沉重的代价。斯巴达是个军事寡头政体，居统治地位的斯巴达贵裔住在军营里过着单调的生活，不断受军事训练和纪律训练，在公共食堂里像在役的士兵一样吃大锅饭。他们的教育很有限。

斯巴达没有剧场；没有悲剧诗人慨叹人生的神秘；没有喜剧诗人敢于嘲弄他们的达官贵人。音乐是军乐；斯巴达唯一的抒情诗人阿尔克曼*似乎是亚裔希腊奴隶。最有名的斯巴达诗人提尔泰奥斯**本人是个将军，他的流传下来的一个残片是"战术安排的命令，有关一次围城行动"。[22] 至于哲学，斯巴达是一片空白，克里特也是这样。如果苏格拉底要

---

* Alcman（约公元前 600 年），斯巴达诗人。——译者注

** Tyrtaeus（约公元前 700 年），斯巴达诗人。擅写激励士气的军歌。——译者注

想在斯巴达一试他的哲学问答，他很可能被捕下狱或驱逐出境。斯巴达的哲学好几个世纪以后在丁尼生*的"轻骑兵的冲锋"中得到了总结：

> 他们的责任不是问为什么，
> 他们的责任是精忠报国。

粗野的斯巴达人的反智主义倾向是雅典喜剧中喜爱嘲笑的话题。有些雅典人可能会觉得奇怪，怎么会有哲学家这么爱慕一个如此敌视哲学的城市。苏格拉底在《普罗泰戈拉斯篇》中企图用一句玩笑的话来应付这种批评；他声称斯巴达人实际上是我们可以称为隐蔽的秘密哲学家的人。

苏格拉底并不否认，斯巴达似乎是个封闭的社会，对所有思想都抱猜疑的态度。但是他辩称，这不是因为斯巴达人害怕思想或者不喜欢哲学家。相反，苏格拉底说，斯巴达人对思想和哲学教师关门是因为他们不要外面世界发现他们是多么珍视思想和哲学教师！苏格拉底甚至辩称，斯巴达的军事优势不是由于他们受到出名艰苦的训练和严格的纪律，而是由于秘密嗜好哲学的缘故。

苏格拉底声称，"哲学在克里特和拉西德蒙比希腊任何

---

* Alfred Tennyson（1809—1892），英国诗人。——译者注

别的地方都有更古老和丰富的历史，诡辩派［这里此词用做褒意］在这些地方人数最多"。[23]这当然是胡说八道。希腊哲学最早是爱奥尼亚的希腊人在小亚细亚建立的城市中繁荣发展的，就像雅典本身也是他们建立的一样。斯巴达人是多里安人。

据苏格拉底说，斯巴达人和克里特人"装作无知是为了要不让人家发现他们是靠智慧才超过其余希腊人的……他们宁可人家以为他们的优越性是由于打仗和勇敢，深恐泄露这真正的原因会使得大家都运用这种智慧"。

苏格拉底继续说，"他们保密这么成功，竟然骗过了我们城市中的斯巴达崇拜者"。他说，结果是——他用了《高尔吉亚斯篇》中同卡立克利斯交谈的同样的话——"有些人模仿他们，把耳朵打得肿肿的，用布包扎关节，热衷于体格训练，身上披着短披风，好像就是靠这些手段斯巴达人才成了希腊的主宰者"。

苏格拉底甚至为斯巴达的铁幕提出了一个颇具独创性的解释。苏格拉底说，"斯巴达人要自由地求教于他们的智者而又不愿再偷偷见他们的时候……就驱逐所有的外侨，不论他们是否赞成斯巴达的生活方式，然后同任何外国人都不知道的诡辩派交谈"。[24] 20世纪最伟大的——也是最虔诚的——

柏拉图学者 A. E. 泰勒对这一段话评曰："不用说，这样介绍希腊最无'文化'的社会群体斯巴达和克里特……完全是闹着玩的。"[25]

苏格拉底上面谈到的驱逐外侨，他指的是 xenelasia，即放逐外侨法，利德尔－斯各特的《希腊辞典》说这是斯巴达的一个特点。希腊人都是水手、商人、探险家。款待陌生外客在荷马史诗中是个美德。怀疑他们，是像独眼巨人那样的不开化野人的特点。希腊的城市，特别是雅典对各种人和各种思想都是开放的。在这方面，只有斯巴达和克里特是例外。这在雅典是大家都知道的。阿里斯托芬在《鸟》里嘲笑了斯巴达人对外侨的排外狂。古怪的天文学家梅顿受到警告，要他逃离鸟的王国，因为鸟类统治者正在大肆排外，"就像在拉西德蒙"一样。[26] 在这笑话的背后的雅典精神表现在修昔底德的历史所记载的伯里克利悼词所说的那段话里，伯里克利说："我们向全世界打开城市的大门，我们从来不用驱逐法不许任何人知道或者见到敌人可能得到好处的任何东西……"[27] 雅典由于没有感染到那种排外狂而感到骄傲。而在我们这个时代，那种排外狂动辄以国家安全为名已经开始毒化我们的社会。

斯巴达是这种封闭社会的古代典型。色诺芬在他的论文《拉西德蒙人的宪法》中介绍了斯巴达的反外侨法。但是色诺芬似乎钦佩这种反外侨立法。他是用一种失望的口气写的,因为在他流亡在那里的日子中,斯巴达人已开始喜欢上外国的方式了。色诺芬说,"以前有反外侨法,住在国外是非法的。我毫无怀疑,这些规定的目的是不让公民由于同外国人接触而受到精神败坏"。但是"如今",色诺芬悲哀地补充道,"我毫无怀疑,这些被认为是其中佼佼者的人一心只想在外国当总督到老死"。[28] 他这段话是斯巴达在伯罗奔尼撒战争中获胜后写的,那时斯巴达的将军们都得到了统治被征服城市的肥缺。要理解色诺芬的这段话,我们必须记得,雅典在伯罗奔尼撒战争中失败后很快就复原了,而斯巴达由于掠夺却趋于腐败,永远不能从它的胜利中充分恢复过来。[29]

在《普罗泰戈拉斯篇》中,苏格拉底的笑话有一个与此有关但一点也不好笑的段落,苏格拉底在其中说,斯巴达人"不允许他们任何年轻人到国外其他城市去旅行,生怕他们把在国内学的东西都忘掉"。[30] 斯巴达的铁幕是两面起作用的,一方面不让外国人进来,另一方面不让公民出去。我们在上文刚刚说过,这是柏拉图在《法律篇》中所采纳的斯巴达宪法和克里特宪法中的一些特点之一,在斯巴达和克里特，到国外去旅行只限于少数经过选择的公民，年纪在 40 岁以上，而且只是因公出差，充当信使或者大使，或者进行"一定的考察任务"。[31] 这听起来很像是收集情报的工作。在这方面，正如其他方面一样，对文学和艺术的严格国家控制，柏拉图为列宁主义专政提供了在马克思或恩格斯著作中找不到的先例。

苏格拉底在《自辩词》中把别人对他的偏见归咎于喜剧诗人，他只提到阿里斯托芬的《云》，这是很有意义的。他没有提到《鸟》中所说的亲斯巴达倾向。那个剧本对苏格拉底起诉状中说他颠覆年轻人对雅典的忠诚那个罪状，有直接的影响。《鸟》支持了这个罪状的指控，因为它把雅典的亲斯巴达"拉西德蒙狂"青年说成是"苏格拉底化了的"。

柏拉图在苏格拉底受审后写《自辩词》时没有提到《鸟》，这是为了保护苏格拉底，也是为了保护自己。这些"苏格拉底化了的"心怀不满的青年中最突出的例子就是柏拉图自己。在公元前 4 世纪，他把他的老师在公元前 5 世纪对雅典的自由和民主发动的那场思想攻击继续进行了下去。[32]

第二部

考　验

第十章
他们为什么等他到了 70 岁?

《云》是在苏格拉底受审前四分之一世纪演出的,《鸟》则是在受审前 18 年。阿里斯托芬和其他喜剧诗人的残片表明,他的不随大流——政治的、哲学的、宗教的——是十分出名的。苏格拉底不是在地下进行活动的。他并不是出版地下刊物的担心遭到发现的异议分子,只敢偷偷地发行,或者给夹带出国去出版。他的见解可以在随便哪个街头巷尾听到:在年轻的运动员训练的体育场,或者在市场上。凡是雅典人碰头的地方,他们都可以自由地听到他的宏论。不需要克格勃,或者联邦调查局和中央情报局窃听他的电话才能获知他的观点。这样的机构当时在古代希腊的其他地方虽然已经存在,在雅典却没有。我们从其他许多资料来源获知,斯巴达有个 *krypteia* 即秘密警察,把他们进行训练不仅是为了侦出谁是"忘乎所以的"农奴,而且要刺杀他们中间的潜在叛逆和惹是生非者。[1]

在叙拉古那样的希腊城邦中,随着暴政的兴起,政治间谍活动似乎很早就发展起来了。柏拉图一度在叙拉古想把他的朋友暴君狄奥尼修斯二世*变成模范的"哲学家国王"。据亚里士多德告诉我们,在那里,狄奥尼修斯的一个前任海罗**除了用密探外还用内奸故意煽动闹事来侦察有无可能显露不满的"任何无意中的谈话或行动"。"凡是有任何聚会或开会的地方"就派有"长耳朵"之称的妇女去听他们说些什么。她们的任务不仅是要回来报告危险的言论,而且要以她们已经暴露或被怀疑的身份出现以吓阻现政权的批评者。亚里士多德说,"一旦人们害怕这种密探,他们就不敢嚼舌头了"。[2] 但是在雅典,舌头是可以随便嚼的,没有人嚼得有像苏格拉底那样自由。

剧场在雅典相当于现代自由的报业。喜剧诗人就是搜集流言蜚语、名人隐私和批评贪官污吏的"新闻记者"。他们的多产作品大部分都已失传。仅有的一些得以流传的完整的喜剧是阿里斯托芬的作品。苏格拉底在其中四部中出现。我们还有其他四个喜剧诗人的作品片断记下了苏格拉底的奇特外表和奇特思想。[3] 我们还知道另外有一部失传的剧本《科诺斯》(*Konnos*)是一个名叫阿美普西亚斯***的喜剧诗人写

---

* Dionysius(约公元前368—前344),叙拉古暴君。其父一世以穷人代表窃得政权,后成暴君。——译者注

** Hiero(死于公元前467),叙拉古暴君。——译者注

*** Ameipsias,生卒年月不详。——译者注

的，苏格拉底在其中是主要角色。这些就是在苏格拉底生前提到他的几部作品。

但是，苏格拉底成为喜剧诗人心爱的笑料，这个事实并不意味着他名声不好。相反，这反映了他的名誉和声望。雅典人喜欢他们中间的怪物。他们也喜欢对担任高官的官员开玩笑。喜剧诗人甚至把矛头针对德高望重的伯里克利和他有才识的女友阿斯巴西亚以及他们的高级知识分子圈子。但是喜剧诗人从伯里克利那里得到灵感而写的粗俗笑话和低级玩笑并没有使得雅典人不再连续选举他，他连任次数之多使得修昔底德说他实际上是个君主。伯里克利接替者克里昂虽然是个所谓蛊惑人心的政客，颇获民众拥戴，也是个重要的嘲弄对象。但是这也并不妨碍他连选连任。

我们在上文中已经看到，苏格拉底很有幽默感，常常开自己的玩笑。他不大可能容不得别人开他的玩笑。在普鲁塔克的论文《道德》中流传一个故事，有一次有人问苏格拉底，他对阿里斯托芬在《云》中那样写他是不是生气，苏格拉底答道，"他们在剧场里开我玩笑，使我觉得我仿佛置身在许多好朋友中间"。[4] 的确，在柏拉图写得最动人的一篇对话录《会饮篇》中，我们发现苏格拉底和阿里斯托芬在作友好亲切的交谈。

然而在《自辩词》中，苏格拉底似乎把大家对他的偏见归咎于喜剧诗人。苏格拉底在为自己辩护时几乎一开始就说，早在他受到这次审判中提出的罪状的控诉之前，他就受到了一大堆诽谤性的攻击。苏格拉底说，他从来没有能够正面驳斥这些攻击，因为这些攻击者是匿名的，因此"甚至不可能把他们之中任何一个人叫到这里来"，即法庭上来，"向他对质"。苏格拉底抱怨说，因此，他不得不"好像完全同影子作战，提出对质而没有人作答"。苏格拉底说，"甚至不可能知道和说出他们的名字，除了偶然遇到其中一个正好是喜剧作家"。但是，这话是暧昧不清的。这也可以解释为，而且一般是解释为，所指的是阿里斯托芬和他的《云》。但是这也可能指任何"一个正好是喜剧作家"的人。

苏格拉底说，这些早期的攻击者"在你们还在儿童时代就吸引住了你们的多数人"这话并不是夸张。[5] 儿童也上剧场看戏，我们从剧本演出的年代知道，苏格拉底最初遭到嘲弄的剧本是在公元前423年演出的，他的许多法官当时的确还是孩子。那一年，在雅典的酒神节上，有两部写苏格拉底的喜剧初次上演，两部都得了奖——二等奖给了阿美普西亚斯的《科诺斯》，三等奖给了《云》。

《科诺斯》流传下来只有两个残片，不过其中关于苏格拉底的玩笑可能同《云》中一样。在《云》中，苏格拉底主持一个"思想库"。《科诺斯》中也有一个类似的思想家组成的合唱队。没有人知道剧名"科诺斯"是什么意思，但是希腊文中有个动词 konneo，意思是"知道"。像《云》一样，这剧本是讽刺知识分子的；也许它们的意思是"知者"或者"那个知道的人"。

第三个喜剧诗人欧波利斯*似乎开过类似的玩笑。在流传下来的一个残片中提到苏格拉底的一句话在动词 phrontizo——思想或考虑——上开了一个玩笑。欧波利斯让他的一个人物说，"是的，我讨厌那个吹牛的穷鬼苏格拉底老是在思考世界上一切事情却不知下一顿饭从哪儿来"。我们不知道这个残片的剧本的名字，也不知道它的主题是什么。但是英国开放大学的福格森告诉我们，《云》的一条古代旁注说，"虽然欧波利斯不大［在他的剧本中］让苏格拉底上场，但他对他的讽刺要比阿里斯托芬在整个《云》中所做的更加入木三分"。[6]

柏拉图的才能和敬爱把苏格拉底变成了我们西方文明的俗世圣人。但是从公元前5世纪雅典的所谓老喜剧中流传下

---

* Eupolis（约公元前446—前411），雅典喜剧诗人。曾与阿里斯托芬合作但又破裂。作品颇受古人欢迎。——译者注

来的点滴残片却显示,在他同胞的眼中,他一直被认为是一个古怪的——甚至是可爱的怪物,一个市井"角色"。这就是他的同时代人对他的看法,而不是我们在柏拉图对话录的金色光芒中看到的他。老喜剧的幽默是粗野下流的。不是供正人君子们欣赏的。这是明斯基喜剧团*的始祖。我在青年时代偷偷地去看的美国滑稽演出中差不多的插科打诨和下流笑话,都在阿里斯托芬的剧本上找到了原型,甚至下流的手姿也是一样的,比如把中指朝天指。

但是只有不懂幽默的书呆子才会以为喜剧诗人的这些嘲弄会导致苏格拉底受审。当欧波利斯把他写成是个什么都在"思考"而不知下一顿饭从哪里来的人时,这固然很粗鲁,而且有点不客气,幽默常常是不客气的,但是这很难成为控告犯罪的根据。把苏格拉底的命运归咎于喜剧诗人,无异是把今天一个政客的失败归咎于报上漫画作家把他画成的丑态。

在《自辩词》中,苏格拉底两次直接提到他在《云》中的形象。苏格拉底说,"在阿里斯托芬的喜剧中",他的法官看到的是"一个飘飘然在那里浮游,自称是踩在云上的苏格

---

* Minsky's,美国一个流行的粗俗喜剧演出团体。——译者注

拉底"。但历史上的许多哲学家都常常显得是"踩在云上"。苏格拉底把这与叫他是"一个罪犯和一个管闲事的"等同起来，是夸大其词的。阿里斯托芬不过是在开个玩笑，不是在提出控告。

苏格拉底也抱怨说，他的法官们从小就受喜剧里的诗的影响，看到的"苏格拉底是个有智慧的人，一个在空中遐想各种事情的人，一个调查地底下的各种东西的人，能够使站不住脚的论点振振有词"。苏格拉底说，这一切"是我的危险的敌人"。但是没有材料证明雅典曾经有人因为喜剧诗人说了他什么而受到起诉。如果大家都把他们的笑话当真，那么城市里的政治家大部分要锒铛入狱。这不仅在公元前5世纪的苏格拉底时代是如此，就是在柏拉图的公元前4世纪也是如此，他自己也是同时代喜剧的取笑对象。

柏拉图让笔下的苏格拉底抱怨，他的同胞认为，那些思考"天上的事情"和"地下的事情"的人是自由思想家，他们"甚至不信神"。[7]苏格拉底说，他被这种诽谤破坏了名誉。但是我们从柏拉图的对话录里看到，雅典的观众成群结队地——而且付了可观的代价——来听希腊各地来的自由思想哲学家和诡辩家发表这种激进的见解。

至于不信神，雅典人是看惯了剧场里喜剧和悲剧的对神不敬的表演。自苏格拉底以前的两个世纪以来，哲学家们就在为自然科学和形而上学的探索奠定基础。他们在自由思想方面的宏大的开拓工作，使我们今天在研读这些所谓前苏格拉底哲学家的残片时，仍感到惊叹。几乎所有的科学和哲学基本概念都可以在那里找到胚胎。他们第一个谈到进化和第一个怀有原子的想法。在这过程中，古代的神与其说给打倒了，不如说给贬低了和绕过了。他们成了古老的神话，或自然力量与抽象思想的形而上学人格化。

这些哲学家是理性主义者，很少去操心我们所称的"神学"。连这个词本身他们也没有听说过。的确，这个词要到苏格拉底死后那个世纪才在希腊文中出现。这个 *theologia* 一词第一次出现在《共和国》中，当时柏拉图解释，在他的乌托邦中，诗人对神的力量可以说些什么。[8] 在他的理想社会中，苏格拉底如果稍有背离国定神学，确实是会受到惩罚的，但在雅典则不然。

荷马和赫西奥德的奥林匹亚诸神，在前苏格拉底哲学家称为宇宙原动力的物质力量和非物质抽象旁边，重要性和地位都大大缩小了。在宇宙大舞台中，神降为次要角色。这些早期的自由思想家中有些人虽然也谈到神的性质，结果却是令人震惊的。在我们的《圣经》里，上帝按自己的形象创造了人。但是在苏格拉底以前一个世纪的息诺芬斯*却把这个拟人化的概念颠倒了过来，宣称人按照自己的形象创造了神。他们说，埃塞俄比亚人的神"塌鼻子和黑头发"，而色雷斯人则崇拜有着像他们自己那样"灰眼珠和红头发"的神。他补充说，如果牛、马、狮等有手，能刻雕像，他们也会礼拜像他们自己形象的神。息诺芬斯甚至敢批评荷马和赫西奥德所写的两部希腊宗教传说的"圣经"。他写道，"他们讲了神祇的一切可能的邪恶故事：偷盗、通奸、互相欺骗。"[9] 这是柏拉图建议要检查诗人时提出的大致同样的控诉。

息诺芬斯本人似乎是一个泛神论者，而柏拉图则把奥林匹亚诸神放到地球和他的永恒理念的大气层之间的什么地方无足轻重地像影子一样地存在着。不过不论是公元前6世纪的息诺芬斯或者公元前4世纪的柏拉图，都没有因为说了不合宗教的话而被拉上法庭受审。

由于本身的多元性，多神论是能兼收并纳的，对新神和老神的新观点都开放。它的神话把自然力量拟人化，能够通过比喻容易地适应形而上学的概念。这是披了新衣的老神，受到同样的但是新的尊敬。

---

* Xenophanes（约公元前570—前475），古希腊哲学家。——译者注

无神论是一个信多神的人所无法理解的，因为他在四周看到的都是神，不仅在奥林匹亚山上，也在炉火里和界石里，这些也是神，只是低微一些。在同一个城市里，在同一个世纪里，可以把宙斯当做一个怕老婆和让朱诺*给他戴了绿帽子的老淫棍来崇拜，也可以当做公正的神来崇拜。

使得苏格拉底最后惹来麻烦的是他的政治观点，不是他的哲学观点或者神学观点。讨论他的宗教观点会分散对真正问题的注意。在《自辩词》中的任何地方，苏格拉底甚至提也没有提到关于他的亲斯巴达倾向的笑话和那些崇拜他、模仿他的亲斯巴达的青年。我们的问题是：是什么东西使得这些政治老笑话忽然变得不再可笑了？

---

* 朱诺是罗马神话主神朱庇特之妻，希腊神话中主神宙斯之妻应是赫拉。——译者注

第十一章
三次地震

在雅典,没有公共检察官*。任何一个公民都可以提出控诉。如果像苏格拉底在《自辩词》中所说那样,匿名攻击者和喜剧诗人一直在他一生中制造对他的偏见,那么为什么在他70岁之前没有人对他提出控诉呢?答复似乎是两方面的。首先,雅典人对于不同的意见一定是特别的宽容。二是,在他的晚年一定发生了什么事情使他们不再那么宽容了。

究竟发生了什么事情,使得老笑话不再可笑,以致恼羞成怒了?什么事情把偏见变成了起诉?回答,我相信,就是在苏格拉底受审前十年多些所发生的三次"地震",动摇了雅典的内部安全感,使得它的公民害怕起来。没有这些事件,即使有加倍的喜剧诗人开他的玩笑,苏格拉底也不会受到起诉的。

发生这些令人惊惶的事件的年份是公元前411年、前

---

* 或译"公诉人"。——译者注

404年和前401年。先是在前411年,后来又在前404年,不满分子勾结敌人斯巴达推翻了民主政体,建立了独裁专政,开始实行恐怖统治。在公元前401年,就在审判前两年,他们又开始蠢蠢欲动。苏格拉底的追随者中地位显赫的那种有钱的年轻人在所有这三次社会动乱中起了领导的作用。

在《云》和《鸟》中遭到嘲弄的熟悉的角色一定有了一种新的险恶的意义。挥霍成性的年轻贵族斐迪比德斯原来在《云》中苏格拉底的"思想库"中受训,如今看来不再是个不会伤人的花花公子了。他在鞭打他的父亲之前说的一番冠冕堂皇的话如今有了令人寒心的现实意义:"了解新的聪明方式,能够蔑视既有法律,这滋味可真不错。"[1]《鸟》里的"苏格拉底化的"青年,手持斯巴达式的棍棒,看上去已不是那么英俊潇洒了。他们成了公元前411年的四百僭主专政和前404年三十僭主专政的冲锋队,肆虐雅典。

柏拉图在《自辩词》中用尽了文雅动人的词句,不让这些政治事件来影响读者,尽管,在法官们那里,这些事件记忆犹新。他在其他许多对话录里也没有提到这些事件。[2] 由于柏拉图主要关心的事情之一是实现有道德的政治,他的对话录中这一奇怪的空白本身就是有选择的政治健忘的一个成就。

当时发生的情况，我们有同时代人清楚的记述。修昔底德是我们关于公元前411年事件的权威，色诺芬的《希腊史》则是公元前404年事情的权威。第一次四百僭主的专政只维持了四个月；第二次三十僭主的专政也只有八个月。但是时间虽短，却令人难忘，每次都充斥着许多恐怖事件。

这些恐怖事件不是偶然的。历史自古到今，凡是独裁专政基础越窄，它为了维持自己掌权而需要实行的恐怖统治越可怖。在公元前411年和前404年，民主不是被人民起义所推翻的，而是被一小撮阴谋分子所推翻。他们必须使用暴力和欺骗手段，同敌人斯巴达相勾结，因为他们在国内很少人拥护。就是在这样的背景下，我们可以较好地了解苏格拉底在柏拉图的《自辩词》中为什么有一个令人奇怪的否认。他在那里说，他一生都避免参与synomosias，此词一般译为英文plots（阴谋策划）。[3] 但是，我们如果要了解这句否认的话的意义，对此词需要加以比较充分的解释。它是从希腊文一个动词派生而来，那个动词的意思是一起盟誓。这一般用于多少是秘密的会社或者阴谋，贵族派盟誓互相帮助反对民主政体。伯纳特在《自辩词》这一段的评语中解释，这些synomosias"原来是为了要确保寡头派成员当选官职和万一受审得以无罪开释而想出来的办法,在公元前 5 世纪末的革命中起了极大的作用"。[4]

这些贵族秘密会社是很有名的。最早提到它们是在阿里斯托芬的《武士》中,其中那个巴夫拉戈人说,"我这就到参议会去把你们所有的阴谋 [*synomosiai*] 都抖漏出来"。[5] 这部喜剧在公元前 424 年获一等奖,那是第一次推翻民主政体前 13 年。

有意义的是,苏格拉底发现有必要否认自己参加这种阴谋。没有理由怀疑苏格拉底的否认。但是他和这些 *synomosiai* 都对民主政体有着共同的憎恶。苏格拉底否认他本人曾经参加过 *synomosia* 是《自辩词》中他唯一谈到——尽管这么轻描淡写——我认为是他的这次受审的背后真正政治问题的地方。但是苏格拉底并没有——而且不幸的是他不能——否认,他的一些最有名的弟子或手下在这些阴谋中起了领导的作用。

这些贵族会社在正常时候的颠覆战略已由阿台曼特斯在《共和国》的第二卷里坦率地提了出来。阿台曼特斯一般被认为是柏拉图的一个弟弟。他向苏格拉底解释,"为了要潜伏下来,我们将组织会社 [*synomosiai*] 和政治团体 [*hetaireias*],有口才的教师将教授在平民组成的议会和法庭上的艺术。这样，一半用劝说，一半用武力，我们将努力达到目标而不受惩罚"。[6]

柏拉图在《法律篇》中为任何组织阴谋或会社颠覆他自己的理想城市的人规定了死刑。[7]但是雅典比较宽容。结社的权利是雅典法律所保障的，这项法律可以追溯到梭伦的时代。雅典对于这些贵族"会社"从来没有采取过法律行动，尽管戈默在修昔底德著作的里程碑式评论中指出，"只有民主的敌人才需要秘密组织"。[8]修昔底德著作中第一次提到 synomosiai，是在雅典舰队准备远征叙拉古时发生的毁伤赫耳墨斯神像的著名事件。[9]赫尔墨斯是掌管商业、旅行、传信等的神，雅典人的家门前都塑有他的像。一夜之间，它们全部被毁伤了。当时怀疑这起亵渎旅行之神的事件的背后，有一桩寡头派的阴谋（synomosia），目的在给这次远征带来噩运。

在叙拉古惨败后，确是有一桩贵族派的阴谋在酝酿。修昔底德告诉我们，有个叛国将军贝桑德开始在臣属城市改变雅典的政策，取消雅典在那里扶植起来的民主政体，代之以寡头政体。这些臣属城市的革命很快提供了同情寡头政体的军队，以便在公元前411年推翻雅典本身的民主政体。

修昔底德说，这些阴谋家到雅典时发现他们的许多"工作已由贵族秘密会社所完成"。这些会社里的"有些青年"组织了暗杀团干掉人民的领袖,制造恐怖气氛。这位史家告诉我们,他们"秘密地处死了一个叫安德罗克利斯的",因为他是"人民党的最著名领袖。其他反对他们计划的人他们也用同样方式干掉"。恐怖气氛弥漫。人们不再"说反对他们的话,那是由于恐惧,也是因为大家看到阴谋是很普遍的;如果确是有人反对"他们,"他就会马上很容易地送了命"。这些就是我们的时代里阿根廷、萨尔瓦多和智利的军方所使用的行刑队的原型。

国内安全被破坏了。这位史家继续说,"对于犯下这些行为的人,没有进行追查,即使提出了什么法律起诉,也没有怀疑到他们"。相反,修昔底德说,"民众不敢作声,而且被吓到了这个程度:没有受到暴力对待就觉得已算是便宜自己了"。这种恐怖还有一种增殖效果。民主派以为这个阴谋比实际情况还要普遍,因而"在精神上就给吓倒了"。

修昔底德解释说,"人民党的所有成员都相互猜疑"。这不单单是妄想狂。确实发生了不可预测的叛变事件,有些人出于胆小或者投机而改变了立场。"他们中间有些人你是万万不会想到会倒戈过去支持寡头政体的。"

古代这位史家说,就是这些变节分子"造成了群众中间最大的不信任，对少数寡头巩固地位作了最有价值的服务，即在人民中间散布他们自己相互之间的不信任"。[10] 当雅典人把苏格拉底交付审判时，这对他们来说还不是古代的历史。

在伯罗奔尼撒战争结束、雅典投降后也发生了一件类似的阴谋。斯巴达将军莱森德*据亚里士多德说，"站在寡头党一边"。雅典议会害怕胜利者可能会采取行动进行报复，因此自己投票结束民主政体。亚里士多德解释，"人民吓坏了，被迫投票赞成寡头政体"。[11] 因此在公元前404年，三十僭主上台执政。三十僭主中有许多人是反民主政体的流亡者。有些人在斯巴达一边作过战。胜利者指望由这些人来保持雅典牢牢地处于斯巴达的桎梏底下。这个政权的合法性，在大多数雅典人的眼中，从一开始起就因为同叛国和战败的联系而受到玷污的。

三十僭主依靠斯巴达驻军保证他们的安全。此外，他们征募了一帮年轻支持者组成私家军队，为虐乡邻。亚里士多德说，三十僭主征募了"三百名侍从，手执皮鞭，把国家控

---

* Lysander（死于公元前395年），斯巴达海军司令。俘获雅典舰队．迫使雅典投降。——译者注

制在他们手中"。[12] 这些年轻打手使许多雅典人想起阿里斯托芬在《鸟》中所嘲笑的"苏格拉底化的"和斯巴达迷的青年。苏格拉底不能对他们的行为负责，但是他不久就在公元前399年受审，当时大家一定还记得这些打手就是他被控告教唆他们反对民主政体的那种青年。

的确，苏格拉底在《自辩词》中告诉法官们说，他死后"要你们作出交代的人一定会比现在多，迄今为止，我尽量压制他们，尽管这事你们并不知道，将来他们就会不客气得多"。[13] 他这话似乎是在回答上述这种怀疑。这段令人感兴趣的话出现在《自辩词》第三部分也是最后一部分里，那时两次关系重大的表决已经进行过了，第一次是表决有罪无罪，第二次是表决判什么刑罚，这段话已说得太迟，影响不了这两次表决。为什么苏格拉底这么晚才提出这一点？这样的证据可以证明苏格拉底虽然反对民主，但从来没有煽动用武力把它推翻。但是，这样的辩护就需要他承认他的确是个教师，而且他的确教导反民主观点。这是苏格拉底所不愿承认的。他愿意把自己说成是一个超脱于斗争之上的人，完全不问政治，只有在迫他作出决定时才出面，他宁可抵抗，也不愿参与不公正的事，不论是什么政权的不公正，就像他在民主政体下审判将领时和三十僭主专政下逮捕里昂时所表现的那样。

要了解公元前411年和前403年的事情怎么改变了民众对苏格拉底的态度，我们只需回忆一下民主政体是怎么两次恢复的。像在许多革命中一样，例如第一次世界大战时沙皇和德皇的倒台，以及1980年希腊军人政权和阿根廷军人独裁的崩溃，凡是军事大败之后，总是继之以政治突变。对雅典来说，公元前411年是叙拉古战败；公元前404年是雅典在埃戈斯波托米失掉了舰队，向斯巴达投降，其原因不外是叛卖或是令人难以置信的无能。

在这些失败以后，接着出现的不是有钱的寡头派和没钱的民主派之间的斗争，而是三角的阶级斗争。克里底亚斯领导的那些人代表了组织秘密阴谋等待机会推翻民主政体的贵族。第二派为中产阶级说话，第三派则为穷人说话，后者是劳动力的提供者，他们之所以能获得政治上的平等地位，是由于他们在海军中作为水手和轻步兵——海军陆战队——所起的作用，雅典的帝国力量和贸易优势就是依靠海军力量的。

在公元前411年和前404年，民主政体是被贵族分子和中产阶级组成的反对穷人的联盟推翻的。他们剥夺了穷人的选举权。但是当贵族派也想解除中产阶级武装和剥夺他们的选举权，建立独裁专政而不是寡头政体或把选举权限于土地业主的"共和"政府时，联盟便宣告破裂。在公元前411年和前404年，贵族派独裁者的行为残酷无情，贪得无厌、杀人如麻。雅典历史上，基本权利和财产安全从来没有像在这两个时期那么受到践踏。在这两次，中产阶级为了保护自己不得不与穷人联盟恢复民主。

公元前403年恢复的民主政体十分宽宏大量。除了少数丧命的贵族领袖以外，原来相互敌对的阶级和派系在普遍大赦的基础上得到了和解，这次大赦赢得了古人的钦佩。亚里士多德本人虽然赞成在有限的选举权基础上建立中产阶级的统治，但对恢复了的民主政体还是表示了赞扬。他在三十僭主被推翻后大约半个世纪时写道，"雅典人不论在私下还是公开场合，对于过去的灾难似乎都表现出历史上任何国家的人民都没有的最高尚和完全的政治家风度"。在其他城市里，失败者常常遭到屠杀，贵族地主的地分给了无地的农民。但是雅典的民主派"甚至连土地也没有重新分配"，[14] 这显然使亚里士多德感到奇怪。

但是苏格拉底在这些关系重大的冲突和它们的人道解决中，并没有站在贵族派一边，也没有站在他自己的中产阶级或穷人一边。雅典最喜欢说话的人在最需要他说话的时候却保持了沉默。一个可能的原因是，简单地说，他不够关心。他似乎完全缺乏激情。以古典学者开始其学术生涯的尼采有一次曾把苏格拉底的逻辑形容为"冰凉的"。我们时代最重要的柏拉图主义者之一格里戈利·伐拉斯托斯有一次曾写道，耶稣曾为耶路撒冷哭泣，而苏格拉底却从来没有为雅典掉过一滴眼泪。

如果我们用新的眼光来重读一下柏拉图的《欧泰弗罗篇》的话，苏格拉底缺乏激情在其中是很明显的。它一般同《自辩词》《克力同篇》和《斐多篇》印在一起，合称为《苏格拉底的审判和死》。虽然《欧泰弗罗篇》本来似乎能告诉很多我们想知道的情况，但是对这次起诉却说得令人失望的少。在它开始时，我们看到苏格拉底在 *basileus archon* 即国王推事的门廊上，他被召到那里去接受审判前的预审。我们希望会听到在那里发生了什么。按照雅典法律，就像后来欧洲的大陆法律制度一样，接受推事预审就像英美法律制度中的大陪审团的预审差不多。预审推事听了两句陈词以后决定该案件是否交付法庭审理。

在对话录中，控告人没有出现。开头一个场面结果只是一篇与苏格拉底受审毫无关系的对话录的开场白而已。相反，我们倒见到了一个无关的案件中的另一个原告欧泰弗罗。不过在对话的过程中，我们还是得到了一些关于苏格拉底情况的无意透露。

欧泰弗罗的案件之所以与一般不同是因为他对自己的父亲提出了控告，这是由于他在纳克索斯岛上的庄园发生了双重杀人案。他家的一个奴隶同一个雇工发生口角而被杀。欧泰弗罗的父亲把那雇工手脚捆起来丢在沟里，同时派人搭船去雅典请教巫师怎么处理雇工杀死奴隶的事。派去的人还没有回来，雇工就因冻饿而死了。欧泰弗罗因为雇工之死决定向他父亲提出控告。

苏格拉底利用同欧泰弗罗的邂逅作另一次形而上学的——和语义上的——徒劳的追逐。苏格拉底要想知道一个儿子对他自己的父亲提出这样的控告是不是"孝顺的"，或者"神圣的"。于是这篇对话录就花在寻求"孝顺"或"神圣"的定义上。

在这篇冗长、曲折、有时甚至堪称是沉闷的对话录中，苏格拉底在任何地方都没有为无地的穷雇工说过一句可怜的话。他的权利从来没有被提到过。当"地主老爷"慢条斯理地考虑怎样处置他时，把他弃在沟里冻饿，这样做难道是"神圣的"或者公正的？难道他没有权利上法庭？这个雇工也许能证明，造成他杀死地主奴隶的争吵是被故意挑起来的，或者他是出于自卫，或者杀人是偶然失手。雅典的有关杀人的法律是允许作这样的申辩的。如今这个雇工既已死于冻饿，难道法律不要求审问欧泰弗罗的父亲，以便判断他自己的行为是否构成杀人罪？

到这里，苏格拉底可能会说，他在辩论的不是法律，或者公正，而是逻辑。但是，我们也可以说，他的缺乏同情心使他视而不见他的逻辑中的一个漏洞，视而不见这个案件的充分涵义。它所提出的最令人伤脑筋的问题，也是对苏格拉底最有关系的问题是，在这种情况下，欧泰弗罗向他自己的父亲提出控告的行为是不是"孝顺"？但光是"孝顺"的定义并不解决问题。欧泰弗罗所遇到的是希腊悲剧中所常见的那种典型的义务冲突。他对他的父亲有做儿子的义务。但他作为一个人和公民也有协助正义得到伸张的义务。

在埃斯库罗斯的《奥瑞斯提亚三部曲》中，奥瑞斯忒斯也同样由于这样的义务冲突而烦恼得快要发疯了。作为儿子，他有义务为父亲报仇。但是他的父亲是他母亲克吕泰墨斯特拉杀的，他对她也有孝敬的义务。哪一个义务更加神圣？在埃斯库罗斯的剧本中，克吕泰墨斯特拉露出了她的乳房，用这么一种吓人的姿态提出问题：她的孩子怎么能够把刀子插进那曾经哺育他的乳房？

任何三段论法，如果以一个道德或法律名词的完善定义为基础，都是解决不了这个问题的。埃斯库罗斯在一个比法律或逻辑更高的层面上解决了弑母问题。不论正义的定义是什么，它是不可能在可怕的情况下实现的。在那部悲剧收场的时候，雅典的陪审团—法庭上表决结果相持不下。雅典的保护神雅典娜投了主张无罪开释的一票才打破了僵局。宽恕胜过了正义。

但是只有怜悯才使我们看到这一点。在《欧泰弗罗篇》中，你得对那个可怜的雇工有同情心——我们甚至不知道他的名字——才能解决这篇对话录结尾处的逻辑僵局。欧泰弗罗像奥瑞斯忒斯一样陷于道德、法律、政治义务的冲突——甚至是迷宫——之中。这一切，在苏格拉底的对话的枯燥语义学中并没有加以探索。我们不妨来分析一下苏格拉底所忽视的几个问题：

（一）不错，欧泰弗罗有着儿子对父亲的义务。但即使在这个关系中，他也面临着相互冲突的义务。当然，儿子把父亲送上法庭是令人慨叹的事。但是根据雅典和希腊的标准，那个做父亲的不经过审判是无法洗清雇工之死的罪责的。在审判时，他可能洗清罪责，或者如果有罪，就得到法庭的刑罚的清洗。如果没有人把这个地主送上法庭用审判来清洗他的罪责，那么这不是应该由做儿子的来负起这个痛苦的责任吗？

（二）欧泰弗罗作为公民有义务甚至对自己的父亲提出控告。在雅典，没有公共检察官。每个公民都有权利——和责任——在他认为法律遭到违反的时候提出诉讼。这有点像我们的"公民逮捕"的法律理论，允许任何公民在看到有人犯罪时逮捕他。在雅典，公民不仅能够逮捕，而且能够起诉。这是符合雅典的参与性民主政府的概念的。

（三）还有第三个义务，古代雅典观察家是一看就明白的。这个义务是同属人类的意识所产生的，既是道德上的也是政治上的义务，如果你是从民主的观点来看的话。这个案件的这方面的涵义一直到对话录结束时才透露出来，而且是偶然透露出来的。在那里，苏格拉底对筋疲力尽的欧泰弗罗说，除非他清楚地知道什么是神圣的，什么是不神圣的，"你肯定就不会采取行动去控告你的上了年纪的父亲为了一个仆人的缘故而杀人"。[15] 在法律或道德的眼光中，死者不过是个仆人这一点难道有什么关系吗？

英文所译的"仆人"与原文希腊字在政治上有不同的含义。洛勃版的译者用"仆人"一词是为了取其简单，而且因为它没有原文中的轻蔑含义。但是柏拉图放在苏格拉底口中的希腊文原词是 thes，在民主的雅典，这个词有特殊的意义。

两个世纪以来，雅典的公民为了收税的目的和表示他们是否有资格当选公职，被分为四个阶级。这是按照他们财产的估值划分的。四个阶级中最低和人数最多的阶级 thetes（即 thes 的复数形式）很少或者没有财产。他们是自由的人，虽然穷，但不一定是仆人。最初，甚至在雅典，他们都不是公民。他们是不算数的。别人也都不把他们当回事。

那个词 thes 本身同荷马一样古老，在荷马的作品里，它的意思是雇工，这有别于奴隶[16]，我们在读《欧泰弗罗篇》时就想起了《伊利亚特》中的一段，其中透露，一个 thes 可以被他的雇主地主老爷像欧泰弗罗的父亲对待他的雇工那样骄横对待。

在《伊利亚特》第 21 卷中，海神波塞冬提醒阿波罗，那个特洛伊地主老爷劳米东怎么无耻地欺骗他们。他们原是假装 thetes，奉宙斯之命下凡到人间来为劳米东做"一年工，领固定的工资"[17]，给他垒墙和牧羊。但是临到发工资时，劳米东不仅拒绝付给，而且威胁说，如果他们坚持要工资就要割掉他们的耳朵和把他们卖做奴隶。荷马说他们回到奥林匹斯山，没有带回工资，"心里一团怒火"。雇工的命运可能比奴隶更朝夕难保，因为奴隶作为财产是得到照顾的，至少在最低限度上。

在荷马的贵族世界里，这是少数几个地方之一，我们可以看到从下而上的观点。在这里，哪怕只是片刻，荷马比柏拉图笔下的苏格拉底更加有社会正义的意识。在《欧泰弗罗篇》中，纳克索斯岛上自由的雇工的地位似乎并不比荷马时代好多少。欧泰弗罗的父亲损失了一个奴隶感到十分生气，却根本不关心雇工的权利，把他扔进沟里去死。不论根据什么定义，这样对待雇工很难算是"神圣的"。但是这个案件的这一方面却从来没有进入苏格拉底的视界。对苏格拉底来说，他"只是个仆人"。

欧泰弗罗对苏格拉底说，雇工之死发生在"我们"即欧泰弗罗和他父亲"在纳克索斯岛种田"的时候，"他在那里我们的地上干活"。[18] 纳克索斯岛上发生的事不会在雅典发生。纳克索斯是爱琴海上一个土地肥沃的岛屿，雅典人在波斯战争中解放了它，把它包括在以雅典为盟主的德里安联盟中。它是第一个反叛雅典的沉重桎梏的，纳克索斯被叛平后，它的土地分给了雅典的 *cleruchs* 即殖民者。以前的所有主运气好的成了他们原来土地上的夥农或者雇工。雅典与斯巴达作战失败后，纳克索斯是被解放的臣属国家之一，雅典的殖民者只好逃亡。土地还给了原来的所有者。这就是欧泰弗罗说起在那里种田时用过去式的缘故。

在雅典上升时期，纳克索斯岛上的 thetes 既无公民权又无雅典无地雇工所享有的权利。在阿蒂卡，雇工如果被控杀了奴隶是有权在法庭上申辩的。如果地主把雇工扔在沟里去死，死者的亲友就会控告这个地主犯了杀人罪。这正是欧泰弗罗如今为那个不幸的没有朋友的雇工做的事。

在对话录里，欧泰弗罗被当做了笑话，仿佛是个迷信之徒，但是他的态度比苏格拉底更加人道和开明。在对话录开始时，苏格拉底还没有弄清楚这个不平常的案件的事实，就认定欧泰弗罗不会因为他父亲杀了一个"陌生人"而控告他父亲的，便问被害的是不是一个近亲。欧泰弗罗对这种态度感到惊异。

他说，"苏格拉底，这真荒谬，你竟认为被杀的人是个陌生人还是个亲戚是有关系的，而不明白唯一要考虑的是这杀人行为是否有理由，如果有理由……如果没有理由，你就应该起诉他，即使他同你共享一个壁炉，共吃一桌饭"。[19]

欧泰弗罗显然认为这是超乎孝顺和地位或阶级之上的一种责任，苏格拉底却撇开了这个案件的这一方面。对话录里从来没有谈到法律面前或者社会正义面前的平等对待这个观念。但是在公元前 399 年，就是同欧泰弗罗的对话发生的时候，也就是苏格拉底受审的前夕，雅典的民众由于最近在公元前 411 年和前 404 年两次反对寡头压迫的斗争，对这个问题非常敏感。在这种压迫下，*thetes* 阶级是主要受害者。它被剥夺了公民权，那是两个世纪以前，它在梭伦的改革中赢得的。它的领袖们被杀了。穷人给赶出了雅典。他们失去了他们的家，他们的城市。如果民主政体被推翻后专政巩固下来，在阿蒂卡就会像在纳克索斯岛上一样，地主会轻易地把法律置于自己手中，如同欧泰弗罗的父亲。雇工就不会有任何权利。

苏格拉底对那个雇工的命运表示出的漠不关心的态度，在他同时代的人看来，是同他在公元前 411 年和前 404 年对 *thetes* 的命运的漠不关心是一样的。他们可以得出结论，他的缺乏同情心反映了他自己对民主的蔑视。这可以说明他为什么在两次专政期间都没有离开雅典，也没有参加恢复民主政体。他对穷人的权利或者社会正义都没有表示出什么兴趣。欧泰弗罗的态度则是民主的态度。

要是苏格拉底能够表明他的追随者不全是像克里底亚斯和查尔米德斯那样的反民主贵族，他们中间也有民主派，那么这对他自己受审时的辩护会是一个有力的论点。然而在受审时他只能举出一个民主派的名字,这件事是相当能说明问题的。

柏拉图肯定意识到这个问题的重要性,因为在《自辩词》中他让苏格拉底举出了那个人的名字,并且特别说明那个弟子的亲民主派纪录。他是一个叫做查勒丰的人。他无法给叫来出庭作证,因为他已死了。

"我想你们大概认识查勒丰",苏格拉底对法官们说。"他是我年轻时代的同志,也是你们民主党的同志,最近同你们一起流放,又同你们一起回来。"[20]

请注意,苏格拉底没有称民主党是"我们的",或者甚至"这个",而是"你们的",好像是明确地要把自己同他的陪审员们的主要政治观点分开来。也请注意,他没有说——确实是如此的话,他是满可以说的——尽管对苏格拉底有政治偏见,他的不少追随者是属于人民的政党的,然后举出查勒丰作为其中之一的例子。显然查勒丰是个例外。他是在柏拉图或色诺芬的著作中所提到的唯一民主派弟子。正如苏格拉底自己所说的,他的追随者中大多数人是"最有闲暇时间的年轻人,最有钱的人的子弟"。[21]

当苏格拉底说查勒丰"最近同你们一起流放,又同你们一起回来"时，他损伤了自己的辩护效果。伯纳特在《自辩词》的评论中悲哀地指出，"请注意苏格拉底自己留在雅典"，伯纳特补充说，"这样提醒法官实在不智，尽管重提查勒丰的民主观点也没有什么好处"。[22] 因为重提查勒丰只有突出苏格拉底和他的其他弟子，包括柏拉图，多么不像他，他们在三十僭主时期也留在城市里了。

我们从利西亚斯和其他公元前4世纪的演讲家所多次提到的情况中了解到，民主恢复后，"留在城里"成了不光彩的招牌。在推翻三十僭主后实行的大赦并没有洗去那些没有参加抵抗运动的人的污点。按照大赦法令，为首人物受到审判后，就不能起诉任何人在专政期间或以前所犯的违法行为。这样不咎既往的一风吹，是为了巩固公民和解。也没有人能够起诉要求发还被独裁者没收并加以出售以满足私欲或应付开支的财产。许多有钱的中产阶级公民和外侨都受到这种没收的损失。但是按照大赦法令，他们丧失了要求归还的起诉权利。

但是在和平恢复后的其他种类的官司中，被告或原告"留在城里"的污名常常被用来左右法庭的判决，这可以在利西亚斯的演讲中看到，他曾经是苏格拉底的一个朋友，在民主恢复后，是那个时期最有名的"律师"。这些"律师"并不出庭，只是为打官司的人起草发言稿。他们叫做 logographoi（讼师），意为法律诉状的职业起草人。

利西亚斯出身于一个名声显赫、富有家财的外侨家庭。他的父亲塞法勒斯在柏拉图的《共和国》里主持过讨论。利西亚斯的家庭像其他富有的外侨家庭一样，曾是贪得无厌的独裁者的受害者，"一半是因为他们的民主倾向"，《牛津古典词典》有关利西亚斯的条目说，"但主要是因为他们的财富"。利西亚斯从雅典逃了出去幸免一死，但是他的兄弟波利马克斯——《共和国》中向苏格拉底提问的人——却被处决了。他们的财产被没收。利西亚斯参加了不久推翻三十僭主的流亡者。他以抵抗运动的英雄身份回到雅典。

从利西亚斯的讲稿中我们知道，打官司的人常常因为他们在三十僭主统治下的表现而受到质询或攻击。有一个被告反败为胜，他的令人意外的透露一定赢得了法官的同情。他承认他确是留在城里，但他透露他的父亲却被三十僭主处死，而他本人当时才13岁。他愤慨地说，"在那时候，我既不知什么是寡头政体，也无力救"他父亲。[23] 另一个被告显然是贵族——因为他在骑兵中服过役，他被误列在三十僭主的军队名单内，他证明在专政期间他在国外。[24]

苏格拉底在受审时很可能被问到，他为什么不离开城市，特别是在处决萨拉米斯人里昂一事使他看到了该政权的不正义。难道这还不足以证明——如它已向像提拉美尼斯那样的稳健派寡头证明的那样——民主政体至少比人数有限的寡头政体为害较轻，更加安全和公正？

但是苏格拉底也受到大赦令的保护。不能因他在民主政体恢复以前所说的话或所做的事，或者他曾做过克里底亚斯和查尔米德斯的教师或朋友，而起诉他。如果起诉状包括这些较早的活动，就会在审判的时候受到攻击，说它是公然违反大赦令，我们就会在柏拉图和色诺芬的记载中看到。

起诉状要有法律效力只能涉及苏格拉底在三十僭主被推翻到受审这四年中的活动或教导。苏格拉底一定已经恢复了原来的教学，吸引着和教化着和三十僭主时期以前一样的追随者。他的控告人很可能担心，这些年轻人可能再次尝试推翻最近刚刚恢复的民主。在公元前401年，刚在大赦令发表后两年和他受审前两年，就有发生这样尝试的威胁。

雅典人在公元前403年看到他们的两派敌对公民讲了和，以为他们的麻烦已经过去了。但是在大赦令中有一个漏洞，这在日后将引起新的冲突。曾经支持过三十僭主的一些贵族拒绝和解。雅典人不想重开内战用武力压服他们，同意让他们撤退到附近的伊留西斯镇去单独建立一个自己的独立的城邦。

那些顽固派以其特有的远见和顽强似乎对这样一种结果已有所准备。当初反抗三十僭主的武装抵抗运动日益增强，曾占领了菲利边境的一个山头据点。而克里底亚斯和他的支持者在阿蒂卡地区第一次站稳脚跟以后，就决定准备一个避难所以便他们被迫撤出雅典时可以战斗到底。他们选了伊留西斯，但是发现镇上的人对他们有敌意。他们用武力控制了伊留西斯，处决了300个男子——很可能是这个小镇的全部成年公民。

这次屠杀颇合克里底亚斯作风，有两个同时代的资料来源可以证明，一个来源是亲民主派的，另一个来源是反民主派的。前者是利西亚斯[25]，后者是色诺芬。在克里底亚斯的动机上，他们是一致的，杀人的数目则是色诺芬在他的那份比较完全的记载中提供的。色诺芬的《希腊史》描写了克里底亚斯用诡计抓了300个人，又迫使雅典议会给处决添上一些合法的样子而通过了不加审问就判处集体死刑的表决。[26]

临近末日的独裁专政的这一恐怖高潮为公元前401年的事件准备了道路，那次事件以新的猜疑毒化了雅典的气氛，而且——我认为——最后触发了对苏格拉底的起诉。

在伊留西斯大屠杀后不久,克里底亚斯和查尔米德斯在与抵抗运动的日益庞大的部队作战时身亡。独裁政权开始崩溃,开通了和解的道路。媾和后,顽固的少数派退到伊留西斯。雅典人以为他们可以高枕无忧了。但是这种人是不会轻易放弃的。不妥协分子来自最富有的雅典家庭,他们有足够的经费雇用雇佣兵。两年刚过,雅典人就听说伊留西斯人正在准备攻打雅典。

色诺芬告诉我们,雅典人立即动员"他们的全部力量来对付他们",杀了他们的指挥官,"然后派他们的亲友到其他指挥官那里,劝说他们和解"。这样内战终于结束。色诺芬写道,"于是,根据他们宣誓不咎既往的保证,双方到今天仍旧像同胞一样共同生活在一起,普通人[民众]遵守他们的誓言"不进行报复。[27]

那是在公元前401年,在苏格拉底受审之前只有两年。我相信,要是他也表示了他自己与民主政体的和解,要是他像色诺芬那样对和平解决中多数派的宽宏大量说些好话,本来是绝不会有这次审判的。要是他的态度中发生了任何这样的变化,他就能缓解这样的恐惧:从他的追随者中可能又产生一批"苏格拉底化的"和离心的青年在城市里再次发动内战。

但是不论在柏拉图的著作中或色诺芬的著作中都没有迹象证明在三十僭主被推翻后苏格拉底发生了这样的变化。苏格拉底恢复了他的反民主和反政治的教学。他的口吻比他的学说还要令人反感。两者都没有改变。他的讽刺的表面下的蔑视仍在那里。他仍拒不和解。他似乎从公元前411年、前404年和前401年的事件中什么也没有学到。

他好像继续同城市分开生活，高高地生活在城市上面的云层里，仍旧用蔑视的眼光瞧它。不论在柏拉图或色诺芬的记述中，他都没有表现出他已经意识到他的同胞们有理由感到不放心。

第十二章
色诺芬、柏拉图和三次地震

公元前411年四百僭主独裁专政时期，色诺芬和柏拉图都还只有十几岁，虽然已到了有政治意识的年龄，但还太小，不能积极参与推翻或者恢复民主政体的活动。七年后成立三十僭主的独裁专政时，两人都已二十四五岁，但是没有他们参与不论哪一边的记录。就我们所知，他们没有随民主派离开城市，对于那些有贵族背景的年轻人来说，随民主派离开城市是不可想象的。在公元前401年事件方面他们两人也没有被提到。色诺芬于同年离开雅典去波斯军队担任雇佣军的军官。他从此之后一直没有回到雅典。据《牛津古典词典》说，"大概是在公元前399年，即苏格拉底死去那一年，也就是苏格拉底的同仁处境困难的时候，色诺芬正式流放"。他的余生是在斯巴达度过的。

不像色诺芬，柏拉图在苏格拉底受审时是在场的，这我们可以从《自辩词》中看到。但是在苏格拉底处死之前，他似乎逃离了雅典。也许他担心也会对他采取什么行动。《牛津古典词典》中关于他的传记的条目说，"同其他苏格拉底派一起",他先在附近的米加拉避难。他在外十二年,航行远到埃及。

色诺芬的《希腊史》是在他流亡斯巴达时写的,目的在续完修昔底德的史作,后者写到公元前411年就中断了。色诺芬把它一直写到公元前400年。不管他的政治教育和倾向是什么,他是以令人钦佩的客观态度来写的,他的关于克里底亚斯和提拉美尼斯在后者行刑前进行的辩论的记述可以与修昔底德所记载的几场大辩论并列媲美。色诺芬对克里底亚斯的处理与柏拉图对他的处理是明显不同的。在柏拉图的对话录里,克里底亚斯是个有魅力的人物,但是在《希腊史》中却是个令人反感的暴君,尽管他有冷静的逻辑。

色诺芬在《言行回忆录》中使得苏格拉底看上去好像比在柏拉图的笔下更是一个投向三十僭主的投机分子。在《自辩词》里,他的唯一反抗行为是拒绝参与逮捕萨拉米斯人里昂,但是他的抗拒还不足以大到积极的反对。在色诺芬的《言行回忆录》中,苏格拉底的确有过一次公开批评独裁专政。色诺芬写道,"当三十僭主把许多极为体面的公民处死,而且鼓励许多人犯罪的时候",苏格拉底对三十僭主提出了一个他常用的比喻。苏格拉底说,"我觉得很奇怪,一个看着让他放牧的牛羊头数减少而且堕落的牧人怎么不肯承认他自己不是个好牧人；但更奇怪的是，一个造成公民人数减少而且堕落的政治家怎么不感到羞耻，也不觉得自己是个拙劣的政治家"。[1]

考虑到当时的情况，这小小的教训作为抗议似乎太温和了一些。根据色诺芬的《希腊史》，克里底亚斯和他的同伙在他们短短的八个月统治时期一共杀害了1500个雅典人，比斯巴达人在伯罗奔尼撒战争最后十年中杀的人"几乎还要多"。[2] 亚里士多德在关于雅典宪法的论文中也报告了这个数字。亚里士多德说，三十僭主在消灭了民主派以后，把矛头转向"较富裕阶级"，"把那些特别富有的或者出身、声誉好的人处死"，以便清除可能的反对力量来源，掠夺他们的财产。[3]

色诺芬说，苏格拉底的话被报告给独裁者，引起了一场对质，苏格拉底有机会表现出自己是这个政权更加直言不讳的批评者。他被召到克里底亚斯和查里克利斯面前，这两个人是三十僭主中负责为新政权修改雅典法律的。他们给他看了禁止教授 techne logon 即说理的艺术的一项新法律，"并且禁止他与年轻人进行谈话"。

他们不仅仅是禁止他与年轻人随便交谈，而是告诉苏格拉底，他不能再继续从事由他开创的那种教授哲学的方式，而三十僭主中至少有两个即克里底亚斯和查尔米德斯是作为他的学生靠此磨炼出他们的聪明才智的。这样，舞台已经准备就绪，可以由他来进行一场卫护他作为教师和公民的权利的有力辩护，由他来告诉他们，他对他们的无法无天有什么看法。

但是相反，苏格拉底却问："万一我对你们的命令中任何一点有不了解的地方，我可不可以提问？"

"你可以提问"，他们说。

"那么，好吧"，他说，"我是准备遵守法律的。但是万一我由于无知而不自觉地犯规，我希望从你们那里得到明白的指示。你们认为你们不许我从事的说话的艺术［*techne logon*］是同健全的还是不健全的说理有关？如果同健全的有关，那么显然我必须不再做健全的说理的事；如果同不健全的有关，那么显然我必须想法健全地说理"。

"苏格拉底，既然你不知道"，查里克利斯生气地说，"我们就把我们的命令改成比较容易了解的语言。你不得同年轻人进行不论什么的谈话［*dialegesthai*］"。

"那么，好吧"，苏格拉底说，"为了我的服从不会引起什么问题，请你们规定一下年龄的限制，什么年纪以下才算年轻人"。

"只要他还不能参加参议会"，查里克利斯说，"因为他还缺少智慧。你不得同任何不满30岁的人交谈"。

"要是我想去买什么东西，如果货主年纪不到30，我就不能问他价钱？"

"哦，对了"，查里克利斯说，"在这种情况是可以的。但事实是，苏格拉底，你有提出你已经有答案的问题的习惯，因此，这才是不许你做的"。

苏格拉底想知道，他是不是不可谈他最爱谈的"正义、神圣等等问题"？

"的确是的"，查里克利斯说，"还有牧人：要不然你可能发现牛羊减少"。[4]

就在这个隐含的威胁下，这次有些不怎么勇敢的对质就这样结束了。

我们在这里看到的是在三十僭主的两个重要成员面前举行的小型审讯，那是四年后在民主政体面前举行的审讯的演习。苏格拉底态度的不同是令人触目的。这里没有在恢复了的民主政体的法庭上所表现的那种目中无人的气概。

色诺芬竭力想表明，苏格拉底不是克里底亚斯和三十僭主的支持者。如果能够说，苏格拉底不顾三十僭主的威胁，至少秘密地仍在继续教导青年，完成他的使命，那么他的申辩就会得到加强。

色诺芬没有告诉我们这次对质发生在苏格拉底拒绝接受命令参与逮捕和处决萨拉米斯人里昂之前还是之后。他也没有告诉我们，这是发生在稳健派领袖提拉美尼斯被处决之前还是之后。

但是该政权一开始就有无法无天的特点，采用了暴民的私刑式镇压方法。我们没有理由相信，苏格拉底曾用任何方式表示赞成该政权的非法性和残酷性。但令人失望的是，他没有大声疾呼反对这一些，也没有运用他的影响把他的老友和弟子克里底亚斯带回到行善积德的道路上来。要是苏格拉底那么做了，他就成了抵抗运动的英雄，也就不会有审判了。

但是我们在色诺芬为苏格拉底辩解的记述中所看到的，只是苏格拉底询问独裁者，是不是他不得再从事关于"正义、神圣等"的谈论。在这么许多不正义和"不神圣"的事例中，苏格拉底所关心的似乎只有对他喜爱的话题的绝对定义的追求。他留在城里一直到最后。他敌视民主不惜一死，但反对三十僭主之情却十分淡薄。

不过，我们还有一个令人困惑的问题没有解决：柏拉图在他的《自辩词》中为什么没有让苏格拉底提出那条禁止教

授 *techne logon* 的法律来证明他本人在三十僭主的统治期间也是受压的？

对于这个问题，当然没有办法给予有把握的答复。首先，色诺芬关于这项法律怎么由克里底亚斯制定的记述，听起来像是个非常低级的流言蜚语。据色诺芬说，苏格拉底在流行男色的雅典社会居然会去批评克里底亚斯追求少年欧泰德默斯，因而在独裁专政建立前就得罪了克里底亚斯。

苏格拉底说克里底亚斯的行为"有辱君子身份"，但克里底亚斯置之不理，苏格拉底就"当着欧泰德默斯和别人的面说'克里底亚斯似乎有着一种猪的感情：他一见到欧泰德默斯就像猪要在石块上磨蹭磨蹭一样'。"雅典上层社会的闲谈就是这样粗俗。

据色诺芬说，克里底亚斯"因此对苏格拉底心怀怨恨……"在与查里克利斯"制定法律时，插进了一个禁止"教授 *techne logon* 的条款。色诺芬说，"这是有意侮辱苏格拉底"。[5]

也许是这样。但是一个比较合情合理的看法是，三十僭主是在尽力把公民权利限制给尽可能少的人。即使是这样少的选民，他们也不让他们有实权。他们一定很像他们的斯巴达保护者和后来在共和国罗马的元老们一样，对演讲、论辩和哲学教师怀有敌意。他们不希望公民学习能使他们参与政府治理的那些艺术。他们憎恨平民组成的议会和公开辩论的艺术。他们一定把 techne logon 看成是有颠覆能力的，因此予以禁止。

这样的论据对苏格拉底受审时的辩护就只会更加有力了。这样会在恢复上台的民主派和这位不肯随俗的哲学家之间建立一种同情的纽带，因为他们都是暴政的受害者。

为什么柏拉图对此只字不提？也许在这个不许教授 techne logon 的禁令上做文章会使柏拉图感到难堪，因为他本人在《共和国》中也严厉限制在他自己设计的理想社会中教授论辩术。为了同样的理由，必须保持权力是绝对的，而且掌握在极少数的"哲学家国王"手中。

三十僭主夺权时，柏拉图大约 25 岁。但是在柏拉图的对话录中，他并没有从他们的政权中得出什么教训；他从来没有谈到或甚至提到这个政权。也许这个记忆太痛苦了。我们知道，克里底亚斯是他的表兄，查尔米德斯是他的叔（舅）。在柏拉图的全部著作中只有一次简短地提到了三十僭主，那出现在《第七封信》中，这是那些信中最令人感兴趣的一封，经常被认为是柏拉图自己写的。

这封信自称是许多年以后写的,说是三十僭主中有些人是"亲戚和熟人",但没有指明克里底亚斯或查尔米德斯的名字。这封信确实说,他们"邀请我马上参加他们,以为这样是很顺理成章的事"。至于为什么这对柏拉图来说是顺理成章的事则没有解释,但是这封信说,三十僭主已自立为"绝对统治者"(autokratores 即专制独裁者)。

柏拉图说,"由于我年轻,当时我的感觉是一点也不奇怪的;因为我想他们会治理国家,会把它从不公正的生活方式引导到公正的方式中来"。这意味着他开始时是倾向于参加他们的。

柏拉图说,他很快感到幻想破灭了。"我看到这些人在短短时间内就使得大家都回过头来把过去的政府看成是黄金时代。"[6] 实际上,原文并没有说是黄金时代,而是"黄金 politeia",即政治体或政治制度。

这最后一句,也是这令人惊异的承认,可能使人觉得这封信不是柏拉图写的。因为在柏拉图的全部著作中没有任何地方表明,三十僭主统治下所发生的可怕事件使他对民主制度给统治者所加的限制有比较有好感的看法,或者使他怀疑绝对专制主义的优点。

肯定地,这些事件并没有对他关于克里底亚斯和查尔米德斯的怀念蒙上什么阴影。在柏拉图的对话录里他们出现时都围着一种金色的光芒。任何地方都没有出现他从他们的短暂执政期间得出什么政治教训。查尔米德斯在以他的名字命名的对话录中出现时是个又标致又有才华的青年,看得入迷的苏格拉底竟要想通过提问看一看他的灵魂是否像他肉体一样可爱。

在这篇对话录中,克里底亚斯也是个受到敬重的人物。这篇对话录的目标是为 *sophrosyne* 即稳健下一个完善的定义。结果证明这个美德是这两个人都需要好好训诲的。苏格拉底一向十分细腻周到,他在对话录结束时警告这个年轻人说,"如果你决定做一件事而且要用武力,没有人能够抵挡住你",[7] 这也许就是在作一种暗示。但是提拉美尼斯是亚里士多德记述的公元前 411 和前 404 年事件中的真正稳健典范,并且是色诺芬的史书中的英雄,却从来没有在柏拉图的著作中出现过,柏拉图似乎连他的名字都不愿意一提。

克里底亚斯在柏拉图其他三篇对话录《普罗泰戈拉斯篇》《蒂迈欧斯篇》《克里底亚斯篇》和较次的第四篇《伊里希亚斯篇》中是个受人敬重的人物。这最后一篇如今一般认为是柏拉图的某个学生写的。不论是真是伪,它表明克里底亚斯在柏拉图学派的眼中继续受到尊重的看待。[8]

这种对克里底亚斯的尊敬与公元前 4 世纪一般对他和三十僭主的憎恶极其不同。这种尊重一定是柏拉图晚年写的两篇最引人入胜的对话录《蒂迈欧斯篇》和《克里底亚斯篇》在柏拉图学园中培养出来的。在这两篇乌托邦式的幻想中,克里底亚斯的名字有了德高望重的意味,它们好像是为他在政治上恢复名誉。

在《蒂迈欧斯篇》中,我们第一次遇到了关于阿特兰蒂斯岛的神话传说,这是在大西洋中大力神赫尔克利斯的天柱以外的一个神奇的消失了的岛屿。* 这个故事很可能是柏拉图根据以前的传说而发展起来的。它所说的故事是柏拉图心目中的创世的情况,这种神秘的想象一直使中世纪的欧洲沉醉其间,在君士坦丁堡陷于土耳其人之手,使得希腊学者逃难到西欧,带来全部柏拉图著作之前,这是西欧所知道的仅有一部的柏拉图的作品,而且是卡尔西迪斯的拉丁文缩写本。†

不过,我们在这里要说的不是《蒂迈欧斯篇》至今犹十分迷人的神学故事,而是它的政治目的。正像克里底亚斯

---

* 大西洋英文名为 Atlantic,音译当为"阿特兰蒂克洋",此名起源于西非 Atlas 山脉,而此山脉名又起源于希腊神话支撑天地的 Atlas 神。直布罗陀海峡两岸悬崖陡峭,古代称为大力神赫尔克利斯的天柱。——译者注

† 另一例外可能是《美诺篇》,它似乎在 12 世纪就传到西方了。

着手要改造雅典社会的性质一样，柏拉图在《蒂迈欧斯篇》和《克里底亚斯篇》中也着手要改造希腊的历史和雅典的政治意识形态。在这项工作中，柏拉图用一个名叫克里底亚斯的人来做他的喉舌。这个独裁者的名字同一个新的神话联系在一起，编造这个新神话的目的是要在意识形态上完成克里底亚斯在行动中所没有完成的事情。柏拉图，这个哲学革命家和宣传大师，实际上在改写历史。

柏拉图的目标是双重的。雅典的民主受到两个神话性胜利的鼓舞。一个胜利是它在波斯战争中拯救了希腊文明，这在希罗多德和埃斯库罗斯的著作中表现为自由的人对暴君专政的胜利。民主由于给予了人们值得为之战斗的东西而激励了他们英勇作战的精神，这一胜利就是对民主这一价值的颂歌。

另一个胜利是雅典关于它的建城者提修斯*的古老传说，普鲁塔克在他的《提修斯的生平》中保存了这一传说：即使是在那个远古的时代，他已经是个民主派了。根据普鲁塔克，提修斯成功地把阿蒂卡地区分散的独立小镇联合起来组成单一的雅典城邦，所采取的办法是把民众和地主一起动

---

* Theseus，希腊神话中雅典的王子，继父为王，把雅典建为希腊最大的城邦。——译者注

员起来反对统治他们的小"国王",答应贵族有个"没有国王的政府",答应普通百姓有权参与政府的治理。普鲁塔克说,"普通百姓和穷人都迅速响应他的号召"。[9] 提修斯建议"他只担任战时司令,法律卫士,而在其他一切事情中,人人都应该站在平等的基础上"。

这是政治神话。任何具有现实意义的民主都是在好几个世纪以后才赢得的。雅典的民主派也喜欢引用荷马作品中的"船只目录"来表明,在远征特洛伊时,雅典人——而且只有他们——已经被称为 demos(民众),这有自治的人的含义。[10]

在《蒂迈欧斯篇》和《克里底亚斯篇》中,柏拉图提出了一个权威主义的东西来代替这些民主的神话。柏拉图的发言人是一个名叫克里底亚斯的角色。但是学者们至今仍在辩论,这个克里底亚斯是否就是那个在三十僭主时期统治雅典的克里底亚斯,还是与他同名的祖父。柏拉图是个玩弄狡猾和暧昧手法的能手,也许他是有意让此人的身份模糊不清。他是在公元前4世纪写作的,当时克里底亚斯被视为一个魔鬼,读者看到他被当做一个元老政治家可能是要大吃一惊的。因此来一点模糊含混是合适的。

苏格拉底在介绍克里底亚斯时说,他自己能力有限,无法说明这样一个理想国家怎么能实现。他说，这需要一个政治家来做，因此他请克里底亚斯来担任这项工作，因为"我们大家在这里的人都知道"，克里底亚斯不论在政治的理论或实践方面都不是"新手"。[11]

《蒂迈欧斯篇》中的对话是《共和国》的续篇。克里底亚斯说的阿特兰蒂斯神话的目的是给那个理想社会的蓝图添上一些远古的光晕。这使得"共和国"显得不是同雅典传统的根本决裂，而是一个迄今为止无人知晓的雅典黄金时代在九千年以后的再世，九千这个数字本身就有毕达哥拉斯式的神秘味道，因为这是三这个数字的一千平方。柏拉图的政治幻想就这样被描绘成真正的雅典的再生。

阿特兰蒂斯的传说是一个显赫的贵族家庭——柏拉图的母亲的家庭——传下来的故事，这是祖父克里底亚斯从他的祖父克里底亚斯那里听来的，后者又从他的父亲德罗比德斯那里听来的。根据《蒂迈欧斯篇》，德罗比德斯是从梭伦那里听来的，而梭伦又是在访问埃及这块古老的土地时听到埃及的巫师向他说的。

这最后一笔把柏拉图的权威主义等级社会的理想同梭伦的大名联系起来，雅典是把梭伦尊为民主的创始人的。这是柏拉图的新秩序在宣传上的最高明一手。克里底亚斯说，梭伦本来很可能把他在埃及学习到的东西在雅典应用。但是，据克里底亚斯说，梭伦不得不把这些启示"放在一边，那是由于他回国后在这里发现的骚乱和一切其他坏事"。[12]

克里底亚斯解释，就是靠雅典黄金时代这个严格的等级结构才使雅典能够拯救希腊文明免遭阿特兰蒂斯的征服。这是柏拉图用来代替波斯战争史诗的东西，根据后一种说法，雅典是由于它的民主制度才把希腊从波斯的征服中拯救出来。

作为对这种政治神话故事的解毒剂，我们不妨再打开亚里士多德的《雅典政制》，看看他的头脑清醒的叙述。从那里我们弄清楚了克里底亚斯所谓梭伦从埃及回到雅典时遇到的"骚乱"的原因。阿蒂卡地区的穷人由于用劳力偿债，实际上已成了富人的奴隶。按照当时的抵押法，债主可以对欠债不还的个人和家庭索取劳役来抵债。亚里士多德说，梭伦为了恢复社会稳定和建立一点社会正义，取消了一切欠债，禁止劳力偿债。要是梭伦受到他在埃及看到的情况的影响，劳力偿债就会提供再好不过的手段，在阿蒂卡地区建立类似的农奴制度。克里底亚斯为了要把柏拉图的理想付诸实施丢了命。

阿特兰蒂斯故事的孪生故事是柏拉图的另外一个神话，也是他的各个神话中最出名的一个神话，那便是《共和国》这个"冠冕堂皇的谎话"。这也是反民主的。它的目的是要在下层和中产阶级中造成一种不可磨灭的自卑感，用我们现代的话来说，把他们"编成程序"，来服从哲学家国王。克里底亚斯要用恐怖做到的事，柏拉图想用"洗脑"——再借用一个新词——来完成。

在色诺芬的《希腊史》中，强硬派克里底亚斯和稳健派提拉美尼斯之间在使用恐怖手段问题上进行了一场大辩论，克里底亚斯用无情的逻辑来为恐怖辩护。当他的参议会表现出他们受到提拉美尼斯主张稳健的论点所左右时，克里底亚斯冷酷地辩论说："如果你们中间有什么人认为有人不该处死，那么请他好好想一想，凡是发生政府更迭的地方，这种事情总是发生的。"

这是我们的时代从墨索里尼起的所有独裁者心安理得的辩护词。但是克里底亚斯以其异常的坦率和客观态度把这论点更推进了一步。克里底亚斯说，在他统治雅典时期有这么多的人被处决是因为独裁专政的敌人有这么多。他说，不仅雅典是希腊城邦中人口最多的，而且它的普通百姓"是得到最长时期的自由氛围的教养的"。[13]

如果不用普遍的无情的清算手段，怎么能够把两个多世纪以来习惯于平等和自由辩论的雅典公民解除武装和取消选举权呢？就是这个冷冰冰的问题，克里底亚斯不仅想用来为他对民主派做的事辩护，而且也用来为他现在处决他的稳健派同事和对手提拉美尼斯辩解。这是极权主义的初次登场。

柏拉图为了要寻求他认为是根本性的、充分的改造，想在他的学园中静静思索怎么能使自由的公民习惯于新的奴役。他的答案是国家实行一种周密的思想灌输制度，让"群众"从小就习惯于认为自己是低劣的。要教他们这样想：他们是生来——而且要继续保持——不自由的和不平等的。柏拉图推论，这样他们就会自愿服从他们的那些自封的优秀者。

这就是柏拉图在《共和国》的第三卷中用苏格拉底的口说的冠冕堂皇的谎话。他的坦率可以与克里底亚斯媲美。苏格拉底问道："那么，我们怎么才能够编造一个我们现在正在讨论的合适谎话，这样可以用一个冠冕堂皇的谎话——如果可能的话——来说服统治者自己，如果不行的话，说服城市的其余的人？"柏拉图断定，统治者由于自己是哲学家，可能会不信自己的宣传，而大众，最后会使他们轻信的。他的冠冕堂皇的谎话是，人天生分成四个阶级：少数的作为统治者的哲学家；执行他们意志的军人阶级；手艺人和生意人的中产阶级；以及在最底层的普通劳工和种田的。

柏拉图笔下的苏格拉底说，虽然他们事实上是兄弟同胞，同为土地母亲所生，但是必须使他们相信，他们是用不同的金属制成的。苏格拉底解释道："你们在城市里的人都是兄弟，但我们在我们的故事里要说，上帝在塑造你们之中适宜于统治的人时，把黄金融进了他们的铸造，因此，他们是最贵重的。"冠冕堂皇的谎言还说，"守卫者"即军人阶级也是用贵金属制成的，虽然价值少一些——是银子。公民中的主要部分，即多数人，是用贱金属铁和铜制的。[14]

粗心的读者可能在这里忽略了重要的一点，特别是在洛勃版译文中。这个译本是很令人钦佩的，注释丰富，但是染有它的译者美国伟大的古典专家保尔·萧莱的虔诚的基督教柏拉图主义色彩。在上引的这段中，他的译文把"守卫者"即军人阶级说成是"帮助者"。而柏拉图用的希腊原文是 *epikouroi*，这词的确可以意指"帮助者"。但在通用的军事用语中，*epikouroi* 意指雇佣军，有别于公民当的兵。

在古代希腊人看来，柏拉图的目的是很明显的。在 *polis* 中，民主的基础是公民当的兵。武装起来的公民不仅保卫城

市的自由而且可以用他的武器保卫自己的自由。†

在公元前411年和前404年的雅典，反民主派解除了穷人和中产阶级的武装以实行自己的统治。克里底亚斯本人在很大程度上依靠斯巴达占领军的驻扎。他们是 *epikouroi*。为了要付钱给他们，克里底亚斯没收了像萨拉米斯人里昂那样有钱的外侨的财产。在柏拉图的《共和国》中就像在古代埃及一样，军人阶级的目的是保持人民没有武装，不能抵抗他们的主人。

在另外一个段落中，苏格拉底叫军人阶级是 *phylakes*，即守卫者，并且说他们要"按照该词的充分意义作为守卫者，对外防敌和对内防友的看守者，使得后者不会希望而前者不会有可能"对理想国家"造成损害"。

请注意，这"看守者"对内部的不满和外部的敌人一样要防范。因此 *phylakes* 或 *epikouroi* 不仅仅是占领军，而且是一个警察国家的内部强制实行者。这是柏拉图的乌托邦的黑暗的一面。在这里，他的理论和克里底亚斯的实践结合在一起了。

---

† 这个思想在美国的权利法案中保存了下来，该法案保障携带武器的权利。这个规定今天被枪械游说团所滥用了，但它反映了当初缔造革命的人们记忆犹新的经验。正是私人可以拥有武器才使得美洲的殖民者有能力违抗英国的君主。

这不是他们两人意见一致的唯一的一点。柏拉图并不仅仅满足于有组织的欺骗——"思想灌输"。他也像他的表兄一样,在他创造新秩序和新人——也就是更加驯服的人——的梦想中使用武力。

在《共和国》和柏拉图其他的乌托邦中,如果有人顽强地不愿被说服——或者至少假装听从——他们就要像克里底亚斯处死反对派一样被无情地予以消灭。柏拉图的著作中共有三个例子。第一个来自《政治家篇》,其中柏拉图的理想是绝对君主政体。在柏拉图晚年写的这篇对话录里,柏拉图通过一个"陌生客"的嘴说话,就像他后来在《法律篇》中又做的那样,这个陌生客显然是柏拉图自己。这个陌生客提出了苏格拉底式的比喻,说医生是"那个知道的人",因此有权在他与病人的关系中居统治地位。他由此得出了一个关于政府的一个残忍的教训。

这个陌生客说,医生治好我们的病,不论"违反我们的意愿或者遵循我们的意愿,用烧灼的方法或者刀割的方法",不论"有书面的规则或者没有书面的规则","清洗我们或者用某种其他方式化解我们"。[15] 这里,"清洗"一词似乎有一些我们时代所具有的险恶含义。

这个陌生客说,医生可以给病人带来痛苦,只要他"用艺术或科学"来动手术，使得他的病人"比以前好了"。理想的国王要用同样的方式、同样的道理进行统治。这位陌生客说这是"医生的统治或者任何其他统治的唯一正确的定义"。这意思是唯一真正的统治是绝对的统治，需要绝对的服从。

这一为"唯一真正的统治"下定义的段落似乎是柏拉图的各篇对话录中唯一的地方，他告诉我们：我们终于求得了"唯一正确的定义"。这种精确和绝对的定义是 episteme 即真正知识的唯一真正的形式。柏拉图感到他已经证明了绝对专制是唯一合法的政府形式。既然它是唯一合法的统治形式，它就有权处死或者放逐它的臣民，"为了他们自己的好处"。

当然，像所有从比喻引出的一切论点一样，这个论点有它的毛病。医生不是病人的绝对统治者。如果病人认为医生的治疗有害，他可以为自己另外找一个医生。如果他认为他受了伤害，他可以控告医生违法行医草菅人命。在那个时代和现在一样，医生都有希波克拉底斯誓言*的约束，会由于行为不当而受到谴责和丧失行医资格。医生不像绝对的统治

---

* Hippocratic oath，用医学之父希波克拉底斯的名字命名的誓言，即医学毕业生宣誓要在医务中按照希氏理想去遵守职业道德。——译者注

者，并不是自己的法官和陪审团，可以自行决定自己做的事是否合乎科学。

至于公正，在对国家或社会群众有益的事和对个人有益的事之间哪里能找到平衡呢？历代以来，法律都是在它微妙的天平上掺有对双方的关怀。但是对柏拉图这个极权主义头号理论家来说，国家，这个抽象的东西，才是重要的。就是根据这一点，对那些其唯一罪状是不符合新秩序的人进行了屠杀和流放。

这一点在我们第二个说明柏拉图追求完善是如何无情举出的例子中表现得十分强烈。那就是在《共和国》的优生学中追求种族和等级的纯洁，以及它的一个古怪的建议，主张守卫者共妻共儿。[16]

柏拉图要像哺育动物一样哺育人类。为了改进"守卫者一伙人"，他们的繁殖要受国家的严格管制，交配大概由抽签来安排。但是抽签又由哲学家国王为了优生目的的秘密"布置"好，使得"在尽可能多的情况下由最优秀的男子与最优秀的女子交合，尽可能少地由最差的男子与最差的女子交合……如果这一伙人要尽可能完善的话"。[17]

这怎么能守秘密呢？这怎么能强制实行而不会引起性的妒忌呢？用什么办法来防止反叛的守卫者——只有他们拥有

武器——驱逐哲学家国王或国王?这些实际问题都没有处理。这里,乌托邦主义升级为痴人说梦。

另一个例子更加胡思狂想。它出现在《共和国》第7卷中,它很可以被当做是一部关于柏拉图的讽刺剧中一个令人捧腹大笑的场面。

表兄克里底亚斯为了改造雅典先是放逐了民主派,接着又放逐稳健派。而柏拉图比他更进一步。柏拉图让苏格拉底建议,为理想城市铺平道路的"最好最快办法"是放逐年满十岁的每一个人,把小孩子们留下来让哲学家们来改造。

苏格拉底急于证明,他所展示的理想"不完全是白日梦。它是",苏格拉底说,"用某种办法可能实现的",只要"真正的哲学家,一个或者许多",成了"国家的主人",并且把"正义视为主要的唯一不可缺少的东西",而着手"改组和治理那个城市"。[18] 他的感到莫名其妙的提问者问他,这个办法是什么。

"所有年满十岁的居民",苏格拉底回答,"他们要被送到野外去,小孩子们将被接管过来,让他们改掉从他们父母那里学来的态度和习惯。按照自己的习惯和法律来教育养大他们,这种习惯和法律在很大程度上将和我们已经说明过的那样"。

苏格拉底把这说成是建立这样一种城市"和把最大好处带给人民的"最快最容易的办法。他的听话的提问者很痛快地承认这的确是"最容易的办法"。他没有提出什么为难的问题。在柏拉图著作中这样关键重大的时刻居然很少有什么论辩，是很令人奇怪的。

容易的办法？少数几个哲学家保姆怎么来带领这一大帮孩子们？只有从来没有给孩子换过尿布的单身汉像柏拉图才会当真设想这种可能。怎么能防止痛苦而又生气的父母一到夜里不会偷偷地从"野外"——柏拉图这么巧妙地称呼——回来把哲学家疯子杀掉，收回他们的孩子和城市？柏拉图笔下的苏格拉底怎么能刚说完正义是"主要的唯一不可缺少的东西"，接着又建议征服一整个城市，让整整一代的人受到这样的痛苦，不仅没有得到他们的同意，而且违反他们的意愿？

柏拉图是不是把他老师的真正观点完全表达错了？还是这与苏格拉底对民主的蔑视之间有脐带联系？柏拉图是否认为这是从苏格拉底的人类社会群体是一伙人群的观点合乎逻辑地发展出来的？这一伙人群要求得本身的改善是否必须由它的英明的牧人和自然国王，即"那个知道的人"来加以"稀化"？

大多数柏拉图著作的虔诚评注者都避而不视《共和国》中这一段落。阿伦·布鲁姆是少数几个敢于正视这一段落的荒谬绝伦之处的人之一,但是他也在这样的自圆其说中找安慰:这实际上是柏拉图对自己的乌托邦主义的讽刺!若不是在《政治家篇》《法律篇》《蒂迈欧斯篇》和《克里底亚斯篇》中也找到了类似的理想国蓝图,这不失为一个勉强可以说得过去的解释。但是柏拉图不可能把他一生都花在开自己的玩笑上面。

柏拉图有关政治家手腕的任何文选中最后一个叫人倒胃口的地方是《共和国》第 6 卷中的"干净的石板"的隐喻。柏拉图怕我们接受不了,先让苏格拉底把哲学家理该主待绝对王政的资格作了一番渲染性的描绘。苏格拉底把一个真正的哲学家称为"其心思真正专注于永恒现实的人"。因此他"没有闲暇把眼睛朝下看一看人间的琐事",而是把眼光放在可以从天上和星星的运动中看到"永恒不变的秩序的事情"上面。这样,哲学家"本人就会按照人能所及的尺度成为有序的和神圣的"。[19] 由于像神一样,哲学家如果愿意就可以恢复创世的工作,塑造一种新人。

苏格拉底对这一切都是用问题的形式向他的提问者提出的。苏格拉底问道:"如果对他〔哲学家〕施加一些压力,要他不论在公开场合或私下场合都在人性的可塑物质上打上他在那里［天上］看到的花纹,而不仅仅是塑造他自己,那么你是不是认为他会证明自己是一个在清醒和正义以及所有形式的平常公民美德方面拙劣的工匠?"[20]

这种问题在任何法庭上即使是最打瞌睡的法官也会因为它是有提示性的和有倾向性的而从记录中删去。一个不相干的旁观者这时可能会问苏格拉底,没有时间"把眼睛朝下看一看人间琐事"的人是不是理想的人选来重新安排这些琐事和决定怎样重新塑造它们。但是,当然,柏拉图笔下的提问者恭敬地认可了。这是应该提出质疑的,而且应该用论辩来测试的,但却是简单地认可了。

苏格拉底接着提出了第二个有倾向性的问题,这次是要使民主派马上改信他的天上的理想。苏格拉底问道:"如果大众意识到了我们说的关于哲学家的话是真的,他们是否会对哲学家不客气,是否会不信我们所说的话,即除非是由那些用天上的模型来描绘的城市轮廓,任何城市都是不可能得到幸福的?"

苏格拉底解释说,哲学家国王或者一般国王"会把城市和人们的性格像一块石板一样收下来,首先把它擦拭干净",但是苏格拉底承认,这"不是容易的工作"。的确,"把石板擦拭干净"正是克里底亚斯要对雅典做的,这个任务的艰巨成了他的革命目标迫他犯下残酷暴行的借口。

苏格拉底没有告诉我们，也没有人要求他解释一下，这些困难是怎么克服的。苏格拉底补充说，"反正你知道，这将是他们［哲学家国王］与普通的改革家的第一个分歧点，……如果他们接到的不是一块干净的石板或者自己把它擦拭干净，他们是不会把个人或国家接过手来的"。他们的权力必须是绝对的，不容置疑的。

柏拉图笔下的苏格拉底似乎以为这一切都是可能做到为雅典人接受的。他问道，我们是不是在影响那些"正在过来向我们全力进攻的人？我们能不能说服他们，这样一个有性格的政治艺术家，这样一个画家确实存在，他们听到我们说的话是不是情绪平和了一些？"回答是什么？又是没有争论的，"平和多了"。[21]

对苏格拉底来说，幸运的是，在他受审的时候，《共和国》还没有写出来，不能读给法官听，如果这真的是苏格拉底的教导，或者他的教导对柏拉图那样的一个有才华的青年的影响，那就更难说服法庭苏格拉底没有把他的一些最有才华的青年改造成危险的革命分子。三十僭主的记忆犹新，足以提醒大家，在这"把石板擦拭干净"的漂亮话后面隐藏着多么惨无人道的事。

第十三章
主要控告人

三个控告苏格拉底的人中,在雅典唯一有声望的人是阿奈特斯。另外两个美莱特斯和莱康并无籍名,除了苏格拉底自己在《自辩词》中说到他们的以外,我们知道的情况极少。苏格拉底说,莱康代表演讲家参加起诉,美莱特斯代表诗人,阿奈特斯代表手艺人和政治领袖。[1] 如果确实的话,这意味着城市里所有的头面人物都一起反对苏格拉底。在三个控告人中,唯一举足轻重的人物是阿奈特斯。莱康本人是不是演讲家,美莱特斯是不是诗人,都不知道。但是阿奈特斯是个有钱的鞣皮匠,在推翻克里底亚斯和恢复民主的武装抵抗中起过领导作用。然而在《自辩词》中我们只听到了美莱特斯的发言,他证明有点弱智,很容易受苏格拉底的摆布。

我们在《自辩词》中从来没有听到阿奈特斯的发言,克里底亚斯则根本没有提到,但在审判的背后,他们是有相对称的作用的人物。克里底亚斯当时虽然死了,但在某种意义上却是起诉方面的主要证人,是个突出的例子,说明与苏格拉底的来往会对雅典的纨绔子弟造成什么样的"腐蚀"使他们反对民主政体。阿奈特斯的好名声和克里底亚斯的坏名声都是要作出无罪开释的主要障碍。

有时候，阿奈特斯被描绘成一个狂热的民主派。的确，英国开放大学那本极有价值的书《苏格拉底资料集》甚至说阿奈特斯"显然是个左翼政客"。[2] 在亚里士多德的《雅典政制》1880年在埃及的炙热然而能保存东西不腐烂的沙中挖掘出来之前，把阿奈特斯说成是极端的民主派也许还有些道理。但是，《雅典政制》里根本没有把阿奈特斯当做民主派，而是稳健派提拉美尼斯的一个副手，后者在公元前411年和前404年都赞成剥夺穷人的选举权，但是在这两次革命中当寡头极端派也开始剥夺中产阶级选举权和解除他们的武装时，他就转而反对极端派了。阿奈特斯属于那些有钱的中产阶级领袖，他们不喜欢充分民主，但是又发现这比狭隘的贵族专政好，因为对生命和财产来说这要安全得多。[3]

甚至在亚里士多德失传的论文找到以前，就应该可以很清楚地看出，阿奈特斯是个主要的稳健派。这在色诺芬的《希腊史》中就很明显了。在那里，克里底亚斯和提拉美尼斯之间在后者被处决前发生了一场激烈的辩论，提拉美尼斯两次举阿奈特斯为那些被克里底亚斯驱向反对派的有钱稳健派的例子。

阿奈特斯转向反对派以后，独裁者没收了他的财产，使他遭到了惨重的损失。民主政体恢复后，阿奈特斯赢得了大家的尊敬，因为他没有利用他的政治影响打官司要求归还这些失去的财产。大赦令禁止打这种官司，阿奈特斯模范地遵守了它的规定。这件事的证据见于苏格拉底受审前两年的一个案件中，当时演讲家伊索克拉底斯宣称，"城里最有影响的两个人瑟拉西布利斯和阿奈特斯虽然被抢去了大量金钱并且知道是谁提供他们财物清单的，但是并没有厚颜到要对他们提出诉讼，或者要对他们报仇；相反，即使……他们比别人更有力量来实现自己的目的，然而至少在契约［即大赦令］范围的事情上他们认为应该把自己放在与其他公民平等的地位"。[4]

阿奈特斯本人并不是由一个普通皮匠师傅突然成了抵抗运动中的将领。阿奈特斯在伯罗奔尼撒战争中就已是一位将军了；我们知道他在公元前409年被派率领30艘三层桨战船去攻占斯巴达堡垒庇洛斯——现在的纳伐里诺——但是恶劣的气候使这次远征没有成功。[5]

传说阿奈特斯没有得到好下场。这个传说是在苏格拉底受审后大约5个世纪才第一次在狄奥奇尼斯·拉尔修斯的

《哲学家生平》中出现的。他报告说，在苏格拉底死后，"雅典人感到十分后悔"，他们就转过来攻击控告他的人，处决了美莱特斯，放逐了阿奈特斯和莱康，树立了苏格拉底的"铜像"。

狄奥奇尼斯·拉尔修斯还给这传说添油加醋。他说，"不仅在苏格拉底问题上，就是在许多其他问题上，雅典人也这么作了忏悔"。据他说，他们把荷马当做疯子罚了他50德拉克马以后也是这样做的！[6] 光是这一点就足以证明这整个故事都是捏造。要是发生过这等事情，要是这个诗人在希腊最开化的城市里竟受到这等对待，这个丑闻在古代文献中早就会闹得不可开交了。而且，要是雅典感到后悔了，为苏格拉底立了塑像，我们肯定会在柏拉图和色诺芬那里听到这个的。

仅就阿奈特斯而论，关于他的下场，狄奥奇尼斯·拉尔修斯也有两种说法。一个在他写的苏格拉底的生平里，一个在他写的安提西尼斯的生平这个同样吸引人而自相矛盾的记述里。在那里，狄奥奇尼斯·拉尔修斯说，苏格拉底的最大弟子安提西尼斯"被认为是造成阿奈特斯的流亡和美莱特斯的处决的人"。他说，在苏格拉底死后一些时候，安提西尼斯"偶然遇见由于苏格拉底的名气而从邦特斯来的一些青年"。安提西尼斯"领他们去见阿奈特斯,他讽刺地说他比苏格拉底还贤明。那些青年一到那里就十分愤怒地把阿奈特斯赶出城市"。[7] 在另外一个说法中,阿奈特斯是雅典人放逐的,后来他到邦特斯的赫拉克利亚寻求避难而被赶走。对此,公元4世纪演讲家提米斯修斯又添上了他自己的一个有趣的细节。他说,赫拉克利亚的人对处死苏格拉底十分生气,阿奈特斯一到,他们就向他扔乱石打死。[8]

这些传说反映出,到了罗马帝国时代,柏拉图的天才使后人对他的老师平添了许多景仰。事实是,我们从一个不容置疑的同时代人的资料来源知悉,在苏格拉底受审后十年,阿奈特斯仍是雅典政治中的领袖人物,被选在城里最重要的职位之一任职。这证据出现在利西亚斯的名叫《控玉米商人》的演讲中。利西亚斯本人是苏格拉底的一位朋友。[9]

这篇演讲是在大约公元前386年的一场审判时发表的,那是在苏格拉底受审后大约13年。玉米商人被控违反保护粮食供应和粮价不受价格垄断操纵的法律。这些法律是由叫做 *sitophylakes* 即粮食监护者的市政监督员执行的。雅典人对于"自由市场"的现实并不是视而不见的。这些监督员包括在 *archons* 即城市主要推事之内,阿奈特斯是其中之一,在法庭上为起诉方面作证。[10]

我也认为，对于宣判苏格拉底死刑的判决，应该有强烈反应的。但是在他死后一个世纪的残存文献中却没有任何迹象。苏格拉底一直到他死后很久才在柏拉图的学园之外成为崇拜对象。在亚里士多德的著作里没有苏格拉底崇拜。他多次提到苏格拉底，但都是有些严厉的，而且他没有提起审判的事。

在雅典，剧场是民间好恶的主要晴雨表。但是在审判后的许多残存的悲剧和喜剧剧本中找来找去也找不到为苏格拉底感到悲伤或辩白的话。据狄奥奇尼斯·拉尔修斯说，在欧里庇德斯失传的剧本《巴拉米德斯》的一个残片中，他斥责了雅典人民不该这样对待苏格拉底。这个残片说"你们杀了极端贤明的人，清白无辜的人，缪斯女神的夜莺"。但是没有指明苏格拉底的名字，而且，不论苏格拉底有什么其他才能，他很难称得上是缪斯女神的夜莺——那是抒情诗人的美称。甚至狄奥奇尼斯·拉尔修斯也遗憾地说，4世纪雅典最有名的史家菲洛科勒斯"说欧里庇德斯死于苏格拉底之前"[11]，因此狄奥奇尼斯·拉尔修斯所提出的残片说的一定是别人。[12]

在德摩西尼斯的作品中也没有提到那次审判，而德摩西尼斯是该世纪最伟大的民权捍卫者。除了柏拉图和色诺芬以外，在审判以后的一个世纪中，最早和第一次提到它的残存资料是在德摩西尼斯的劲敌演讲家埃斯金尼斯的著名演讲《控蒂马尔克斯》中。这篇演讲是在公元前345年的一次审判中发表的，这是这两位著名演讲家毕生长期竞争的一部分。在这篇演讲中，苏格拉底给附带地简单提了一下。

埃斯金尼斯起诉的这个蒂马尔克斯是德摩西尼斯的学生。埃斯金尼斯援引对苏格拉底的判决，不是作为民权被侵犯的可怕例子，而是当做在蒂马尔克斯的案件上应该效法的好榜样。埃斯金尼斯说，雅典的一个陪审团"把诡辩家苏格拉底处死……因为有事实证明他是克里底亚斯的先生，而克里底亚斯是推翻民主政体的三十僭主之一"。[13] 埃斯金尼斯胜了诉。埃斯金尼斯的发言表明，在苏格拉底受审后半个世纪，一般的看法仍是，这个老"诡辩家"罪有应得，因为他是受人憎恨的克里底亚斯的先生。否则，埃斯金尼斯援引对苏格拉底的判决为先例就会是不恰当的。

阿奈特斯和苏格拉底关系交恶似乎还有政治以外的原因，那是在阿奈特斯的儿子的教育问题上的分歧。根据色诺芬的《自辩词》，苏格拉底认为，阿奈特斯提出诉讼是因为"我说他不应该把他儿子的教育限于制革"。在像色诺芬和柏拉图这样的雅典贵族的眼中,鞣皮是个低贱的行业。但是像阿奈特斯这样一个中产阶级领袖不大可能会把他儿子的教育限于制革,因为那样就不可能让做儿子的踏上父亲的脚印,在公民事务中起领导的作用。

看来是,苏格拉底和阿奈特斯之间在争夺那个年轻人的忠诚方面有竞争。苏格拉底在色诺芬的《自辩词》中透露,"我同阿奈特斯的儿子有过简短的来往,我认为他不缺坚定的精神"。[14]苏格拉底没有告诉我们这简短的来往中断的原因。

在《美诺篇》中,柏拉图描述了苏格拉底和阿奈特斯的一次愤怒的争吵。一向瞧不起诡辩派的苏格拉底这一次为他们辩护起来。显然,在《美诺篇》中,阿奈特斯认为苏格拉底不过是又一个"诡辩家"。阿奈特斯上场的时候,苏格拉底和美诺正在讨论著名人物的子弟接受美德教育的问题,苏格拉底叫阿奈特斯举出一个著名人物的名字来,此人能够证明自己是个好教师,已把美德传授给了自己的儿子。"给我们举出一个名字来",苏格拉底说,"随便谁都行"。†

"为什么要举一个具体的名字?"阿奈特斯回答。"随便

---

† 苏格拉底自己的三个儿子都不成器,这么补充一句想不会是不公平的吧?

哪个雅典的男士，要是他［做儿子的］碰到……都会使他得到从诡辩家那里得到的好处，如果他愿意照吩咐的去做……你是不是觉得我们这个城市里好人太多了？"[15] 他说了一句警告的话中断了对话。他说，"苏格拉底，我认为你太容易说别人的坏话了。如果你不听我的劝告，我就要警告你要小心点，在大多数的城市里，这大概会给你带来坏处，特别是在这个城市里"。[16] 这听起来像是威胁。

在色诺芬的《自辩词》里，苏格拉底在审判后用不吉的预言表示了他自己的仇恨。色诺芬援引他的话说，"我预言，他［阿奈特斯的儿子］不会继承他父亲为他准备的卑贱行业。"苏格拉底还继续预言，"由于缺少一个合格的顾问"，阿奈特斯的儿子"将会染上不良嗜好，在邪恶的一生中堕落得很深"。色诺芬继续说，苏格拉底"说这话并没有错；那个年轻人嗜酒如命，日夜狂饮，最后对他的城市，他的朋友或者他自己都一文钱都不值。因此，阿奈特斯虽然已经死了"，色诺芬得意地说，"仍旧为他儿子的不良教育和他自己的铁石心肠而背着坏名声的黑锅"。[17]

这表明色诺芬的《自辩词》是在阿奈特斯死后写的。要是在审判以后，阿奈特斯被后悔莫及的雅典市民赶出雅典而死在他投奔的一个城市中愤怒的暴民的手中，色诺芬肯定是会提到的。

我们还可以加一句，阿奈特斯要他儿子在苏格拉底那里退学不是没有道理的，阿奈特斯有理由担心，他的儿子可能受苏格拉底的教唆来反对自己的父亲，瞧不起祖传行业，受贵族同学的影响而成为一个新斯巴达的势利鬼和三十僭主的拥护者。

第十四章
苏格拉底尽力树敌于陪审团

雅典刑事案件审判中,陪审团共投两次票。第一次投票是要表决有罪还是无罪。如果裁定有罪,陪审团又要在量刑上再投一次票。在苏格拉底的审判上,最令人意外的是在第一个也是根本的问题上,陪审团两派票数非常接近。尽管三十僭主专政的记忆犹新,主要控告人德高望重,越来越有人认识到苏格拉底的教导的反民主性质,但是陪审团似乎一时很难拿定主意,只差百分之六的票,苏格拉底就可以无罪开释了。

正像柏拉图在《自辩词》中告诉我们的,苏格拉底本人是预料自己会被判定有罪的。苏格拉底告诉陪审团,这事本身"并不是意外"。使他感到意外的是有这么多人投他无罪开释的票。这不是暴民瞎起哄投票的结果。苏格拉底指出,"只要有30票投向另一边,我就会被宣布无罪开释了"。[1] 如果差30票可以无罪开释,那么500人组成的陪审团就有280票主张有罪,220票主张无罪。这样就有60票的多数。因此,如果有30个陪审员把有罪票改投无罪票,陪审团的两派意见就各有 250 票，而在雅典，不相上下的表决最后是按有利于被告一方解决的。

苏格拉底为什么因为票数这么接近而感到意外？这个问题在柏拉图的《自辩词》中没有得到回答。但是如果我们看一看色诺芬的《自辩词》就找到了一个线索。色诺芬说，苏格拉底希望给他定罪，因此尽力来激怒陪审团。不幸的是，色诺芬的《自辩词》的证明被一个译错的词所遮盖了。这个词是 *megalegoria*，在开首一段里出现了三次。使得错上加错的是，由于考虑到行文的优雅与和谐，翻译者每次都有不同的译法。

为了说明我们的根据，我们姑且拿两种标准译本来看。比较早的是莎拉·菲尔丁在她的《苏格拉底谈话录》中的优美的 18 世纪英译。[2] 后一个是洛勃版的 O. J. 托德（O. J. Todd）的译文上述那个 *megalegoria* 一词是两个希腊词根组成的，*megal*（像英文中的 *megalomania*［自大狂］的词根）意思是"大"，后半个词的词根是动词 *agoreuo*，指在集会、市集（*agora*）上讲话。对于 *megalegoria* 可以有两种理解。一是非恭维性的"说大话"，吹牛，自大。二是恭维性的，作为雄辩的同义词。

两位译者都把此词理解为恭维性的。但这与色诺芬要想证明的论点不合。他一开始记述审判时说，大家对苏格拉底在对法官说话时所表现出来的 *megalegoria* 感到惊奇。我们在上面已经说过，此词在开头一段就出现了三次。莎拉·菲尔丁把此词译为（一）"惊人的勇气和无畏"，（二）"他作风的高尚和讲话的大胆"，（三）"他用词的高雅"。托德在洛勃版中的译法为（一）"他用词的高尚"，（二）"他的高尚的谈吐"，（三）"他说话的高雅"。

这些恭维性的译法可以从两种观点来提出质疑。一是与上下文的一致性，二是在色诺芬著作和希腊文献中其他地方对这同一词的用法。我们先从第一种观点开始。细心的读者不论在哪一种版本中回过头来再读一读这一段就会看到它与上下文的不一致。色诺芬说，所有写过关于苏格拉底的审判情况的人无不对他在法官面前的 *megalegoria* 感到惊异，而且认为这是 *aphronestera*。利德尔—斯各特《希腊辞典》把后一词译为"没有头脑的，不智的，发疯的，愚蠢的"。这里，我们两位译者又是一致的。菲尔丁译为"不合体的和不谨慎的"；托德译为"有点考虑不周"。

但是，如果 *megalegoria* 的意思是表达方式的高雅和谈话的高尚，怎么能把它说成是 *aphronestera* 呢？为什么在以容易拜倒在雄辩脚下著称的雅典陪审团面前用高尚的词句说话会是没有头脑的或者"不谨慎的"呢？色诺芬坚持，苏格拉底的 megalegoria 一点也不是没有头脑的，而是有意地打算达到他的目的，那就是激怒陪审团而不是求得他们谅解。

在审判的时候，色诺芬不在雅典。他说，他的记述是以苏格拉底最亲近的弟子之一赫尔摩奇尼斯后来告诉他的情况为基础的。赫尔摩奇尼斯告诉色诺芬，他求苏格拉底要准备一份雄辩有力的辩护词，因为陪审员们很容易被口才所折服。赫尔摩奇尼斯问苏格拉底："难道你没有看到，雅典法院常常被慷慨陈词的口才所左右而把无辜的人处死，另一方面又常常让有罪的被开释，或者因为他们的申辩打动了同情心，或者因为他们的发言机智？"

苏格拉底答道，他曾经两次想起草这样一份发言，但是每次他的 daimonion 即指导他的神灵都出面干预，说服他不要这么做。苏格拉底告诉赫尔摩奇尼斯，这个他内心的神的声音告诉他，还是现在死去好，免得为老年疾病所困。色诺芬认为，这就是为什么他的 megalegoria 不是完全"没有头脑的"。只有要他想无罪开释，才是 aphronestera！

苏格拉底继续说，"如果我的寿命延长了，年老多病现象就必然会出现——我的视力就会减退，我的听觉不再敏锐，我的学习能力就会迟钝，我已经学到的东西就会被遗忘"。

显然，苏格拉底的战略是，不仅要在有罪或无罪的第一次表决时失败，而且在量刑的第二次表决时也失败。陪审团如果谅解，那么即使认为他有罪，也会像辩护方面所要求的那样，只罚他一笔款，而不会像起诉方面所要求的那样处他死刑。苏格拉底一心想死。他问道："如果我将来眼看着自己衰老下去，而且总是感到病痛，我活着还有什么乐趣呢？"

但苏格拉底是哲学家，他怎么能说晚年没有乐趣呢？难道为了年老不便就放弃生命吗？苏格拉底有妻儿弟子，他忍心放下他们不顾吗？在《克力同篇》和《斐多篇》中，他的弟子提出了差不多的问题。苏格拉底对这些问题的态度似乎是无法解释的，甚至是不恰当的，是放弃道义责任。拒绝生命的馈赠，除非是病重不治痛苦不堪，似乎是极端的不敬神。

苏格拉底甚至说，这次审判使他有机会按照雅典的处决方式愉快地饮鸩自杀。这里是赫尔摩奇尼斯向色诺芬报告的他自己的话："如果我这次被判定罪，那么显然我就有权可以按照处理这件事的人不仅认为是最方便而且是给我的朋友带来最少不便的方式去死。"

苏格拉底最后说："有充分理由认为，神反对我这样预备我的发言，那就是不论用正当的或者不正常的手段，我们必须找出一些理由来实现我的无罪获释。"[3] 死，是他的选择，他只有从生气的陪审团那里才能弄到手。他不想取悦他们。他在致陪审团的发言中所采用的是吹牛和自大的口气，令人生厌。这就是 megalegoria 的意思。

这样地理解 megalegoria，得到了色诺芬在《自辩词》快结束的时候所用的一个有关的希腊词的支持。该词是 megalunein——吹捧——在那里是同反身代词 eautos 一起用的，意即吹捧自己。色诺芬说，"至于苏格拉底，他由于在法庭面前吹捧自己而招来了恶意，使得陪审团判他有罪更加肯定"。[4] 因此，色诺芬的《自辩词》收尾处和开场处的调子是一致的。

对此词作最后判断的权威应该是利德尔—斯各特—琼斯的《希英辞典》，它给色诺芬《自辩词》中的 megalegoria 下的定义是"说大话"，并配有欧里庇德斯的《赫尔克利斯的孩子们》中的一首诗，说的是孩子们逃到雅典去避难，阿尔戈斯来的一个高傲的信使要求引渡他们，这时"马拉松老人"组成的合唱队唱道，雅典不会被这信使的 megalegoriaisi（与格复数）所吓倒的，《希英辞典》译为"高傲态度"，不过也可译为"恫吓"。在色诺芬的著作和他的时代其他作家的作品里，出现这同一词的其他形式时，该辞典都给了这种贬义的含义。它给动词 *megelegoreuo* 下的定义是"说大话，吹牛"，举了色诺芬其他著作中的三个段落，并以埃斯库罗斯在他的《七将攻提比斯》中同样的用法为补充。一直到 500 年以后，在罗马帝国治下的希腊修辞学作家中，该词才被用作高尚的谈话或表达方法的高雅的意思。[5]

在这里有意思的是，柏拉图的《自辩词》中有两处苏格拉底感到有必要否认他在自吹。他用的希腊词是 *megalegoria* 的同义词 *mega legein*。首一词意思是"大"，后一词是"说话"，加在一起是"说大话"或"吹牛"的意思。色诺芬的《自辩词》中的 *megalegoria* 和柏拉图的《自辩词》中的 *mega legein* 同义，在以前，这里和国外的希腊文学习比现在广泛普及时，这一点是《自辩词》教科书中常常指出的。

这些教科书中 W. S. 泰勒编的一种版本在这一段的注解中把它与色诺芬的《自辩词》直接联系起来，它说，"*mega Legein* 正确的意思是吹牛……他担心他说的话看起来很骄傲和自大会得罪人，实际也的确得罪了法官"。泰勒又说，色诺芬"谈到所有的《自辩词》中都说苏格拉底在辩护时的 *megalegoria*"。这样，柏拉图的记述证实了色诺芬的

记述。⁶

两篇《自辩词》中提到苏格拉底的吹牛时都出现了一个有意思的词。那就是 thorubos。它的意思是吵闹，特别是人头拥挤的集会的吵吵闹闹，不管是低声的赞许，还是愤怒的"叫喊，吵嚷，嘘叫"的不赞成。⁷在两篇《自辩词》中苏格拉底有两次引起了 thorubos，一次是他自称，不像平常人，他有个人的神灵，他的 daimonion 在指导他，另一次是他说，神殿里的神谕宣称没有人比他更贤明。

在色诺芬的记述中，苏格拉底指出了他有个人的神灵指导他的证据。苏格拉底说，"我有下列的证据证明我不是说谎：我曾经向我的许多朋友透露过神给我的劝告，没有一次事实证明我是错的"。⁸色诺芬说，陪审员一听到这话就"发出一阵叫喊"（thorubos），有的不信，有的"妒忌他从神那里得到比他们更多的恩惠"。苏格拉底的答复更加惹怒陪审团，"这样，你们这样想的人可能会更加不信我得天独厚"。于是苏格拉底说，特尔斐的神谕曾说到他是"没有人比我更自由，或者更公正，或者更谨慎的了"。

苏格拉底提到特尔斐神谕，很难说是谨慎的。色诺芬说，"陪审员们听到这话很自然地又是一阵更大的喧嚷［thorubos］"。⁹苏格拉底更像是个在挑惹公牛的斗牛士，而不是个劝请陪审团息怒的被告。柏拉图的记述比较蓄委婉一些。但是在结束的时候也同样的有吹嘘和挑衅性质。在色诺芬的记述中，苏格拉底自称是希腊最贤明的人。但不一定是唯一贤明的。而在柏拉图的笔下，苏格拉底成了唯一真正贤明的人。所有别人，不论多么著名，所有政治家和诗人，包括悲剧诗人，都是笨蛋。这可不是争取无罪开释的表决的办法。

在审判的第二阶段，陪审团已经投票裁定苏格拉底有罪，现在得投票表决判处什么刑罚了，这时苏格拉底求死的决心甚至更加明显了。按照雅典法律，陪审团不能自己决定什么刑罚。它得在起诉方面所建议的刑罚和辩护方面所建议的刑罚之间作一选择。它不能在两者之间"作一折中"。起诉方面要求判处死刑。一般认为这会激起对苏格拉底的同情，从而使得有更多的票转投到较轻的刑罚上。但是又是苏格拉底自己进一步激怒陪审团，以致无形中帮助了起诉方面。在这一点上，两篇《自辩词》都是一致的。在色诺芬的《自辩词》里，苏格拉底要求免处死刑恳切陈词是在陪审团投了票以后才作的，但是他的呼吁已经迟了。苏格拉底说："在法律规定要处死刑的所有行为——抢劫庙宇、盗劫、奴役、叛国——中,甚至我的敌人都没有控告我犯了这些罪行中的任何一项。因此在我看来觉得很奇怪,你们怎么能够确信地认为,我犯了死罪?"[10] 这话,苏格拉底应该早说。对辩护方面来说,最好的战略是突出死刑的过重上,如果不是直截了当地说它是非法的话。

作出比较轻一些的判决,不是没有这个可能的,最严厉的是流放,最宽容的是付一笔罚款,数目要足以满足犹豫不决、内心不安的陪审团。如果苏格拉底方面表现出比较和解的态度,这样一项反建议的前景就更有可能了。所谓比较和解的态度不是自己辱骂自己,不是央求发慈悲,而是少自吹自捧一些,更和颜悦色一些,而这正是苏格拉底所十分擅长的。

我们知道,雅典的陪审团容易被巧妙的言辞打动而发慈悲心是十分出名的。《共和国》中有一段,苏格拉底嘲笑雅典人脾气这么随和,常常可以看到已经判罪的人在城里大摇大摆走过而无人干涉。在这样的情况下,苏格拉底竟而决心要在辩论处刑时激怒陪审团,就像我们在《自辩词》中所见到的那样,这是十分反常的。

现在看来,审判结束时主张判处死刑的多数票要比当初主张定罪的多数票要大得多。狄奥奇尼斯·拉尔修斯在他的苏格拉底传中说，投票主张判处死刑的比当初投票主张定罪的要多80票。[11]因此，如果狄奥奇尼斯·拉尔修斯说的没错的话，死刑表决的比例是360对140。伯纳特在他关于柏拉图的《自辩词》的评论中说，"我们没有办法对此进行核对，但是鉴于苏格拉底［在他的反建议中］采取的态度，大批的票的转投是一点也不奇怪的"。[12]

柏拉图和色诺芬的记述只是在苏格拉底提出的反建议上有不同。色诺芬只说，苏格拉底拒绝提出他的反建议："要他提出他认为合适的刑罚时，他不但自己拒绝，而且不许他的朋友们提出。"苏格拉底之所以反对，是因为"提出如何刑罚一举本身就是承认有罪"。[13]因此，据色诺芬说，苏格拉底使得陪审团除了判他死刑以外别无选择。柏拉图的记述则把关于反建议的辩论写成一个富有戏剧性的插曲。读者固然读得津津有味，可是陪审团肯定火冒三丈。苏格拉底用戏弄蔑视的态度对待控告他的罪状、法院和城市。他以雅典人眼中一定认为是狂妄自大的姿态开始。他建议的刑罚是宣布他是公民英雄，故此在今后的余生中由 *Prytaneum* 免费供他一日三餐！

Prytaneum 是个荣耀的地方。它是市政厅，也就是城市的政府机关所在。在我们听来，市政厅令人想起了到处是政

客和痰盂的藏污纳垢之地，但是对希腊人来说，*Prytaneum* 却有神圣的意味。正像每一个家庭是以炉灶为中心建立，供奉灶神赫斯提一样，每一个城市也有一个城市的炉灶 *Prytaneum*，有一簇不熄的火在那里供奉着赫斯提。如果殖民者外迁，他们就从母国城市带着火种去到殖民地新建的城市点燃。

希腊文原文 *Prytaneion*，拉丁化为 *Prytaneum*，是从 *Prytanis* 派生而来，原意为王公或统治者。在民主的雅典，执行机构是由抽签而产生的 50 人组成的市政会议，一年分成十个 *prytaneis*，这样在正常的寿命期间，每个公民都有机会轮上一次当委员。甚至苏格拉底，即使他躲避一切政治活动，从来没有担任其他公职，也被抽签抽中担任那一次主持审判阿琴纽西岛将领的市政会议成员，读者想还记得此事。

市政会议成员在任职期间每天得到市政厅值班。在 *Prytaneum*，有一张公用的餐桌，委员们就在那里用餐。外国使节和特别显赫的公民在这餐桌前也有一席作为荣誉待遇。其中有奥林匹克运动会的优胜者，在保卫城市和民主方面有功劳的一些人。

柏拉图笔下的苏格拉底建议对他的惩罚为邀请他在余生之年由 *Prytaneum* 供他一日三餐，他这么做在他法官的心里有勾起不利联想的危险。被邀在那里用餐的荣誉公民大多数是两个名叫哈尔摩迪斯和阿里斯托吉顿*的英雄的后代。他们在公元前6世纪后期企图推翻比西斯特拉蒂德独裁政权不果而丧了命。后代为他们两人树立了塑像，每年祭祀，供奉牺牲。他们的后代可以免税，并在 Prytaneum 免费用餐。哈尔摩迪斯和阿里斯托吉顿是为了恢复民主而牺牲了生命。而苏格拉底却通过克里底亚斯和查尔米德斯同民主的最近被推翻有关。如果请了律师，他一定会劝说苏格拉底不要招惹别人进行这样不利的比较。

柏拉图笔下的苏格拉底马上收回了这个小小的玩笑，但已经无法挽救了。然后他又建议罚款，但为数之少，只有一迈那，所造成的后果一定是同样令人反感的。他自己的弟子们都大吃了一惊。柏拉图告诉我们，他的弟子们，包括他本人，都央求苏格拉底提出一个比较说得过去的数目作为罚款。于是苏格拉底改为30迈那的银币。他告诉庭上，"这里的柏拉图，还有克力同，克利托布洛和阿波罗多勒斯都告诉我建议30迈那，说他们愿意作保"。[14] 有四个弟子一起作

---

* Harmodius 和 Aristogiton（均死于约公元前514年），雅典爱国者。两人策划暗杀当时雅典独裁暴君希比亚斯和希巴尔克斯兄弟不遂被杀，本书误为暴君之父比西斯蒂特拉蒂德。——译者注

保，说明这笔罚金为数不少。要是苏格拉底一开始就提出罚金数为 30 迈那，在定罪表决时他的两派意见势均力敌的陪审团也许会认为差不多足够了。但是苏格拉底原先提出的两个反建议一定使得陪审团觉得苏格拉底在开他们玩笑，蔑视这次审判，事实上他的确是这样。一定是由于这个缘故，这次最后的又是不情不愿的 30 迈那罚款的建议要想讨好陪审团已是太晚了。

当然苏格拉底有权利瞧不起起诉方面和法庭，但是他为此付的代价是争取到了足够的票数投在本来可能被认为是实在太严厉的刑罚上。看来仿佛是苏格拉底自己把鸡酒送到了唇边。[15]

《克力同篇》中在审判以后苏格拉底又出现了这种求死的愿望，使他的弟子感到生气。对话是在黎明前的黑暗中开始的。忠实和有钱的克力同在狱中等待苏格拉底醒来。他急于要告诉他敬爱的先生一桩新发生的富有戏剧性的事：已经做好了帮他越狱的安排。

克力同告诉苏格拉底，"有人愿意救你，帮你逃出这里，我们要付给他的报酬甚至谈不上是一笔大款"。在其他城市，苏格拉底的仰慕者们都筹了款，并且做好了准备在他脱逃之后接应他。克力同求他,"别为你在法庭上说的话担心,也别担心你在逃走以后不知干什么好。因为在许多其他地方,你不管到哪里去,他们都会欢迎你"。

但是苏格拉底决心留下来等死。克力同争辩说,苏格拉底采取的方针"甚至不是正确的"。克力同说,苏格拉底在"可以救自己的时候"采取这种方针是出卖自己,并且恳求他要想一想自己的孩子将孤苦无依。他的妻子和他的三个孩子都是包括在出逃计划之中的,这样他不论到哪儿去都能顾到他们的教育。克力同责怪苏格拉底,认为他拒绝救自己的性命是有愧他自己的教导——"你一生都在说你重视美德"。但是苏格拉底仍拒绝逃走,这时克力同就讲了一句异乎寻常的话,使我们能够充分了解苏格拉底的弟子们是多么感到恼火。克力同说:"我为你,也为我们,你的朋友们,感到羞耻。"

他甚至抱怨说,当初就不应该"在还能避免的时候"[16]把这案件闹到法庭上来的。这句简短的话至今仍使我们感兴趣。这次审判怎么是能够避免的呢?克力同没有作解释。在柏拉图的著作中,这个问题也许是因为在当时希腊人看来十分显而易见而有意不作答复的。罗马法可能为此提供了一条线索。共和国时代一直认为,而且后来也被制成法律，受到死罪控告的公民可以选择 *exsilium* 即自我流放[17]，逃避审判，或者在审判后逃避死刑。这个出路无论是有罪无罪都可以享受。在雅典也许有同样的法律规定。[18]

苏格拉底本来可以提出以流放为他的反建议，给雅典一个机会冷静地考虑一下，以后如果可能就可以收回成命，把他召回来。有许多著名的雅典人，包括阿尔西比亚德斯，就被流放出去，后来又被召回来担任光荣的要职，在城市的政治风云中重掌领导大权。苏格拉底在《自辩词》中说的一句话暗示有可能发生这样的心肠变化，他说，只给他的审判一天时间是不够的。苏格拉底对陪审团说："我认为，如果你们像有些国家一样有一条法律，死罪的案件不应在一天之内就作出决定，而是在几天之后才作出决定，那么你们就会相信［他的无辜］了。但是现在要在短时间内消除你们的偏见是很不容易的。"[19] 如果逃逸，就有机会进行重新考虑和把他召回雅典。

柏拉图关于苏格拉底最后日子的记述和希腊最伟大的悲剧写得一般动人，凡是重读一遍他的记述的人无不感到这样的一个结果会使他的弟子感到高兴，因为他们是在竭尽全力把他们敬爱的先生从他顽固的道路上拉回来。

克力同批评了"审判进行的方式"。他的结论是，人们

"将会认为，使整个事情达到荒谬顶点的是，由于我们方面的胆怯怕事，坐失［越狱的］这个机会，因为我们没有救你，你也没有救你自己，尽管这是相当可能的"。克力同甚至称这拒绝逃跑是"可耻的"和"邪恶的"。[20] 为了要回答这愤怒的批评，苏格拉底现在为他决心求死提出了一个新的理由。他在同拟人化的雅典法律作想象中的对话时，让自己相信，服从法庭的裁决而死是他的责任。对苏格拉底来说，这是从来没有过的事。他从来也没有驯服地同意过别人的论点。这么轻易投降是意味深长的。他并不是因为法律的论点获胜而拒绝逃跑。他让法律的论点获胜是因为他不要逃跑。学者们至今仍在努力想解答他毕生不从俗随流与他突然愿意向他认为——而且我们也认为——是不公正的判决屈服之间的矛盾而没有结果。

苏格拉底和他的弟子在他愿意一死问题上的辩论在《斐多篇》中继续，那是在他们向他告别的时候。这确实可以说是这篇动人的神秘的对话录的主题。有一个新的——而且细致的——理由向他们提出来，说明苏格拉底为什么要求一死。他的悲哀的弟子们在他生命的最后一天向他力陈他的屈服无异自杀，并且对它的道德性提出质疑，他回答说，对哲学家来说，死是最后的自我实现。是求之不得的事，因为它打开了通向真正知识的门。灵魂从肉体的羁绊中解脱出来，终于实现了光明的天国的视觉境界。

为了拒绝拯救自己的生命而提出了这么多不同的和不一致的理由，只能说是竭力在避免说坦率的真话。苏格拉底只求一死。

《斐多篇》是柏拉图所有对话录中最感动人的一篇。但是在我们领略它的妙处之前，我们必须指出它的美中不足之处，那就是苏格拉底对他忠心的妻子詹西比的冷淡和麻木的态度。这一点长期受到忽视，许多有声望的学者对此都不置一词。

詹西比一辈子都在操持家务，供养孩子免于冻馁，这样苏格拉底才得以逍遥在外，从事哲学讨论。苏格拉底经常吹嘘说，他不像诡辩派，从来不收学生一文束修，他能够吹这牛完全是靠他可怜的妻子为他养家糊口。但是在他们要诀别的时刻，他却没有一丝一毫的感激之意或怀恋之情。柏拉图以他的无可比拟的艺术手法描绘了这个场面，不过用的是一种冷静的眼光。

对话录开始时，苏格拉底刚刚卸下脚镣，那显然是为了防止他在夜间逃跑而铐上的。斐多描述了弟子们被允进去的场面。他追述说,"这时我们进去,看到詹西比——你知道她是谁——在那里,怀里抱着他的小儿子"。

斐多说,"詹西比看到我们,她就哭了起来,而且说了娘们经常说的那种话:'唉,苏格拉底,如今这是你的朋友最后一次同你说话或者你同他们说话的时候了'。"[21] 斐多的口气是不客气的、没有感情的。詹西比没有为自己,而是为苏格拉底和他的老朋友表示同情。她看到这是他们进行他们所喜欢的哲学讨论的最后一次机会了,难过得哭了起来,她表示出来的理解超越了她自己的伤心。

苏格拉底并没有把她搂在怀里安慰她,也没有表示他自己的悲伤,甚至没有吻一下抱在她怀中的婴儿。他的诀别是干脆把她打发走。做妻子的爱和理解表示了出来,却被无礼地推开了。

苏格拉底看了一眼克力同说,"'克力同,派个人把她送回家。'于是克力同的一个人〔即仆人〕就把号哭着和捶着胸的她带走"。[22] 这篇对话录此后就没有再提到她。

后来那天晚上,詹西比似乎又被允许在苏格拉底饮下鸩酒前回来。因为在对话录快结束的地方我们得知,在苏格拉底死前沐浴以后,"他的孩子给带来见他——他有两个小儿子,一个大儿子——他家的女人也来了,他同她们在克力同面前谈了话，给她们作了他的指示；然后他叫女人们回家去，他自己则到我们［即弟子］这边来"。詹西比的名字连提也没有提到。她就是简单地被包括在"他家的女人"里面。

与此成为对比的是斐多描写弟子们悲痛的感人的一段。他说，他们等着的时候互相谈着"我们遭到的这件极大不幸的事，因为我们感到他就像我们的父亲一般，一旦失去了他，我们这下半辈子就成了孤儿"。[23]

对詹西比却没有表示这种感情。如果我们来读一读荷马，把这次诀别同《伊利亚特》中赫克托尔同他妻子安德罗玛克诀别作一比较，那次诀别充满了爱和人情味，至今仍旧很感动人，就像发生在昨天一样。我们可以看出，在苏格拉底身上和柏拉图身上缺少点什么。在《斐多篇》的诀别谈话中，这位哲学家和他的弟子们表现出他们是有深刻的感情的，但是这种感情只保留给他们自己。在这里，同在柏拉图其他对话录中一样，我们没有发现他们对普通男女有什么感情，甚至在那些男女，例如詹西比，表示出相当不平常的忠心的时候，也没有对他们有什么感情。

在《斐多篇》中向苏格拉底提哲学问题的两个主要人物

是底比斯人西米亚斯和塞比斯。他们带来了逃跑的经费。笼罩在他们与苏格拉底整个讨论头上的可怕的道德问题是他为自杀作的辩解。

当然，真正的哲学家在面对死亡时应该泰然处之。在这个意义上，他应该"乐于一死"。但是在我们还不到该死的时候去求死而放弃我们的使命，撇下自己的家人和弟子，而且，用像苏格拉底那样的老兵再也明白不过的话来说，在战斗中临阵脱逃，这样做对吗？

苏格拉底在这篇对话录中很早就说，"哲学是最伟大的一种音乐"。在《斐多篇》中，柏拉图和苏格拉底的确"创作了音乐"，但是没有什么意义，虽然要摆脱掉他们的催眠魅力需要一点时间。

在苏格拉底说这话之前，柏拉图还以巧妙的一笔为它作了准备。他告诉我们，苏格拉底在狱中为了打发时间，在把伊索寓言改写成抒情诗篇。

苏格拉底承认，对大多数人来说，自杀在道德上是不对的，但是他表示，这不适用于哲学家。这个奇怪的想法是十分轻描淡写地提出来的。西米亚斯说，一个名叫伊文努斯的朋友打听他的情况。苏格拉底说，"向他告别，告诉他，如果他懂事的话，尽快来跟我去"。西米亚斯竖起了耳朵，这显然是邀他来一起去死。西米亚斯说，他很了解伊文努斯，可以肯定"他只要能办到是无论如何不会接受你的劝告的"。

"为什么？"苏格拉底问，"伊文努斯不是个哲学家吗？"西米亚斯回答，"我想是的"。于是，苏格拉底说，"伊文努斯会接受我的劝告的，对哲学有一点真正兴趣的人都会如此"。这样，不仅是职业哲学家，而且是所有对哲学有真正兴趣的人都会寻求尽早结束生命！

在这荒谬的边缘，苏格拉底赶紧补充一句："不过，也许，他不会自杀，因为他们说，这是不允许的。"因此他差一点儿就停住了，没有明白地提倡自杀。说真的，在别的地方，苏格拉底承认，"对于那些宁可死的人〔即哲学家〕来说，要对自己做好事〔即自杀〕是不能不敬神而做到的，只好等待某个别的恩人"。用这标准来衡量，雅典人就是他的恩人！

稍后一些，苏格拉底似乎模糊了这一点细微区别，作了一种奇怪的承认。苏格拉底表示，"也许，这么说不是没有道理的，除非神告诉某个人有自杀的必要，像我现在这样，他是不能自杀的"。[24] 他似乎是在说，在某个时候，自杀是有理由的，这就使他有理由去死而拒绝逃跑的机会。

苏格拉底面临的不是一个"必要性",而是两个选择。他选择了死,而不想抓住求生的新机会。他的选择是自愿作出的,因此等于自杀。《斐多篇》中说得很清楚,他的弟子们对这个选择的看法是什么,虽然他们敬重师长,不敢这直率地说出来。但是他们还是恳求了他。他们这么做的时候,苏格拉底说,对一个哲学家来说,死不仅是应该沉着面对的不幸,而且是他生存的目标。苏格拉底告诉他的弟子们说,"别人不大可能意识到,真正从事哲学的人所研究的没有别的就是死而已"。

"如果这是对的",他继续说,不花什么力气来证明这个奇怪的假设,"那么一辈子除此以外别无所求的人,一旦他们一直在热切准备的事来临时,却又感到不安,这不是很荒谬的吗?"这番道理,西米亚斯实在吃不消,尽管他很尊重苏格拉底。"西米亚斯笑道,'天呀,苏格拉底,我现在并不怎么想笑,但是你却使我感到好笑。因为我认为大家如果听到你刚才说的关于哲学家的话,他们会说,你说的没错,我们国内〔即底比斯〕的人会完全同意你的意见,即哲学家想死,他们还会说,他们很明白,哲学家实在该死'。"[25]

苏格拉底答道,他们说的是实话,但不知道这话的真正意思。接着他就发展了一个常见的柏拉图学说,它起源于奥菲斯或者毕达哥拉斯的话，一种神秘的双关语，即肉体（soma）是灵魂的坟墓（sema）。死亡把灵魂从其坟墓中解放出来。因此，苏格拉底说，"在没有这些东西——不论是听觉或视觉，痛苦或欢乐——打扰它时，灵魂思索得最好，但它只要可能总愿意是孤独的，它离开了肉体，尽可能避免与肉体有任何联系或接触，并伸向现实"。

苏格拉底得意洋洋地问西米亚斯："这时，哲学家的灵魂是不是极其卑视肉体，避免它，努力独自存在？"西米亚斯回答道："显然是这样。"[26] 这话不知是出于无可奈何，还是出于责任。按此推论，哲学家必须渴望死亡，把它当做解放和实现，必须尽快地求死，把它当做通向一清二楚的视觉境界的门限，而且最终是通向真正知识的门限。

这就是《斐多篇》的主旨。这是一种高级的神秘的喜悦。但是在我们没有说一句常识的话以前不能就此罢休。它的赞美死亡可能是，也可能不是苏格拉底的学说，但它肯定无疑是柏拉图的学说，这，我们可以从他其他的对话录，特别是《共和国》中知道。他在那里把论辩术的教授限于那些能够放弃眼睛耳朵和其他感官而升华为纯存在的人。但是如果遵从这种毕达哥拉斯的标准，似乎只有在死亡之中，才有充分可能。

甚至柏拉图也没有把他自己的神秘主义真的当做一回事。否则他就会遵从他放在苏格拉底嘴巴里的劝告，跟随他的先生尽快去死，分享这些幸福的天国境界。相反，像任何有头脑的市民一样，柏拉图在苏格拉底受审后逃离了雅典，唯恐在镇压的浪潮中被逮捕，在一切风平浪静以后才回来建立他的学园，在雅典度过了四十年愉快的时光写他的对话录。

第十五章
苏格拉底本可轻易争得无罪开释

要是苏格拉底想争取到无罪开释，我认为他有个很容易的办法可以得到。尽管他的主要控告人的声望很高，三十僭主独裁统治的记忆犹新，但是我们在上文已经看到，陪审团是不大愿意给他定罪的。我认为，原因是，这件起诉案件违反雅典的法律和传统的精神。我们所收集到的一切不利于苏格拉底的材料，作为他与雅典有极其深刻的分歧的证据，也许很有力。但是作为刑事起诉，它还不够一点。

雅典起诉苏格拉底，本身就是违反自己的原则的。审判苏格拉底的自相矛盾和可耻的地方是，以言论自由著称的一个城市竟然对一个除了运用言论自由以外没有犯任何其他罪行的哲学家提出起诉。不妨提醒一下我们对美国自己在这方面的失误的记忆，要知道雅典是没有外侨和煽动暴乱法的。* 雅典没有

---

* Alien and Sedition Laws，1798年由美国国会通过，授权总统驱逐"危险"外侨，规定可以起诉通过"非法阴谋"反对政府或"有意诽谤"政府国会或总统的言论者。——译者注

像麦卡伦一瓦尔特移民法*那样的小铁幕来对怀有可疑思想的外来客挡驾。说真的,没有东西会比这更加违反雅典的精神了,我们从伯里克利的悼词中的自豪词句可以看出这一点。这篇悼词歌颂了开放的城市和开放的思想。

雅典从来没有一个"非雅典活动调查委员会"**。在起诉苏格拉底这件事上,雅典是"非雅典的",被三次政治地震给吓怕了,一次是在公元前411年,一次是在公元前404年,当时民主政体曾被推翻,公元前401年又险遭推翻。这些事件有助于解释苏格拉底为什么受审,但是它们并不足以构成理由。

审判苏格拉底是对思想的起诉。他是言论自由和思想自由的第一个殉道者。如果他把为自己辩护当做言论自由的案件来处理,援引他的城市的根本传统,我相信他可能轻易地使内心不安的陪审团转而同情他。不幸的是,苏格拉底从来没有援引言论自由的原则。他为什么没有采取这个辩护方针?一个原因也许是因为他的胜利也将会是他所蔑视的民主原则的胜利。无罪开释就会证明雅典是正确的。

---

* McCarran-Waler Act,美国国会于1952年通过的规定共产党员必须登记和外侨移民必须作忠诚宣誓的法律。——译者注

** 讽喻美国国会有一个"非美活动调查委员会"。——译者注

我们再重新来看一下起诉书，以此来开始证明我们的论点。我们对起诉书的了解是根据古代三个来源。一是在柏拉图的《自辩词》中，苏格拉底转述如下："它大致如下：它说苏格拉底是个做坏事的人，因为他腐蚀青年，不相信国家所信奉的神祇，而相信其他新的精神存在。"[1] 色诺芬在《言行回忆录》中和狄奥奇尼斯·拉尔修斯在他的《苏格拉底的生平》中，提供了几乎同样的版本。[2] 后者说，史家费福林努斯*在公元2世纪哈德林皇帝**统治期间发现原件还保存在雅典档案馆中。

起诉书中的两个罪状是同样含糊不清的。它们没有说明苏格拉底对城市有什么具体的行为，控诉的是苏格拉底的教导和信念。在起诉书中，或在审判时，都没有提到他对城市的神祇有任何公开的亵渎或不敬行为，或对城市的民主制度有任何公开的企图或阴谋。苏格拉底是为了他的言论，而不是为他的任何行为受到了起诉。

起诉方面最软弱的一点是，它在任何地方都没有控告苏

---

* Favorinus，生卒年月不详。——译者注
** Emperor Hadrian（公元76—138），罗马帝国皇帝。在任期间为公元117—138年。——译者注

格拉底违反任何保护公民的宗教或其政治制度的具体法律。这是十分令人迷惑不解的。因为在极其丰富的公元前4世纪雅典法庭辩护的文献中，即利西亚斯、德摩西尼斯和其他"律师"为一方起草的法庭陈述稿件中，都是有起诉方面所根据的法律原文的。

我们从苏格拉底受审两代后亚里士多德的《修辞学》中的某一段得知，被告方面可以援用不成文法律或"更高法律"或"衡平法原则"作为"成文法范围所不及的正义"的体现。[3] 但是除了苏格拉底的审判以外，我没有能够找到不成文法可以作为起诉根据的证据。但奇怪的是，不论苏格拉底还是他的辩护者都没有把这提出来作为驳斥起诉的论据。

在关于不敬神这一罪状上，苏格拉底和起诉状一样含糊。他从来没有谈到控告他不敬或不信——希腊文动词 nomizein 有这两个含义——城市的神祇的罪状。相反，他诱使头脑愚蠢的美莱特斯攻击他信奉无神论[4]，这个罪状他可以轻易地加以驳倒。不论在他受审之前、之时或之后，古代的雅典并没有禁止无神论的法律。说真的，我们能够找到的提出这一法律的唯一地方是在柏拉图的《法律篇》中。在这方面，柏拉图是反对偶像教对不同崇拜和在神祇问题上进行哲学探讨所表现的宽容态度的。由于偶像教到处看到各种不同的神祇，因此从它的性质来说就是宽容的，不可能实行严格的教条。它很容易地可以容纳多种神学解释。在这多种学说的一个极端是对神的简单的拟人化和字面的信仰，另一个极端是这些神被前苏格拉底哲学家改造成为自然力量或抽象概念的人格化或者隐喻。

神祇消失在空气、火、水、土中。古典的神话用它给予原始神祇的名字——原始的"开俄斯"（混沌）、"克罗诺斯"（后来即指时间）、"犹拉纳斯"（天空）和"大地母亲"来完成这形而上学的蜕变。从自然神学过渡到自然哲学是很容易的，两者之间很难划一界线。

世界上宗教的不宽容都是一神教所造成的。犹太教徒和基督教徒都否认除了他们的神以外有别的神，当时他们被攻击为 *atheos* 即"无神的"。这说明——用诺瓦利斯*说斯宾诺莎**的话——像圣保罗那样"迷神的"犹太教徒和基督教徒会被虔诚的生气的多神教徒称为"无神论"者。

在古代，*atheos* 一词就有与后来基督教时代不同的涵义。该词在荷马或赫西奥德的著作中都没有出现过。它一直到公

---

* Novalis（1772—1801），德国诗人 Friedrich von Hardenberg 的笔名。——译者注

** Spinoza, Baruch（1632—1677），荷兰哲学家。因思想独立被犹太教逐出教门。——译者注

元前5世纪才在品达尔和希腊悲剧中出现。在那里，它的意思是我们口语中用来指无法无天和不讲道德含义时的"无神""不敬"的意思。希腊文原词也可用做被神所抛弃或天雷打的意思。[5]

如果说，苏格拉底可以因为我们所说的无神论而受到起诉，那么他在四分之一世纪之前即公元前423年就可以受到起诉了。那时阿里斯托芬在《云》中把他描绘成一个急于欺骗债主而学习苏格拉底新学的无赖斯特莱普西阿德斯的哲学老师，他教导说，没有宙斯，真正的神是"混沌、呼吸和空气"。[6]因此他可以打破誓言的约束，不怕天神报应而赖账。

要是雅典人对不敬神的事很在乎，他们就不仅会把苏格拉底而且也会把阿里斯托芬送进监狱。结果他们反而给后者发奖，对那个头脑简单的乡下人斯特莱普西阿德斯质问苏格拉底感到好笑，他问苏格拉底："如果没有宙斯，哪儿来的雨？"斯特莱普西阿德斯终于明白后难为情地承认，他原来以为雨水是宙斯用筛子向人间撒的尿！这话可能使现代的规规矩矩的读者感到震惊，但这是第373行的按字面直译。显然天神错把筛子当夜壶用了。

阿里斯托芬显然把这当做一定会博得哄堂大笑的笑话，目的在使观众明白过来后感到自己优于像斯特莱普西阿德斯那样的乡下土包子。这足以证明，雅典并没有因为不信神或不敬神而感到吃惊。如果吃惊的话，不仅阿里斯托芬，就是同样和真正"不敬神的"欧里庇德斯也会遇到麻烦。

至于苏格拉底，喜剧结束的时候，斯特莱普西阿德斯带领一批暴民放火烧了苏格拉底教导学生说没有宙斯的"思想库"。苏格拉底被困在火焰中求饶："我快憋死了。"但是斯特莱普西阿德斯得意地叫道：

> 你怀着什么目的侮辱神祇，
> 在月亮的住处东窥西看？

他叫暴民们攻打苏格拉底和他的学生——

> 狠狠地揍他们，别饶了他们，
> 最主要的原因是他们亵渎神祇！[7]

如果雅典是个偏见固执者的城市，观众就会从剧场里冲出来，到苏格拉底的家去放火了。相反，观众——也许苏格拉底也在其中——却笑着出来。没有人提出对异端邪说，不敬神祇或亵渎神祇的起诉。

苏格拉底让美莱特斯叫他是个无神论者，就躲开了起诉书中提出的实际罪状。它没有控诉他不信宙斯和奥林匹亚山上的神祇，或者一般的神祇。它控告他不信"城神"。

对雅典城神不敬，这在古代希腊是个政治罪行。这是经常被忽视的重要一点。起诉书中说的"城神"是什么意思？色诺芬在《言行回忆录》中提供了一个线索。他两次提到苏格拉底在被问到怎样虔诚地对待神祇时引用了特尔菲的女祭司的话说："遵照城市的 nomos 去做；这是虔诚对待之道。"[8] nomos 意为习惯或法律，它是由传统，后来又由立法来确立的。这是希腊标准的观点。城市就是国家，国家决定要特别敬重哪些神祇。它规定宗教习惯——仪式、庙宇、牺牲、节日。宗教是公民活动，是当地生活方式和习惯的反映。

起诉书说，苏格拉底没有遵从城市的 nomos。但是它没有具体指明苏格拉底没有信奉的信念是什么。色诺芬和柏拉图都没有给我们一个清楚的答复，也许是因为这样一个答复就会使起诉方面控告的罪状有了一些实质而削弱了他们为苏格拉底进行的辩护。

在《牛津古典词典》关于火神（特别是炼炉的火）赫斐斯塔斯的条目中，为"城神"问题提供了一条线索。该辞典说，"对希腊人来说，他是工匠之神，而且他本人就是神匠"。

前苏格拉底哲学家息诺芬斯有一次说，人是按自己的形象造神的，埃塞俄比亚人用卷发，凯尔特人用红发。同样的倾向出现在不同的手艺中。铁匠按自己的形象创造了一个神作为自己的庇护神。希腊城邦中火神的崇拜分布情况视锻冶和工业发展情况而定。《牛津古典词典》还说，火神崇拜"实际上只限于最工业化的地区，在雅典特别显著"。

雅典手艺工匠大量集中，主要依靠冶炉和砖窑维持生计，这样一个城市自然把火神包括在该"城神"中。《牛津古典词典》指出，"从公元前6世纪上半叶起"，火神经常出现在雅典陶瓷绘画中，由此可见他作为雅典一个神的突出地位。就是在那个世纪里，手艺工匠和生意人开始赢得政治上的平等地位。火神的崇拜随民主的进展而发展。有一个公元前5世纪的神庙至今未毁，即所谓的提修斯庙*，实际上就是火神庙。它在一座小山上，俯瞰着大会场。⁹

雅典的守护女神，该城的最主要的神是雅典娜，她是智慧之神，是从宙斯的脑袋中直接出生的。在雅典的陶罐上，火神在帮助接生，成了男性的接生婆。

在所有的希腊人中，对于荷马的奥林匹亚山神祇都是崇拜的。但即使是大神，在不同的城市中也以不同形式和名称

---

* 提修斯庙是供奉传说中雅典国王提修斯的神庙。但在雅典城中所谓的提修斯庙实际上是火神庙。——译者注

受到崇拜。这种特别名称,就像小神一样,是特别的公民崇拜的对象,象征着每个城市的特点。例如,在雅典,雅典娜不仅当做智慧女神来崇拜,而且在那个身份中还特别当做艺术和手工艺的女神。因为智慧——希腊文是 *sophia*——原来的意思不仅是我们所了解的智慧,而且是任何一种特殊手艺或知识,不论是冶铁、织布,还是治病。

但是苏格拉底对于已经开始在议会中和城市的其他民主机构中起很大作用的手艺人和生意人却以轻蔑的口吻说起他们。我们在上文已经看到,他所仰慕的那种社会是斯巴达社会,那里的武士地主阶级不让手艺人和生意人获得公民权。在希腊的城邦中,就像在罗马的城邦中一样,不承认城神就是不忠于城市。

埃斯库罗斯的《奥瑞斯提亚三部曲》提供了又一个——而且我相信是没有受到注意的——线索,说明在雅典,"城神"指的是什么。《奥瑞斯提亚三部曲》是埃斯库罗斯最后一部也是最伟大的一部作品,也是希腊唯一的一部流传下来的三部曲,这是在公元前458年也就是他80岁死去前两年演出和得奖的。这三部曲是悲剧的巅峰,不论是古代的还是现代的。甚至最拙劣的翻译也不能完全掩盖它的辉煌而多少能传达出它的一些威力。对于还不熟悉它的读者来说,需要说一些题外话。

埃斯库罗斯的悲剧所用的传说故事最初作为一个家喻户晓的故事出现在《奥德赛》中。[10] 把荷马的故事同埃斯库罗斯的故事并列在一起来看，没有比这更能看到荷马的古代与雅典文明之间的文化差距了。它们之间的道德和政治距离也是极大的。

这个故事的梗概是，阿伽门农从特洛伊战争回到迈西尼后就被他的妻子克吕泰墨斯特拉和她的情夫埃吉斯特斯所谋杀，后者在国王长期不在的期间统治着国家。奥瑞斯忒斯是阿伽门农的一个儿子，合法的接位人，他回来为父报仇，杀死了他的母亲和她的情夫，夺回了王位。荷马讲故事时是不动声色，实事求是的。对奥瑞斯忒斯的唯一道德判断是赞许的。在《奥德赛》的第一卷中，奥瑞斯忒斯甚至被当做雅典的孝敬模范，因为他为父报仇。至于奥瑞斯忒斯弑母以报父仇一事一直到第三卷才提到，而且是附带一笔的提到。荷马说，奥瑞斯忒斯杀了篡位者埃吉斯特斯后，为他母亲和她的情夫举行了丧宴。弑母一事被认为理所当然，用"可恨的"一句话就把她打发掉了。荷马这么轻易地处理了弑母问题以后，却用了好几行的诗，详述叔父美尼劳斯为他侄子奥瑞斯忒斯带到丧宴上来的礼物所运载的船。这就是荷马的故事的大团圆结局。并没有惩罚的女神来使做儿子的为弑母而感到良心谴责。对这位诗人和他的读者来说,这不过是争夺王位的王朝斗争,在王室中是太常见了。合法的继位人处理掉了一个"不善战斗"的篡位者;这句骂人的话就足够把他打发掉了。在战斗的考验中,勇敢作战的武士取得了胜利。

但是在这里我们关心的不是道德或者美学而是政治。而《奥瑞斯提亚三部曲》的政治方面没有得到什么注意。埃斯库罗斯把一个古代神话变成了对雅典制度的颂歌。《奥瑞斯提亚三部曲》的终极英雄是雅典的民主制度。埃斯库罗斯为了它在马拉松抵御波斯人而战的日子是他一生最自豪的日子,他最希望别人记得他的成就,如果我们相信据说他为自己写的作为墓志铭的精彩挽诗的话。†

对他的本乡城市的这种热爱,充满在他的各个剧本中,而在《奥瑞斯提亚三部曲》中得到了最高表现。关于这个传说故事,古代有一种版本说奥瑞斯忒斯最后受到奥林匹亚山上诸神的审判。但是在埃斯库罗斯的版本里,痛苦的义务冲突按公元前5世纪的方式在雅典的一个陪审团—法庭中

---

† "欧福里翁之子雅典人埃斯库罗斯今已逝世,长眠于丰产玉米之乡的吉拉这块墓碑之下。马拉松著名的树丛能够告诉你他的英勇,还有吃过它苦头的浓发的波斯米提亚人。"

审判解决。公正的处理是在听了两造意见后经过自由和有秩序的辩护之后得出的。它决定留给人民的声音而不是神的声音来作出。陪审团的意见正反各半，雅典娜自己得插足进来，打破僵局。她投票赞成无罪开释，从此确立了雅典的惯例：不相上下的票数作无罪开释论处。

对于在审判中控告奥瑞斯忒斯的惩罚诸女神来说，谋杀就是谋杀；血债要由血来还。但是雅典的陪审团习惯于考虑可以减轻罪行的情况，在各种杀人案件中像我们的法律一样从过失杀人到预谋杀人按罪行的轻重作程度不同的惩罚。这就是他们所熟悉的公正，他们就是这样应用的。至少，对于现代读者来说，这次判决似乎是一次宽大的表决。奥瑞斯忒斯处于不可解决的义务冲突之中，吃的苦已够多的了。

在最后一场戏中，必须劝解义愤填膺的惩罚诸女神，使她们同意这种文明的司法制度。雅典娜成功地劝使她们接受失败。作为对她们的报酬，她答应为她们在卫城的山坡上筑一个新的神庙，给一个新的名字。惩罚女神改名为仁爱女神——优雅、微笑和仁慈的女神。剧本结束时一列公民队伍护送她们到新庙中去，用该剧古代的说明书的话来说，现在她们不再是这个城市的"愤怒的神灵而是祝福的神灵"。

剧本结束时对两个特殊的神表示了敬意。这就是《奥瑞斯提亚三部曲》的最后高潮性的政治涵义。奥林匹亚和全希腊的女神雅典娜把她对惩罚诸女神的胜利的功劳归于雅典所专有的两个"城神"。他们是名叫倍多的说理女神和作为集会场所自由辩论保护神的议会之神宙斯（Zeus Agoraios）。他们体现了雅典的民主制度。

雅典娜要求惩罚诸女神承认"倍多的尊严"。这样，骄傲和自大的惩罚诸女神原来是古老的阴间力量，甚至连奥林匹亚山上诸神的权威也不放在眼里，把夜晚看成是她们的母亲，如今也要承认和尊重一个新神"说理"作为她们改宗皈依的象征了。雅典娜说她们这么做也是议会之神宙斯的胜利。这可以帮助我们理解苏格拉底案件的起诉书中所说"城神"的意义。这两个公民的神中第一个倍多是荷马所不知道的。[11] 第二个是披了特别外衣的宙斯，而荷马的贵族读者对此是无法了解的。

在公元前 5 世纪的雅典，倍多演变成了一个公民社会的民主女神，这是由辩论和说理完成向着以民众同意和一致意见进行统治的过渡的象征。她的政治影响反映在雅典的剧院里。C. M. 鲍拉写道，"阿蒂卡诗歌的特点来自雅典民主本身。悲剧以宗教的庄严性演出于……广大有批判眼光的极其有智力的观众之前。这样的演出无论从什么意义上来说都是一件公共的大事"。[12]

雅典人把倍多拟人化为公民社会的说理女神，不仅改造了他们的宗教，也改写了他们的神话和历史，以适应公元前5世纪民主的思想据最有名的古代旅行家波萨尼亚斯*说，他们甚至声称，对说理女神的崇拜最初是神话中雅典第一个国王提修斯创立的。[13]这种敬崇祖先的宗谱当然是完全没有历史根据的。

在阿蒂卡戏剧中，最醒目地提到倍多女神的地方也许是在公元前405年阿里斯托芬的《蛙》里，那是在苏格拉底受审前六年。阿里斯托芬在那部喜剧里安排了埃斯库罗斯和欧里庇德斯在阴间的辩论。欧里庇德斯和埃斯库罗斯都从他们各自的剧本中选了一行关于说理女神的诗互相攻击。这些剧本有的现已失传。这些话所要表达的思想，一定是观众所熟悉的，否则他们就欣赏不了。

欧里庇德斯以他写的一部关于安提戈涅**的失传剧本中的一行诗开始。在这剧本里，说理同 logos 即说理的讲话有关。欧里庇德斯说，说理除了 logos 以外不需要神庙，并说她

---

* Pausanias（约公元174前后），希腊旅行家和地理学家。著有《希腊概貌》，是希腊古代地方志有价值的资料来源。——译者注
** Antigone，希腊神话中俄狄浦斯的女儿。因违克瑞翁之命葬其被害兄弟而被克瑞翁活埋。——译者注

的"祭坛是在人类的本性里"。

埃斯库罗斯从他自己的一部失传剧本《尼奥比》中引了一行诗作答,他说,对说理,只有死亡才是刀枪不入的。甚至阿里斯托芬都对说理不敢开什么玩笑,而他是对什么都敢开玩笑的,甚至把酒神都在那同一剧本里当做笑料。这一定可以说是对倍多的最大的恭维。

一代以后,公元前4世纪两位最伟大的辩论大师德摩西尼斯和伊索克拉底斯也把倍多列在"城神"中,并且提到每年向她供奉牺牲的事。[14] 在卫城[15]附近有她的一个塑像,古代的一句铭刻[16]告诉我们,这位女神在酒神庙里有个特殊的光荣地位。她的塑像是普拉克西特利斯*和斐迪亚斯**雕刻的。[17] 有意思的是,在色诺芬或柏拉图的著作里都没有提到倍多这个女神。[18] 他们不可能崇敬他们所反对的民主政体的公民社会女神。柏拉图对民主政体下所实行的说理和演讲术的轻视,由斐德勒斯在以他名字命名的一篇对话录中的一句话来总结:"我听说,要做演讲家的人不需要知道什么真正的知识,而只需知道作出判断的群众怎么认识就行了,不需要知

---

* Praxiteles(约公元前370—前330),希腊最著名雕塑家。——译者注
** Pheidias(约公元前480—前430),希腊雕塑家。据传卫城上的伟大作品均出于他之手。——译者注

道什么东西是真正善的或崇高的，只需要知道表面看来是这样的就行了。"他不无讥刺地加了一句，"说理来自表面看来是真的东西，而不是来自真理"。[19] 当然，演讲术固然能开窍但也能骗人。哲学本身也是如此。否则，为什么哲学家老是有分歧，而且有这么尖锐的分歧？但是除了自由辩论还有什么别的更好办法来甄别出真理呢？

对倍多的崇拜，以及对议会之神的崇拜，完全可以由苏格拉底在为他自己的辩护时加以有效地引用。为了一个哲学家的意见而惩罚他，这样做绝不是尊重说理女神或那个象征并支持议会中自由辩论的宙斯的。这些"城神"，如果向她们求助，也是能保护苏格拉底的。

议会之神宙斯耸立在 *Agora* *，是政府作出决策的议会中的保护神。雅典娜这样敬重议会之神的政治意义在翻译中经常给消失了。它有时被译为市集之神。我很抱歉地指出，在吉尔伯特·莫莱译的《奥瑞斯提亚三部曲》中就有一个这样的例子。他把它译为"宙斯得胜了，他的话是在市集上说的"。[20] 但是《奥瑞斯提亚三部曲》中的最后胜利与市集无关。它同作为议会地点的会场有关。《希腊辞典》把 Zeus

---

* 希腊文 *Agora*，意为公共集会之地，故即指议会，但它又有集市所在地解，故亦可指市集。——译者注

Agoraios 描述为"平民组成的议会的保护神"。这种政治涵义在法纳尔的《希腊国家的崇拜》中也得到支持，他说，Zeus Agoraios 是"主持议会和审判的神；根据埃斯库罗斯，正是他在奥瑞斯忒斯的弑母案中判奥瑞斯忒斯胜诉"。[21]

最早提到议会之神宙斯的是在希罗多德的著作中，有一个暴君被他造反的人民杀了，他逃到了议会之神宙斯的祭坛，他以为他们不会侵犯那个象征着已经被他本人侵犯的自由的神的祭坛。当然，*Agora* 可以既指议会又指市集。但是甚至在荷马的作品中，它已经是议会或审判的地方的意思。[22] 该词有市集的含义是后来的事，大概是指在议会周围发展起来的市场。同样，名字带有 *agoraios* 的神也有两个。但议会之神是叫宙斯，市集之神叫赫耳墨斯*。香特拉尼的《希腊文词源辞典》中也作了同样的区分。[23]

雅典还有一个提法叫 Zeus Boulaios，指的是 *boule* 即市政会议的保护神。根据波萨尼亚斯的说法[24]，它由两座其他塑像护卫着，一个是阿波罗的塑像，一个是民众的塑像，也许这是提醒大家最后的权力是在什么地方。今天在雅典的 Agora 博物馆的柱廊里，有一个民主为民众加冕的浮雕，民众是

---

* Hermes，掌管商业和信使的神。——译者注

个坐在宝座上的留有长须的年老男子。在浮雕之下有一块公元前336年的碑文：维护人民抵抗暴政的权利。

波萨尼亚斯的作品中还有另外两段谈到阿蒂卡的神化的民众。一处谈到"一个宙斯和一个民众"的塑像并排在一起。另一处也提到民主自己的塑像。[25] 民主是不是在某一个时候也被拟人化为雅典的公民之神？

不论弗雷泽的《金枝》* 中或者劳彻的详尽的德文《希腊罗马神话辞典》中都没有提到这样的一种崇拜。但是《德文古典百科全书》缩写本在"民主"条目下说，在公元前4世纪后半叶，民主至少在雅典是已神化的，而且它的祭司在酒神剧场中的民众的祭司旁边有它的一个席位。[26]

---

* *The Golden Bough* 是英国人类学家詹姆斯·弗雷泽（James Frazer, 1854—1941）穷25年之功写的一部文化人类学12卷巨著，以意大利狄安娜神庙树丛中的神话传说金枝为契机，比较世界各地各个历史时期的风俗习惯和文化现象，认为人类思想是一个从巫术到宗教到科学的发展过程。——译者注

第十六章
苏格拉底本应这么说

古代流传下来的还有第三个《自辩词》,只是知者不多,苏格拉底在里面倒运用了他作为雅典人的言论自由的权利。

我们从零散的资料中得知,除了柏拉图和色诺芬的《自辩词》以外,古代还有许多《苏格拉底自辩词》。在古代,撰写苏格拉底自辩词似乎成了文学的一种样式。但是除了公元4世李巴尼乌斯(Libanius)撰写的《自辩词》以外,其他都已失传。

李巴尼乌斯是他的时代著名的政治家和演讲家,他是后来被基督教称之为"背教者"的罗马皇帝儒略在一桩堂吉诃德式的失败的事业中的紧密同伙。儒略放弃了基督教信仰,想把多神教恢复为罗马帝国的国教。

李巴尼乌斯写的《自辩词》中,苏格拉底说起话来仿佛是现代的民权主义者。也许李巴尼乌斯作为老派"多神教"哲学家们的有教养的追随者,由于同那些利用新赢得的政治权力攻击信仰和思想自由的基督教徒的冲突,而对这个问题特别敏感。被迫害者已成了迫害者。

李巴尼乌斯让苏格拉底利用对三十僭主的记忆来使他的主要控告人处于不利地位。苏格拉底说，"阿奈特斯，在民主的国家里，你的行为比任何独裁者还要残暴"。

在同一段中，李巴尼乌斯让苏格拉底说，雅典有言论自由，"因此，我们无所畏惧，可以像以体育来锻炼我们的身体一样，以学习来锻炼我们的精神"——这个比喻可能会打动真正的苏格拉底，他用了不少时间在训练运动员的地方体育场讲学。

在李巴尼乌斯的《自辩词》中，言论自由被赞扬为雅典这个城市的伟大的基础。这在8世纪以后李巴尼乌斯的时代仍是如此。雅典在它的政治和军事优势消失以后很久，仍是一个我们会称为大学城的地方，是罗马帝国的牛津。李巴尼乌斯本人就在雅典学习过哲学，他的《自辩词》反映了他对雅典这个城市的鼓舞人心的过去历史有深厚感情。

李巴尼乌斯让苏格拉底说，"正是为了这个缘故，雅典是个令人心情舒畅的地方，各地的人都取道海陆路来到这里；有的留了下来，有的恋恋不舍地离开，这不是因为我们在餐桌上胜过息巴利*，也不是因为我们的土地特别丰产小麦。恰恰相反，因为我们靠进口货物供养自己"。

"谈话，纯粹的谈话，谈话的乐趣"，苏格拉底这个最夸夸其谈的人说，"才是雅典具有最大吸引力的地方。所有这一切完全对得起卫城山上的女神，对得起神所教育出来的人，对得起提修斯和我们的民主宪法。这"——在这里，苏格拉底碰到了公民的自傲和希腊城邦之间的竞争的神经中枢——"使得这个城市比斯巴达更令人愉快。由于这一点，尊重智慧的人比在作战中使人畏惧的人更加得到敬重。这是我们和非希腊各国人民的不同之处。如今剥夺我们言论自由的人，也在毁坏民主的习惯，就像在剜眼割舌一样"。[1]

苏格拉底最后指责阿奈特斯在一个言论自由为其生命的城市定下了"沉默的法律"。因此，在李巴尼乌斯的版本中，被控告者也可成为控告者。

李巴尼乌斯的《自辩词》的问题出在它把苏格拉底放在一个与他天性不合的角色中。它把他表现为一个民权派。但是在苏格拉底做了一辈子的反政治和反民主的教导以后，要期望雅典陪审团会相信这个姿态，为时已经太晚了。李巴尼

---

* Sybaris，意大利东南沿海古地名，原为希腊一城市，以饕餮闻名。——译者注

乌斯让他贬低斯巴达抬高雅典一段尤其如此。他一生热爱那个敌对的城市，是太为人所共知了。但是苏格拉底还有另外一种更加坦率的辩护方针可以采取。乍看之下，也许显得有些自相矛盾。但是，正像克里昂在修昔底德的著作中所抱怨的，雅典人是喜欢自相矛盾到入迷程度的。

"雅典的公民同胞们"，苏格拉底可以这样辩护，"这不是审判苏格拉底，而是审判思想，审判雅典。

"你们不是因为我对我们城市和它的祭坛犯下了什么不合法的或不敬神的行为而起诉我。没有任何人向我提出过这样的证据。

"你们不是因为我做了什么事起诉我，而是因为我说的话和教的思想起诉我。你们以死来向我威胁，因为你们不喜欢我的观点和我的教导。这是对思想的起诉，这在我们城市的历史上还是件新鲜的事。在这个意义上，站在被告席上的是雅典，而不是苏格拉底。你们作为我的法官，个个都是被告。

"让我坦率地同你们说：我并不信奉你们的所谓言论自由，但是你们却是信奉的。我相信普通人的意见不过是 *doxa*——没有实质的信念，现实的苍白影子，不必认真对待，它只会把城市引入歧途。

"我认为，鼓励自由发表没有根据的或不合理性的意见，或者把城市政策放在像数白菜一样的人头点数上，是荒谬的。因此我不相信民主。但是你们却相信。这是你们的考验，不是我的考验。

"我相信——而且我常常说过——制鞋的应该坚持制鞋到底。我不相信多才多艺。我去找鞋匠是要买他鞋，不是买他的思想。我相信，那个知道的人应该统治，别的人为了他们自己的好处应该听从他的吩咐，就像听从他们医生的吩咐一样。

"我并不自称知道，但是至少我知道什么时候我不知道。像我这样的人——你们可以叫我们是哲学家或者星象家——是城市之宝，不是威胁，是改进生活方式的向导。

"你们的言论自由是以假定每个人的意见都是有价值的为基础的，是以假定多数人比少数人是更好的向导为基础的。但是，如果你们压制我的言论自由，你们怎么能吹嘘自己的言论自由呢？你们怎么能够在议会辩论什么是正义时听鞋匠的意见或者皮匠的意见，而不许我发表意见呢？尽管我的一生都奉献给寻求真理而你们却只顾自己的私事。

"你们引以为傲，因为雅典被称为希腊的学校，它的大门向全希腊甚至外面的野蛮世界的哲学家开放。现在你们要处决你们自己的一个哲学家因为你们突然不能听取不受欢迎的意见？把我处决，永远蒙耻的不是我，而是你们。

"你们控告我是三十僭主极端派寡头的领袖克里底亚斯和查尔米德斯的先生。但是现在你们的行为同他们的一样。你们都知道，他们把我叫去，命我停止向不满三十岁的人教授 *techne logon*——说理和逻辑分析的艺术。你们干的也是这样的事情。你们因为我在一生之中向雅典的青年教授这个艺术而准备判我有罪。

"你们说我的思想在腐蚀青年，引导他们怀疑民主。而克里底亚斯担心我可能引导他们怀疑独裁。那么，你们与你们最近推翻的独裁者有什么不同呢？你们说我是克里底亚斯的先生。你们的行为好像是你们正成了他的学生。他们害怕我的思想。你们也害怕我的思想。但是至少他们不自称是言论自由的拥护者。

"三十僭主是专断横行的，他们为所欲为。你们自称是遵守法律的人。但是你们的行为不是一样的吗？现在，你们告诉我，你们根据雅典的什么法律要想限制教授哲学？我在这个城市的什么法规里可以找到它？它是在什么时候经过辩论和表决通过的？是谁提出这样荒谬绝伦的建议的？要是在比较心平气和的日子里，如果你们头脑清醒的话，你们自己也会这么叫它的。

"真正言论自由的考验不是你说的话或教的内容是否符合哪一种规定或统治者,不论是少数人的还是多数人的。甚至最坏的独裁者,也没有禁止不同意他*。不同意的自由才是言论自由。这是一直到现在还在实行的雅典规则,这是我们城市的骄傲,你们的演讲家一再宣扬的光荣。你们现在打算背弃它吗?

"你们说,我对城神表示了不敬。请你们留心,不要因为判我罪而自己也犯这个罪行。在禁止说理,对不肯从俗随流的思想起诉的时候,你们怎么能够敬重倍多神呢?你们判我有罪而限制了辩论,你们不是在违背宙斯阿戈拉奥斯这位辩论之神吗?

"思想并不像人那样脆弱。没有办法强迫它们饮鸩自杀。我的思想——和我的榜样——会在我死后长存。但是如果你们违背雅典的传统而判我有罪,它的名声将永远留下了污点。羞耻是你们的,不是我的。"

要是苏格拉底当初援引言论自由为所有雅典人的基本权

---

* 原文为"也没有禁止同意他"。疑为"不同意"的误植。——译者注

利——不仅仅是像他本人那样一个优越的和自封的少数人的特权——他就会打动人们内心深处的产生共鸣的心弦。苏格拉底就会表示出对雅典的一定尊敬,而不是像柏拉图的《自辩词》中实在太明显的嘲弄和蔑视。这一挑战同时也就是恭维。

第十七章
四个词

当初若作言论自由的呼吁能否成功？显然，雅典人是喜欢言论自由的。但他们是否像我们一样认为这是政府的基本原则？

人类在形成言论自由这个概念之前自由地讲话一定已有很久了。也许这个概念本身是人类在抵制要从他们那里夺走言论自由的企图时，或者在争取恢复言论自由的斗争中发展起来的。

要想找到答案——并且深入挖掘一个已经消亡的文明的思想——有一个办法是考察一下他们所用的词。凡是明确的思想或概念，都会在代表它的一个词中得到表现。如果它没有在人们的舌头上表现出来，它就不存在于他们的心里。要挖掘他们的思想，就需要研究他们的词汇。

因此在研究苏格拉底的审判时，我的调查工作进行到这个关头，就着手发掘雅典人和古代希腊人是否有个代表言论自由的词。我发现代表言论自由的词不少于四个，我相信这比古代或现代的任何其他语言中都要多。然后我顺着这四个词的轨迹和它们的用法追溯到流传下来的文献中间。我发现的结果使我相信，历史上没有别的国家的人民有比希腊人更加珍视言论自由，而对雅典人来说尤其如此。

除了斯巴达和克里特由武士地主等少数人统治被吓服的农奴以外，希腊的城邦都倾向于民主；雅典则是民主的堡垒。希腊人创造了所有其他地方的人们仍在使用的那个词——demokratia，意为由 demos 即民众来进行统治。政治的平等以自由讲话的平等权利为基础。词源学与政治学在古代希腊文的演变中是联系在一起的。随着争取民主的斗争，有两百多个包含代表"平等的"那个词 isos 的复合词加到了希腊文里。[1] 两个最重要的复合词是代表"平等"的词 isotes 和代表法律面前"平等待遇"的词 isonomia。同样重要的另外两个词是代表"言论自由权利"的 isegoria 和 isologia。

前一词 isegoria 最初出现在希罗多德的作品里。它的同义词 isologia 一直到公元前 3 世纪的保利庇乌斯*的著作中才出现，他是阿坎亚联盟**中希腊式自由的最后阶段的历史学家。这个联盟是代议制和联邦制政府的第一次成功的试

---

* Polybius（约公元前 200—前 118），希腊史家。在罗马写了 40 部地中海世界史。——译者注

** 阿坎亚联盟是公元前 5 世纪希腊北伯罗奔尼撒各城邦组成的联盟，因该地的古希腊名而得名。——译者注

验,波利庇乌斯把它能在罗马的阴影下存在一个世纪之久归功于它在联邦议会中允许言论自由(*isologia*),以此作为它的盟员城邦(不像雅典和斯巴达所组织的早期联盟中的城邦)享受充分政治平等的象征和保证。美国宪法的起草人是以阿坎亚联盟作为他们自己的联邦制度的模特儿的。

希罗多德在解释雅典人在波斯战争中的英雄表现时引用了 *isegoria*,他把他们的英勇归功于 *isegorie*(这是该词的爱奥尼亚*拼法),即在议会中发言的平等权利。希罗多德说,*isogoria* 的价值被战争中许多勇敢事例所证实,"雅典人在暴君统治下作战的表现不比他们的任何邻人好,然而他们一旦摆脱暴君,就成了最最优秀的"。雅典人在"压迫下"是胆小如鼠、松松垮垮的,很像"为主子干活"的奴隶,"但是他们一旦得到解放就很热心为自己做出成就来"。[2]

这当然不是古代希腊人打败波斯人的全部的复杂的原因。斯巴达人同样勇敢,尽管他们的政治制度不一样。作为统治者的少数人或者主宰民族,他们只有靠自己承受军国主义军营生活方式的枯燥艰苦和严格纪律才能压制他们的农奴和吓唬他们的邻人。从内部来看,斯巴达社会也有一种朴素

---

* 古希腊小亚细亚沿海各岛屿统称。——译者注

的同志式军事平等主义以及一些内部民主的特点，例如一年一度选举 ephors 即监督官——虽然没有表达自由。但是斯巴达人感到自己是自由的人，而且同波斯人比，他们确是自由的人。他们像雅典人一样高尚地为希腊而战。

要了解 isogoria 怎么成为政治平等的同义词，我们只需回忆一下我们根据《伊利亚特》第 2 卷说过的提尔塞特斯的故事就行了。那个普通士兵居然敢于在战士大会上发言，由于他的不知天高地厚而被奥德修斯打了一顿。对雅典人来说，在议会上发言的权利意味着政治平等。

如果我们把雅典议会中的议事程序同斯巴达议会作一比较，就可以清楚地看出这一点。在斯巴达议会中像后来的罗马共和国中一样，一种形式上的虚构的人民主权掩盖着狡猾的寡头统治的现实。不论在斯巴达或罗马，都没有 isegoria。有投票的权利，但没有言论自由的权利。在斯巴达，叫做 apella 的斯巴达议会每月开一次会。但是只有两个名存实亡的国王、元老参议院的成员和 ephors——民选的首席执法官*——有权在开会时发言。这个议会只能对这些官员提出的建议进行投票。没有辩论。议会像荷马所写的那样是用

---

* 作者前译"监督官"。——译者注

一阵表示赞成的呼喊 thorubos 或表示不赞成的嘘声 boa 来表示意见的。只有在偶然的情况下才实际进行投票,即使在宣战问题上也是如此,虽然理论上这是由公民在议会中决定的。[3]

在罗马,平民组成的议会也同样软弱无力。J. A. O. 拉森写道:"罗马的普通选民从来没有得到过比荷马时代的普通人更大的创制权或者向议会的讲话权……他也无权向人民发表讲话或者提出动议。"[4] 此外,罗马议会的投票制度受到了操纵,使得最有钱的人——元老参议员和富有的商人——得到必然的多数。[5]

耶路撒冷的希伯来大学校长维尔斯祖布斯基在他的《自由——罗马的政治观念》一书中说,"言论自由,从任何公民都有权发表言论的意义上来说,在罗马议会中并不存在"。[6] 拉丁文中没有代表 isegoria 的词。罗马法不需要它。

有人可能会说这不过是"古代历史"而已,但他们不妨回忆一下,英美宪法传统中首次争取言论自由的斗争是以在(英国)议会和后来在(美国)国会中争取自由发表意见的权利为中心的。最初,这是反对国王权力的斗争,因为这种权力使得在下议院中自由发言太危险了。到1576年,在美国独立宣言发表前整好200年,一个勇敢的年轻清教徒波得·

温沃思因为胆敢在下议院中自由发表意见而被系下狱。要再过了一个世纪，才由英国权利法案于1689年牢固确立发言的权利，不必再害怕引起国王的不快。

这就是我们自己的宪法中最老的言论自由条款的老祖宗。很少美国人认识到宪法中言论自由的最早保证不是第一项修正案，而是原来宪法中第1条第6节关于言论和辩论自由的条款。这一条款宣布，对于国会任何议员，均不得以他在"两院中任何一院的发言或辩论中"所说的话"在任何法院中对他提出控告或起诉"。要不是有这个条款，有势力的大企业或其他特殊利益集团——我们时代的"国王"——就可以用花费不赀的旷日持久的诽谤官司或其他法律行动来骚扰国会议员，使得辩论自由岌岌可危。国会中关于工业污染或军火制造商暴利等问题的辩论就马上会受到这种官司的威胁而受到限制。在这个意义上，*isegoria* 已作为一种权利写进了我们自己的宪法中。

在雅典议会中，不仅允许而且邀请任何公民公开发言。我们是从三个来源知道这一点的。一是苏格拉底本人，他在回忆雅典议会时曾经不无骄傲地说那是人人可以自由发言的地方，不论是"铁匠，鞋匠，商人，船长，富人，穷人，出身好的还是差的"。[7] 从两个其他来源，我们知道，在雅典，议会是由一个司仪揭幕的，他问："谁想发言？"[8] 发言权利开放，内容不受限制。凡是有话要说的人不必得到主持会议的官员的认可，这就是 *isegoria*。苏格拉底不可能举出一个比这更宝贵的雅典观念了。

可以毫不夸张地说，戏剧在公元前5世纪的雅典享受到了比历史上任何其他时期都要多的言论自由。因此，它把言论自由奉为基本原则，是并不令人奇怪的。在古代希腊，另外两个表示言论自由的词首先出现在悲剧诗人的作品里，这两个诗人一个是埃斯库罗斯，另一个是欧里庇得斯。

较早的一个词是在埃斯库罗斯的《求援的闺女》里，大概是公元前463年，那时苏格拉底才是个6岁的孩子。这个剧本给我们看到由两个词根组成的表示言论自由的复合词——*eleutheros*（自由）和 *stomos*（嘴巴）。[9]

这个以古代为背景的剧本成了民主的一堂课——也许是我们最早接触到的合法政府以被治理者的同意为基础这个思想。求援的闺女是达那乌斯的50个女儿（一个不少！），她们为了躲开追求钱财的求婚者而从埃及逃了出来，同她们的父亲一起逃到了希腊要求避难。

在《求援的闺女》中，像在希腊悲剧中经常见到的一样，有一个法律和道德义务的冲突。一个骄横的使者从埃及前来要求引渡逃犯。希腊国王承认，根据这些闺女逃出来的国家的法律，求婚者作为近亲有权娶她们，把财产保持在家族之内。显然，"原地司法权"在当时的国际法中像今天一样是个基本原则。这个原则认为，案件始发国的法律在外国法庭上有约束力。

求援的姑娘们则乞援于一条"更高的法律"——她们作为迫害对象的避难权利，这是悲剧诗人爱用的主题：雅典人以他们的城市作为被压迫者避难所的名声而自豪。但是在这个案件上同意给避难权可能挑起埃及的敌对行动。国王本人同意给予避难，但是，很像公元前5世纪一个雅典领袖，他说，他不能没与人民商量就冒战争危险。他召开了议会，国王在准备发言稿时祈求倍多神（说理之神）帮助他。[10]

国王建议批准请求，人民听从他的演讲的"有说服性的陈说"，像雅典的法庭辩论迷一样，"举手如林"记录下了他们的同意，国王向埃及使者宣布了决定，这是 eleutherostomou glosses 即 "自由发言的口才"的结果，是自由辩论的胜利。

在索福克勒斯的作品中没有出现表示言论自由的特别的词。但是它的重要性表现在《安提戈涅》中。这个剧本一般是当做悲剧来看的，是围绕着国家法律和道德义务——做妹妹的不顾暴君命令而要埋葬死去的哥哥——这更高的法律之间的冲突。但这个剧本也可以看做一个一意孤行的国王不顾人民比较人道的意见而造成悲剧后果。对他们来说，和对雅典人一样，国王的命令是没有道德上的合法性的。

这一点在底比斯国王克瑞翁和他的儿子即安提戈涅的未婚夫哈蒙的辩论中表现出来。哈蒙认为他的父亲不该下令让安提戈涅的哥哥作为叛逆分子暴尸在城墙外示众，不得下葬。克瑞翁则坚持，作为国王，他的意志必须在一切问题上得到遵从，不论事大事小，正确与否。克瑞翁声称，"没有比不服从更致命的危险了"，而且他坚持他有权为此惩罚安提戈涅。由此引起的父子对话是君主思想和民主思想之间的冲突：

克瑞翁：安提戈涅不是违法了吗？

哈蒙：底比斯的人民不同意你。

克瑞翁：难道你要城市来指挥我下什么命令？

哈蒙：现在是你说话像个孩子了。［在几行之间，克瑞翁曾问难道要由他儿子来教他智慧。］

克瑞翁：我是按照别人认为合适的方式来进行统治，还是按我自己认为合适的方式？

哈蒙：由一个人统治的城市根本不是城市。

克瑞翁：难道他统治的国家不属于他？

哈蒙：没有疑问，在无人居住的沙漠里你可以独自进行统治。[11]

民主说了最后一句话，这个剧本所颂扬的是人民的意志。对于《安提戈涅》中的这个政治教训，很少有人注意。克瑞翁学到这个教训已经太晚，来不及救他的儿子和他的王后同违抗的安提戈涅一起去死。这个悲剧是盲目顽固暴政的悲剧。这个剧本的道德寓意是，人民不仅有权说话而且有权让自己的话得到尊重：一个统治者如果不顾他们的意见就是把自己和他的城市置于危险的境地。

索福克勒斯是伯里克利的一个朋友，民主雅典的忠实的儿子。他两次当选 strategos——城市的最高行政和军事职位。他担任过帝国司库，在西西里惨败以后，他是被任命去调查这次惨败原因的十名 probouloi 即特别委员之一。不像公元前5世纪的苏格拉底和公元前4世纪的柏拉图，索福克勒斯在90长寿的一生中都是完全参与城市的事务，堪称模范公民的。

在三大悲剧诗人中，最年轻的欧里庇得斯对言论自由有最多的话要说。希腊文中表示言论自由的第四个词 *Parrhzesia*[†]是他最喜欢写的主题之一。

埃斯库罗斯和索福克勒斯写的是古代神话中的国王和神。在欧里庇得斯的作品中,普通人——而且,更有甚者,女人,普通的和不普通的——自豪地首次登场。妇女解放运动是从欧里庇得斯的剧本中开始的。

常有人说,在他的剧本里,神和女神说起话来像凡人;而他剧本中的男人和女人,却像神一样崇高,说话用哲学家的语言。

在欧里庇得斯的剧本中,平均主义的民主得到了最充分的表现。在那里,也许是第一次,而且是在斯多噶派前一个世纪,奴隶被宣布与主子平等,私生子与合法子平等。高贵的出身与内在的性格相比受到了贬低。在他的《伊莱克特拉》中,庇护被追逐的公主的是低微的农人,他才是真正高贵的,高贵在精神上而不是在家谱世系上。

欧里庇得斯是雅典的瓦尔特·惠特曼[**]。民主在这个悲剧诗人身上找到了它的喉舌。在阿里斯托芬的《蛙》中,欧

[†] 这是两个字组成的复合词。*Pas* 意为 all(大家),*resis* 意为 speaking(说话)。

[**] Walter Whitman(1819—1892),美国诗人。人称美国民主的主要诗人。——译者注

里庇得斯和埃斯库罗斯在阴间辩论。有一处，欧里庇得斯吹嘘说，他教会了普通人怎样发言。

在古代希腊文中，表示言论自由的第四个词 parrhesia 最初就出现在欧里庇得斯的剧本中。一本有权威性的德文专门辞典告诉我们，这是雅典人创造的一个词，是雅典人骄傲的象征。[12] 它有两个基本的互相有关的含义。一个是个人的：坦率或直言。另一个是政治的：言论自由。它表达了雅典人自己的理想形象，一个习惯于心里怎么想就怎么说的自由的人。

因此，在以他名字命名的剧本中，伊翁那个探寻他的诞生秘密的弃儿希望他的母亲会是个雅典人，这样 parrhesia 便成了他与生俱来的权利："从我的母亲那里希望 parrhesia 是我的。"[13] 在《腓尼基闺女》中，王后问她的叛逆的逃犯儿子波莱尼西斯，做流放者最糟糕的事情是什么。他答道，最糟糕的事情"是流放者没有 parrhesia"。王后悲哀地说，"那是奴隶的命运——不能心里想什么就说什么"。[14]

同样的精神也表现在《希波吕托斯》（Hippolytus）中。雅典的创建人提修斯国王已老，他的年轻的妻子菲德拉爱上了她的守身如玉态度冷淡的继子希波吕托斯，但为自己的这种有罪的情欲感到羞耻。她告诉她的婢女们，她宁可自尽也不愿屈服于自己的情欲，以致玷污自己子女的名声。她希望她们能"在言论自由（parrhesia）蔚然成风的光荣的雅典"长大。[15] 这同一个言论自由问题，《酒神的伴侣》则从相反的一个角度来看待。[16] 在那个剧本中，不民主社会中的牧人不敢向国王潘修斯说老实话，除非他得到了 parrhesia 的权利。他害怕国王发脾气。国王允许他讲话，国王说，"我们不能生老实人的气"。说出心里怎样想的话的人对王国的福祉是有好处的。

在欧里庇得斯的剧本中，像在民主的雅典中一样，发言的权利是与听话的义务结合在一起的。在《赫拉克勒斯的子女》中，这位死去的英雄的受到迫害的子女要求在雅典避难。迫害他们的阿尔戈斯国王派了个使者来威胁说，如果答应他们避难，就要同雅典打仗。马拉松老人合唱队唱道："在从双方清楚地了解他们的辩陈之前／谁能作判决，谁懂得双方的论点？"[17]（马拉松之战是在几个世纪后才打的，不过，雅典的观众对于这种爱国的时代错误是不在乎的。）

在听了两造之后再作判决，是雅典人在陪审团—法庭通过自己的经验学到的教训。这在戏剧中常常重复出现。因此，在欧里庇得斯的《安德罗玛克》中，奥瑞斯忒斯说，"凡是教人类要听双方论点的人确是聪明"。[18] 当奥瑞斯忒斯自己在欧里庇得斯的《奥瑞斯忒斯》中受审时，他说了大致同样的话。他说，"让辩陈面对辩陈"[19]，这样陪审团可以公平地作出决定。这就是雅典人所设想的一个自由公正社会的标准。

欧里庇得斯表示了他对那些要毁掉民主的人的憎恨。在现已失传只留下几行诗句的剧本《奥格》中，欧里庇得斯让笔下的一个角色喊出，"诅咒那些高兴地看到城市落在一个人的手中或处在少数人的奴役下的人！自由人的称号是所有头衔中最宝贵的：有这称号就拥有许多，即使当你一无所有的时候"。[20]

这种民主的观点也表现在《腓尼基闺女》中。剧中与自己兄弟争夺底比斯王位的埃提奥克利斯充满激情地呼喊，"为了要夺到'权力'[暴政]这个所有的神祇中最伟大的神，我愿意奋战到太阳和星星升起的地方，或者，如有可能，投到地底下去"。[21] 但是他的母亲约卡斯达却斥责她的权力熏心的儿子。她警告他，野心是所有的神祇中最坏的神，是不正义的女神。她赞扬 isotes［平等］是更好的理想。她说，"我的儿啊，最好是珍视平等，因为它把朋友同朋友联系起来，城市同城市联系起来，大家都是盟友，因为平等是人类的自然法则"。[22] 这是公元前5世纪的雅典最佳的声音。

但是，欧里庇得斯一定知道，这个城市在处理它的盟友和臣属城市时常常没有能够遵守它自己的基本原则。我们更愿意相信，欧里庇得斯写这几行诗是作为责备，而且当时的观众也是这样听的。

我们在搁下欧里庇得斯之前，必须谈一谈柏拉图在《共和国》第三卷中对这位诗人的不公平的攻击。[23] 柏拉图把欧里庇得斯称为所有悲剧诗人中"最聪明的"，但是他这么叫显然是带着讽刺的味道。因为他接着攻击欧里庇得斯赞美暴政。

保尔·萧莱在他所编的《共和国》的一条针对这句讽刺的话的脚注中说，"这显然是在讥刺，凡是欧里庇得斯的仰慕者都不会说的"。[24] 同样，詹姆斯·亚当在他写的关于《共和国》的长篇评语中也称此为"极其讥刺和讽嘲的句子"。[25]

柏拉图援引欧里庇得斯称暴政"像神一样的"，他说，欧里庇得斯和其他的悲剧诗人"用许多其他方式赞扬"暴政，他而且让苏格拉底下结论说，他们的剧本应该禁止在理想城市演出。柏拉图对希腊悲剧的整个主旨不可能更加不公平了。

柏拉图没有举出欧里庇得斯称暴政"像神一样"的剧本的名字，不过这样的段落有两处。一在《特洛伊的妇女》中，特洛伊的战败的王后赫古巴哀悼她的孙子被胜利的希腊人杀死，那是该城阵亡的英雄赫克托尔的幼儿。这里的确有一句"像神一样的暴政"（*isotheou tyrannoou*）的话。[26] 但是希腊词 Tyrannos 是用在两种意义上的。有时是合法的国王的同义词，有时是指一个非法夺取权力的人。赫古巴在这里哀悼的是她的幼孙还没有享受青春或者婚姻的乐趣，或者还没有享受有一天成为特洛伊王位继承者后所能得到的"像神一样的权力"便夭折了。而特洛伊的王位是合法的王位，不论赫古巴或者欧里庇得斯都没有在提倡暴政。

第二段落是在我们上文刚引到过的《腓尼基闺女》中，权力熏心的埃提奥克利斯的确叫暴政是"所有的神祇中最伟大的神。"但是，我们在上文中已经看到，他的母亲约卡斯塔斥责了他，赞美 *isoles* 即平等是更高尚的理想。柏拉图歪曲了欧里庇得斯剧本中的真正涵义。

弥尔顿的《论出版自由》是英语中为言论自由作辩护的最精彩的文章。他在写这篇力作时，从欧里庇得斯的《求援者》中选了两行诗来作为他向议会提出取消检查的呼吁的开头："当生来自由的人告诉公众可以自由发言的时候，这就是真正的自由。"[27]

显然，戏剧倒是可以为苏格拉底作一番公民自由权派的辩护的，它有着丰富的珍贵感情可以向他的法官挑战，使他们丢脸。[28]

第十八章
最后的问题

《克力同篇》中有一段落,值得公民自由权派来争议一番。在那篇对话录中,苏格拉底和法律进行了一场辩论,法律宣称"在战争中,在法庭上,在不论什么其他地方,你必须遵照国家……命令行事;或者用说服方法向它表明什么才是真正对的"。[1] 苏格拉底应该问法律,如果言论自由遭禁,他怎么能够说服法律"什么才是真正对的"?

在这场辩论中隐含的是国家与公民之间有一种契约关系的概念。法律辩称,如果公民接受合适于自己的契约条款,那么他也应该接受不利于自己的契约义务。当然,这就是苏格拉底拒绝逃走的理由。

但是在自由的社会里,城市与公民的契约除了约束公民以外也约束国家。在辩论开始的时候,柏拉图暗示了一种非常不同的不平等的关系。在那里,法律问苏格拉底:"难道你不是我们的子女,我们的奴隶?"[2] 这是个错误的比喻。国家和公民的关系不是权威主义的父母和子女的关系,也不是主子和奴隶的关系。公元前5世纪的雅典人很少会把自己说成是国家的奴隶。我们在上文已经看到，雅典民主的基本规则是，由公民轮流进行统治和被统治。而奴隶是不能和主人交换位置的。

自由城市的基本一点是有权反驳国家，在议会、法院、剧场、或谈话中批评它的行为。如果国家突然干涉这个权利，它就是破坏了它那一方面的契约。它就成了暴政。

苏格拉底完全可以这么辩称——而且我相信他的大多数法官也会同意——如果法律禁止言论自由而破坏契约，法律就免除了公民服从法律的义务。公民失去了说理的权利，就赢得了抵抗的权利。

苏格拉底完全可以这么辩称，在他受害前才四年的时候，正是根据这个基础，民众和许多稳健派，其中包括他最有名望的控告人阿奈特斯，拿起了武器反对三十僭主，把他们推翻掉。

苏格拉底应该这么辩称，法律剥夺了他的言论自由，就把公民变成了奴隶。在《克力同篇》中，而且在实际审判中，本来就应该这么提出这个论据的。

要了解为什么辩护没有采取这个方针，为什么苏格拉底没有利用他的最佳论点进行辩护，我们必须对希腊哲学家在言论自由问题上的态度作一番新的考察。

这可以分为三个时期。第一个时期是前苏格拉底时代，那时的哲学家把他们所享受的高度言论自由视为理所当然，根本没有花心思去分析它，更不用说保护它了。

这是很值得注意的，因为这些早期哲学家是最早的自由思想家。他们动摇了宗教的基础，不论是古代的还是现代的，而他们大胆的洞察力为以后的2500年的哲学奠定了基础。他们的思想自由还没有受到限制。

第二个阶段，我们可以称为苏格拉底和柏拉图阶段，哲学家们享受他们自己的言论自由，但是往往不让别人有这种自由。特别是苏格拉底似乎认为他的言论自由是理所当然的事，他之所以有言论自由是由于他的优越，虽然用他的"讽刺"加以伪装。

第三个阶段，在马其顿和后来罗马的统治下，政治自由被消灭了，古代的哲学家往往退到他们的私人天地中去，不问政治，就像伊壁鸠鲁和卢克莱修所信奉的退隐的因而是永远幸福的神一样。

在苏格拉底及其追随者的谈话中，四个言论自由的词甚至提也没有提到。好像他们觉得言论自由这词都是不合口味的。这四个词中，只有 *parrhesia* 一词在柏拉图的对话录中出现过，只有 *isegoria* 一词在色诺芬的对话录中出现过。

在色诺芬的著作中唯一谈到言论自由的地方是在他的《居鲁士的教育》中，在那里，年轻而有点自命不凡的居鲁士向他的嗜酒如命的祖父阿斯蒂亚格斯国王讲了一通要戒酒的话。居鲁士因为祖父在酒宴上与随从举止过于随便而感到嫌恶。他说："你们大家都忘了：你是国王，至于别人，你是他们的君主。"[3]

居鲁士认为那是在言论自由真正意义方面的有益的一课。他对他祖父说，"是在那个时候……我发现，而且是第一次发现，你在做的是你所吹嘘的'平等的言论自由'[*isegoria*]"。色诺芬在写苏格拉底时从来不引什么言论自由；在他的《言行回忆录》或《自辩词》中，那四个词没有一个曾经出现过。

言论自由在柏拉图的任何一个乌托邦里都是不允许的，在柏拉图的全部著作中也很少被提到，提到的时候也是受到讥嘲的。埃迪思·哈弥尔顿和亨丁顿·开尔恩斯主编的波林根公司的一卷版柏拉图著作共1600页，所附的令人钦佩的分析性索引只有四处提到言论自由。

唯一的有敬意提到的一次是在《法律篇》中，他把居鲁士治下的波斯举为理想王国的模范。由于这是唯一地方柏拉图为言论自由说了一句好话，我们就全文引在下面。

《法律篇》中柏拉图的喉舌那个雅典人说,"在居鲁士治下,波斯人在奴役和自由(eleutheria)之间保持适当的平衡,他们首先自己得到了自由,然后,又成了许多其他人的主子。因为当统治者把一份自由给他们的臣民并且把他们提高到平等的地位时,士兵就对他们的军官比较友好,而且在危急时表现忠诚"。[4]

然后柏拉图从军事方面转到平民方面。他继续说,"如果他们之中有任何贤明的人能够提供意见,由于国王并不嫉忌而且允许言论自由(parrhesia)和尊重那些能以意见出力帮助的人——这样的一个人就有机会向普通人贡献他们智慧的果实。因此",柏拉图最后说,"在那时候,他们的所有的事都有进步,那是由于他们的自由、友好和互相讲道理"。

可惜的是,这种"互相讲道理"在《法律篇》中却这么有限。角色阵容中没有民主的发言人。向雅典人提问的只限于一个斯巴达人和一个克里特人,两人都代表关闭的社会。

柏拉图写作《法律篇》时已入老年,虽然他最后承认自由言论有一定的好处,但是他不愿意把这句附带提到的话加以发展,使它有体制上的体现。《法律篇》中设计的理想是个阴沉死板的政治实体,受到严格的思想控制,由一个迫害性的夜间议事庭来实施这种管制,他们受权可以把不服从管制的人送到意识形态"改造"中心去,而对顽抗者判处死刑。

在柏拉图著作中提到言论自由的所有其他地方都是带有讥刺和蔑视意味的。这些是在《普罗泰戈拉斯篇》《共和国》和《高尔吉亚斯篇》中。

在这三篇对话录的第一篇中,我们在上文已经看到,普罗泰戈拉斯被批准给希腊神话谱上新的民主的音乐。普罗泰戈拉斯笔下的神话对普通人的说话权利赋予了神的认可,但是苏格拉底从来不敢正视这个问题。我们也都看到,这个神话从他那里得到的只是一篇势利的长篇大论,说什么粗鄙的手艺人和生意人怎么能被允许在雅典议会上讲话。[5] 雅典人最常用的表示言论自由的词 parrhesia 在《共和国》中实际使用时,柏拉图笔下的苏格拉底以同样嘲弄的口气对待它。苏格拉底在谈雅典的民主时讽刺地问:"他们〔公民〕难道不自由吗?这个城市不是自由〔eleutherias〕和言论自由〔parrhesias〕充斥,人人都可以高兴干什么就干什么吗?"[6]

苏格拉底在另一段落中以嘲笑口吻说到民主,因为政治领袖必须注意"他们的议会中各色各样的群众的意见,不论是关于绘画,还是音乐,或者尤其是政治"。[7]

有一个地方苏格拉底似乎话已到嘴边要对民主讲一句恭

维话了。他承认，民主"可能是最美丽的政体"。但是他接着把它比做"有许多颜色的衣服，饰以各种花色……拥有各种特点"，对许多喜欢"色彩鲜艳的"人"如孩子和妇女"有吸引力。[8] 原本看起来像是一句恭维的话最后成了嘲讽。苏格拉底把民主比做"市集"和"美味的款待"，但不是一种哲学家可以认真看待的政府形式。他说"人民自由的高潮……是买来的奴隶……同出钱买他们的主人一样自由的时候"。

苏格拉底说，"没有人会相信"在这样一个城市里居然"畜生有更多的自由"。狗会像它们女主人那样，"马和驴会极其自由和尊严地上路，碰到谁就撞谁，不知让开一旁。因此"，他最后说，"什么东西到处都充满自由精神"。[9] 偏见之深到了恶毒的程度。

在《高尔吉亚斯篇》中，苏格拉底在波勒斯那里遇到了麻烦，后者是个他在那篇对话录中诘问的诡辩派演讲术教师。波勒斯不希望只限于回答苏格拉底提出的别有用意的问题。他要按自己的方式表示自己的意见。他意识到著名的苏格拉底方法可以成为一个圈套，因此他不想上当。他问苏格拉底："为什么我不能自由地说我自己要说的话？"

苏格拉底用一个小笑话来回答，这是他最接近于对他的故乡城市的言论自由说的恭维的话。他说，"我的出众的朋友，如果你到了比希腊任何地方都有更多言论自由的雅典以后，却成了这里唯一不能享受它的一个人，的确是你倒霉"。但是在这里，苏格拉底避免用那有褒义的表示言论自由的四个词，而用了短语 *exousia tou legein*。《希英辞典》把这一段中的 *exousia* 译为"license"（放任、许可），这短语读起来就是"说话的放任"。在希腊文中，像在英文中一样，"license"可以是贬义的，因此这句恭维雅典的话可能是讽刺的，而不是真心的。[10]

一句毫不含糊的恭维话本来是可以使陪审团息怒的，一篇维护言论自由的辩护词本来是可以赢得无罪开释的，但是历史上的苏格拉底可能认为援用他这么经常加以嘲笑的原则有辱他的尊严。不管怎么样，如果我们相信色诺芬的《自辩词》的话，苏格拉底一心求死。这也是他的弟子们在《克力同篇》和《斐多篇》中怀疑到的。

但是仍有一个奇怪的事实没有得到解答：在许多篇谈到苏格拉底的审判的对话录中，柏拉图在任何地方都没有让他笔下的任何一个人物提出这样一个明显的论点：雅典判苏格拉底有罪是不忠实于自己的原则的。也许柏拉图太不喜欢民主了，因此他不屑辱没自己来认真对待雅典的原则。

如果我们暂且把柏拉图当做戏剧家,把苏格拉底当做他的悲剧英雄,我们就能看出,如果要他来写一场戏,其中由苏格拉底援引言论自由的原则,而雅典则以释放苏格拉底来表示尊重自己的传统,那么这样写是完全不合他的性格的。历史上的苏格拉底,就像柏拉图笔下的苏格拉底一样,会觉得求援于他并不信奉的原则是使人无法同意的。对他来说,言论自由是有教养的少数人的特权,不是愚昧无知的多数人的特权。他不会让他所反对的民主由于放他自由而赢得一场道义上的胜利。

他的殉道,加上柏拉图的才华,使他成了一个非宗教的圣徒,以宁静和宽容的态度对待无知暴民的优越者。这就是苏格拉底的胜利和柏拉图的杰作。苏格拉底需要鸡酒,就像耶稣需要十字架一样,来完成一项使命。这项使命却在民主身上永远留下了一个污点。这仍是雅典的悲剧性罪行。

尾 声
古代希腊是否有过搜巫案*？

把苏格拉底判罪是不是绝无仅有的一个案件？还是他不过是在迫害独立思想的哲学家的浪潮中最著名的一个受害者？

有两位都受到应有尊敬的杰出学者在近年提出了这样的一个看法：公元前5世纪的雅典虽然常常被称为希腊的启蒙时代，但是，至少在后半叶，也是普遍迫害自由思想家的地方。

根据多兹在他著名的著作《希腊人和无理性》中的看法，这场迫害是以在雅典通过一项十分可怕的法律开始的，这项法律之可怕使人觉得很不解，为什么还会有这么多的哲学家敢于纷纷到那里去？还有，苏格拉底靠什么奇迹能在这项法律通过后的30年内避免被捕？

多兹写道："大约在公元前432年，或者以后一两

---

* 1692年在美国马萨诸塞州东北萨勒姆镇因宗教歧视发生著名的"搜巫"案，以后凡莫须有的政治、思想迫害都以"搜巫"相称，亦可译为"迫害运动"。——译者注

年，不信超自然现象和教授天文学被定为可以起诉的罪行。在此后三十多年中发生了一系列的异端审判……受害者包括雅典大多数进步思想领袖——阿那克萨戈拉斯*、狄亚戈拉斯**、苏格拉底，几乎肯定也有普罗泰戈拉斯，以及可能还有欧里庇得斯。

多兹说，几乎没有无罪开释的例子。多兹说，"在所有这些案件中，除了最后一件，起诉方面总是成功的：阿那克萨戈拉斯可能被处罚金后流放，狄亚戈拉斯逃跑了，普罗泰戈拉斯可能也是这样，苏格拉底本来可以也这么做，或者请求判处流放，但他宁可留下来服毒自尽"。证据"足以证明伟大的希腊启蒙时代"也有"放逐学者，蒙蔽思想，甚至（如果我们相信有关普罗泰戈拉斯的传说）焚书"的特点。[1]

比较近的是，阿那尔多·莫米格里亚诺在为那部十分令人感兴趣却不甚为人所知的《思想史辞典》所撰写的两篇文章中也描绘了一幅类似的图画，那两篇文章中一篇是关于"古代言论自由"，另一篇是"古典世界的不敬神"。[2] 对苏格拉底的审判要作任何重新考察，如果不考虑从这样受到尊敬的来源得来的这些灰暗观点，都是不完全的。

---

* Anaxagoras（约公元前510—前428），希腊哲学家。——译者注
** Diagoras，生卒年月不详。希腊哲学家。——译者注

我认为，所有这些看法的证据不仅是过迟的而且是可疑的。我认为，迫害的神话，像一些其他著名的有关历史的错误观念一样，都产生于雅典的喜剧，一部失传的剧本，也许它的残片有一天会在新发现的莎草纸古抄本上出现。这一切，在过去的一个世纪里，为我们增添了许多关于古代的知识。

没有任何迫害的"证据"出现在比罗马时代的作家更早的作家中，尤其是普鲁塔克，他大约在苏格拉底之后5个世纪才写作。普鲁塔克在时间上与苏格拉底的距离就像我们与哥伦布的距离一样远，而政治观点的距离也一样大。罗马经常驱逐哲学家和其他希腊教师，这已有充分证据。因此那个时代的作家以为雅典人也同样猜忌和褊狭，是很自然的事。这也符合他们蔑视民主的口味。我们越是往后回溯到苏格拉底时代和两代以后的作家，就越是难于找到以前存在这种迫害的证据。说真的，最有力的驳斥可能从柏拉图那里得到。虽然——而且特别因为——他像任何一个罗马贵族一样愿意相信粗鄙的多数人的最坏的事。

我们且从禁止"不信超自然现象和教授天文学"的法律开始。这是多兹引为迫害浪潮的基础的一项法律，由一个名叫狄奥倍提斯的人提出。

这样截然违反雅典法律和传统的事情应该会引起广泛的和尖锐的争论。但是,唯一提到狄奥倍提斯提出一项法律的地方是普鲁塔克的《伯里克利的生平》中的一句话。

我们以前关于狄奥倍提斯的了解来自雅典的老喜剧。他是喜剧诗人最喜欢用来嘲笑的对象,他们把他写成是一个宗教狂热者和古怪的神谕散布者。阿里斯托芬的三个剧本中提到了狄奥倍提斯,但不是他的法律。[3] 保莱-维索瓦的《德文古典百科全书》也列出了其他喜剧作家的四个残片中提到他的话。但是在严肃的文献中都没有遇到他,如果他有足够的影响力,可以在雅典议会通过这样一项没有先例的法律,这在严肃的文献中一定会提到的。

的确,《伯里克利的生平》使人怀疑,普鲁塔克大概把取笑伯里克利也取笑狄奥倍提斯的另一部失传喜剧记错了。普鲁塔克的记述是世世代代的学者不能成功地解开的一团乱麻的一部分。

普鲁塔克把对伯里克利本人的起诉与对他才智过人的情妇阿斯巴西亚和他的哲学恩师阿那克萨戈拉斯的不敬神罪名联系起来。其中还包括一句令人很感兴趣的话:阿斯巴西亚为伯里克利主持了一家秘密的"幽会场所",最后还说他发动伯罗奔尼撒战争是为了要转移公众的注意力和恢复自己的权力，虽然甚至普鲁塔克自己也不得不承认，"此事真相尚不清楚"。[4]

普鲁塔克的故事只有一个细节得到了修昔底德的证实。我们知道，伯里克利曾经因为他的政策遭到雅典人的不满而被处罚过，暂时解了职。但那是发生在伯罗奔尼撒战争之后，不是之前，当时斯巴达二度进犯雅典周围的土地，围城中的苦难迫使雅典人提出媾和的要求。伯里克利付一笔罚款，但不久又得到了新的支持，重新当选领导职位。[5]

事实就是这么一些。不过，普鲁塔克所说的不敬神的起诉是极不可能的。普鲁塔克写道，"大约在这个时候，阿斯巴西亚也因为不敬神而受审，她的起诉人是喜剧诗人赫尔米普斯，他还说她给伯里克利把自由的女人弄到一个幽会处去。于是狄奥倍提斯提出一个法案，规定公众可以控告不信神的人或者教授关于苍天的学说，这样通过阿那克萨戈拉斯使人怀疑伯里克利"。

普鲁塔克说，"人民高兴地接受了这种诽谤"；伯里克利"在审判时痛哭流涕"救了阿斯巴西亚，但是"他极为阿那克萨戈拉斯担心，把他送出了城市"，并且把同斯巴达的冲突"点燃成火焰"，以此来转移大家对他和他的朋友的控告的注意。[6] 这样的情节，既有哲学又有色情味道，是喜剧诗人梦寐以求的材料。

普鲁塔克的叙述中有个泄露马脚的细节，那便是他说起诉人是"喜剧诗人赫尔米普斯"。当然一个喜剧诗人像任何其他公民一样根据雅典法律可以提出起诉。但是我们不知是否有其他案例说明喜剧诗人把自己的笑话和讽刺送到法庭去而证明自己是严肃认真的。《德文古典百科全书》关于赫尔米普斯的条目中相信了普鲁塔克的说法，指出赫尔米普斯是唯一的一个喜剧诗人"并没有把他对伯里克利的攻击限于在舞台上"。

我相信，赫尔米普斯如果忘了自己的喜剧诗人身份而把他的玩笑变成法律起诉，他在雅典一定成了一个笑料。的确，即使他有此心，但很难看到他怎么会有时间。他是个多产作家。他写了四十个剧本，我们至今只知道其中十个剧本的名字，残片则有一百页。作为控告别人不敬神的起诉人，是不合他的身份的，因为他自己的一个失传剧本"不敬地"开了雅典娜诞生的玩笑，而且据《德文古典百科全书》说，这是"喜剧化处理一个神的诞生的最早例子"，成了古代后期十分流行的一种文学样式。

伯里克利是他喜欢嘲弄的对象之一。他的一个剧本——也许是那个名叫《森林之神的国王》的剧本——攻击伯里克利"荒淫无度"。也许这说明了他为什么说阿斯巴西亚为她的欲壑难填的情夫开了一所秘密妓院!普鲁塔克描写伯里克利如何救了他的情妇免遭起诉的情况,足以证明这来自喜剧,不是历史。像伯里克利那样一个有贵族气概而又出名高傲的人为了拯救他的情妇而痛哭流涕,这种奇观肯定会使雅典的观众看了着魔。

至于普鲁塔克说,这可能说明伯里克利为什么发动伯罗奔尼撒战争,这种说法与阿里斯托芬在《阿卡尼亚人》中提出的笑话是一样的。阿里斯托芬在那里说一切都是由于两家妓院老鸨的竞争开始的。有几个雅典的纨绔子弟喝醉了酒,从斯巴达的盟友米戈拉的一家妓院偷了西玛莎,于是米戈拉人为了报复"以偷还偷,强奸了阿斯巴西亚的两个妓女"。[7]这似乎是雅典反战剧本的典型淫猥笑料。

实际上,至少早在1927年版的《剑桥古代史》中就已经指出了普鲁塔克的记述起源于赫尔米普斯的一部失传剧本,但是由于一笔带过,很少引起注意。这部著作的第5卷是关于雅典的全盛时代的,伟大的历史学家布莱撰写的一章题为"启明的时代",其中一节是关于雅典的"渎神审判"的。在这一节中,除了关于普罗泰戈拉斯的一个修正主义脚注我们下文还要提到以外,布莱也把一切渎神审判的故事信以为真。

但是在《剑桥古代史》这一卷的末尾,有个"特别有关年代的几点注解"附录。其中之一是有关"对伯里克利的朋友的攻击",附录说,"很可能,阿斯巴西亚因不敬神而受到起诉,但是说她的控告人是喜剧诗人赫尔米普斯,并且说他还加上了说她是为伯里克利拉皮条的,这话使我们怀疑,我们掌握的材料不过是相信阿斯巴西亚有自由思想再加上喜剧的下流而已。阿里斯托芬在《阿卡尼亚人》里也提出了她是拉皮条的说法"。[8] 这一注解的作者是艾德科克,他与布莱和考克都是《剑桥古代史》的编者。

艾德科克继续指出,普鲁塔克说伯里克利发动战争以转移人民对他的困难的注意,这说法"首先是战争开始后十年阿里斯托芬在《和平》中提出的","显然是一个喜欢标新立异的喜剧诗人的捏造"。艾德科克说它"被那些希望抹黑伯里克利的品格的人去头掐尾地从原文割离出来,并且信以为真"。

但是有没有这样的可能呢:狄奥倍提斯的法律也是从赫尔米普斯的一个失传的喜剧中断章取义地摘出来的,并把它当真,来抹黑民主雅典的名誉?这个问题仍没有得到解决。艾德科克最后说,"狄奥倍提斯的法律无疑是历史事实"。但艾德科克始终没有说明为什么这是"无疑"的。

最近出版的一部令人钦佩的著作是玛丽·莱夫科维兹的《喜剧诗人的生平》，她得出了另外一种不同的结论。她写道，"赫尔米普斯攻击阿斯巴西亚不敬神之说似乎只是重复一下关于她的一部喜剧的情节"。她把狄奥倍提斯的法律放在同一类别中，表示"渎神审判的想法"对后来的作家"特别有意思，因为这种审判为苏格拉底受审提供了先例"。[9]

普鲁塔克在他的《尼西亚斯的生平》中对迫害提出了另外一种不同的说法。尼西亚斯是伯罗奔尼撒战争最后几年中雅典对叙拉古进行海上远征的司令。

当时计划好对该城作突然夜袭，但是普鲁塔克说，"就在一切准备就绪，而且敌人毫无守备的时候"，发生了月食。"对于尼西亚斯和那些无知或者迷信得害怕这一现象的人来说，这是一件极可怕的事。"他下令取消原来可以成功的进攻，结果这次远征以雅典最大的战事失利告终。

普鲁塔克把这次挫败归诸于一个他爱用的主题——雅典平民的迷信性格以及他们对哲学和天文学推测的敌视。要是雅典人更有经验一些，他们是不会被月食吓跑的。

普鲁塔克说，阿那克萨戈拉斯是把月食的合理解释"写成文章的第一个人",但是他的理论"声誉不高","只在极少数人中间"流传。"谨慎是必要的,因为人们不能容忍自然哲学家和'异象'……他们把天象归结为无理性的原因,盲目的力量和必要的事件。"由于这种流传很广的偏见,普鲁塔克说,"甚至普罗泰戈拉斯也不得不流亡出去,阿那克萨戈拉斯好不容易由伯里克利从牢里救出来,苏格拉底虽与这种事情无关也丧了命"。[10]

普鲁塔克没有解释为什么普罗泰戈拉斯被流放。但是在普鲁塔克后一个世纪,在狄奥奇尼斯·拉尔修斯那里,这个故事有了富于戏剧性的细节。根据他的说法,普罗泰戈拉斯要想在雅典公开宣读的第一本书叫《论神》。普罗泰戈拉斯在序言中说,"至于神,我没有办法知道他们的存在或者不存在。因为有许多障碍使我们得不到知识,这障碍包括问题的暧昧和人的寿命的短促"。

据狄奥奇尼斯·拉尔修斯说,这使雅典大为震怒。他告诉我们,"为此序言,雅典人驱逐了他"。他们"还派一名使者从所有那些购有这本书的人那里没收此书,在市场上付诸一炬"。[11]

这个故事里有个前后不一致的漏洞,早就应该使人不信了。狄奥奇尼斯·拉尔修斯说,普罗泰戈拉斯是在欧里庇得斯家中朗读这本书的。在欧里庇得斯的剧本里，雅典人是习惯于听到公然侮辱性的渎神的话的，例如伊翁讽嘲奥林匹亚山上神祇的有罪的情欲的话[12]，或者像赫古巴在祷告中说的她怀疑宙斯是不是只是"大自然中所包含的必然性或者人的思想的虚构"[13]这样直截了当的无神论的话，因此普罗泰戈拉斯式轻微的怀疑更不在话下了。

对这些罗马时代的传说，结论性的答复还是柏拉图本人提出来的，虽然这条线索似乎被忽视了，一直到伟大的苏格兰古典学家约翰·伯纳特1914年出版的《希腊哲学：从泰利斯到柏拉图》*才引起了大家对此的注意。所有西塞罗、普鲁塔克和狄奥奇尼斯·拉尔修斯的作品中关于普罗泰戈拉斯的胡说八道在好几世纪以前早就该被柏拉图的《美诺篇》中的一句话一扫而清了。在那篇对话录中，苏格拉底在同将来要控告他的人阿奈特斯谈话，后者攻击诡辩家们——当然也指苏格拉底腐蚀青年。

苏格拉底答道，这些教师中有一个即普罗泰戈拉斯"用他的一技之长积攒了比斐迪亚斯——他的崇高的作品使他十分有名——或任何其他10个雕塑家更多的钱财"。然

---

* Thales（约公元前624—前546），希腊哲学家。人称希腊第一个哲学家。——译者注

而，苏格拉底补充说，"竟然有这样奇怪的事：修旧鞋的和补旧衣的如果修补后的衣鞋比收到时的情况还要坏，不出三十天就会被发现"，就会因此饿死，而现在已有四十多年了全希腊都没有发现普罗泰戈拉斯在腐蚀他的一班又一班的学生，送出来的学生"要比他收到的时候坏得多"！苏格拉底最后说，普罗泰戈拉斯70岁才死，"他所享有的极高声望至今不减"。[14]

伯纳特指出，《美诺篇》中这一记载同狄奥奇尼斯·拉尔修斯说法是"相当不一致的"，后者说普罗泰戈拉斯在公元前411年"因不敬神而受到起诉和判罪"，这在苏格拉底受审前才12年。伯纳特写道，"柏拉图让苏格拉底说了一些话，使人不可能相信普罗泰戈拉斯曾因不敬神而受到起诉"。因为苏格拉底在《美诺篇》中指出"特别的一点"即普罗泰戈拉斯的"好名声一直到他死后好几年该对话发生的日子仍完好无损"。[15]

伯纳特认为狄奥奇尼斯·拉尔修斯的说法是"荒谬的"，那就是雅典当局搜集和焚毁了普罗泰戈拉斯对神稍表怀疑的书籍。伯纳特引用柏拉图的《提阿提特斯篇》中的段落和公元前4世纪演讲家伊索克拉底斯的《海伦》中的段落，证明"那部作品在普罗泰戈拉斯死后很长时间仍有广泛

读者"。¹⁶

但令人奇怪的是,伯纳特没有见到柏拉图在《美诺篇》中放在苏格拉底嘴巴里的话不仅驳斥了狄奥奇尼斯·拉尔修斯的神话而且也驳斥了普鲁塔克的神话。因为如果我们再回过头来看一看《美诺篇》中这一段,我们就会见到,苏格拉底的辩护并不限于普罗泰戈拉斯,而且把它扩大到阿奈特斯斥为诡辩派的所有教师。苏格拉底的发言最后说,不仅普罗泰戈拉斯的"崇高名声至今不减,而且很多别人也是如此:有的在世年代比他早,有的至今还活着"。这与有一场迫害自由思想家的运动的说法是完全不一致的。

苏格拉底得意洋洋地问阿奈特斯:"照你说来,如今我们就得承认,他们不是有意欺骗和腐蚀青年就是自己没有意识到这一点?我们就得做出这样的结论:常常被称为人类中最聪明的人[*sophistoi*]竟然头脑发昏至此?"

阿奈特斯对这些新问题作的答复是很有启发性的。"头脑发昏!"阿奈特斯答道,"他们可不,苏格拉底,头脑发昏的恰恰是付钱给他们的年轻人,尤其是把年轻人交付给他们的家长,更尤其是让他们进来又不把他们赶出去的城市,不论这样做的是外人还是公民"。¹⁷ 这说明,雅典和希腊城市对诡辩派是太容忍了。如果雅典在几年以前刚把普罗泰戈拉斯赶出城市,在市场上烧毁了所有他的书,并且通过了"狄奥倍提斯的法律"发动了一场对哲学家的总攻击,这个答案就未免奇怪了。

但是伯纳特从《美诺篇》中得出的尖锐推论对古典学的研究产生很大影响。十三年后,在《剑桥古代史》中,布莱又重复了以前关于普罗泰戈拉斯的种种神话,不过他加了一个脚注说,"欲知不愿相信本作者却趋向于同意这个说法的理由,请参阅伯纳特的《希腊哲学》第1卷第111页以下"。

但是,如果伯纳特的意见被接受了,那么按逻辑推演的结果,"启明的时代"并不也是布莱至今仍坚持的迫害和"渎神审判"的时代。即使到今天,伯纳特关于普罗泰戈拉斯案件的观点普遍被接受了,但是许多学者仍把迫害一说的其他案件当做历史事实。学者和记者一样极不愿意放弃一个好故事,只要能够找到一个消息来源,不论这来源多么靠不住。

现在我们再来看一看其他据说是受到雅典迫害的著名哲学家。关于阿那克萨戈拉斯,以后的几个世纪里出现了许多不同的说法。

我们所能弄到的关于阿那克萨戈拉斯受审的流传下来的

最早来源是历史学家狄奥多罗斯·西克勒斯,他是在朱利乌斯·恺撒和奥古斯都皇帝时期写作的。他讲了普鲁塔克所说的同样的故事,那就是伯里克利发动伯罗奔尼撒战争是为了要转移人们对他的一些朋友受到有损名誉的指控的注意。狄奥多罗斯并说,"伯里克利的老师诡辩家阿那克萨戈拉斯在同一案件中'被诬告'不敬神"。[18]狄奥多罗斯想当然地认为喜剧可以当历史来读,因为他天真地把喜剧当做证据提出来,"甚至阿里斯托芬也提到这一点",并且从他的反战喜剧《和平》中援引了第603—606行。但是实际上,那个剧本里并没有提到阿那克萨戈拉斯,而且在《阿卡尼亚人》中关于伯罗奔尼撒战争的起源中也没有提到。狄奥多罗斯关于提到阿那克萨戈拉斯的话可能来自普鲁塔克似乎同意的赫尔米普斯那个失传的剧本。

如果发生了对阿那克萨戈拉斯不敬神的起诉,西塞罗应该提到它,因为他的写作时期早于狄奥多罗斯一些。在西塞罗的哲学著作中有好几处提到阿那克萨戈拉斯,在他的两篇关于演讲术的文章中,西塞罗把伯里克利的口才归功于阿那克萨戈拉斯的传授。[19]但西塞罗在任何地方都没有说,这种传授为他们两人招来了麻烦。

狄奥奇尼斯·拉尔修斯在公元3世纪收罗了许多关于阿

那克萨戈拉斯的传说。它们是一团自相矛盾的乱麻，不论是年代上的还是其他方面的，以致至今学者们仍理不出头绪来。

他写道，"关于阿那克萨戈拉斯的受审，有着不同的说法"。他提出了四个。第一个说阿那克萨戈拉斯被判有不敬神之罪，但又说伯里克利让他罚款和下令放逐了事。第二个说他被判定犯有与波斯勾结的叛国罪，逃了出去，幸免一死。第三个说他在狱中等待处决时，伯里克利发表了一篇动人的演讲，宣称自己是阿那克萨戈拉斯的学生，要求人民释放他的先生，于是人民把他释放了，但是阿那克萨戈拉斯"却不能忍受他所受到的侮辱而自杀了"。第四个说，伯里克利把阿那克萨戈拉斯送到法庭上，他这么"体虚力竭"，于是被宣布无罪开释，"不是因为他的案件的是非曲直"，而是因为法官可怜他！[20] 除了其中一个以外，狄奥奇尼斯·拉尔修斯所引的所有作家都是公元前3世纪的亚力山大德里亚人。其中一个萨蒂鲁斯是以不仅把阿蒂卡喜剧而且把希腊悲剧当做事实来用而出名的，他在《欧里庇得斯的生平》中就如此。

对于这些和古代其他记述，包括教会元老们急于要判定多神教徒犯有宗教褊狭罪而补充的细节，最彻底的考察见诸一部很不平常但受到忽视的著作：丹尼尔·盖申森和丹尼尔·格林伯格所著《阿那克萨戈拉斯和物理学的诞生》，这是已故的哥伦比亚大学恩纳斯特·纳吉尔请一位物理学家和一位古典学家合写的一部物理史的第一卷。

所有古代关于阿那克萨戈拉斯的生平和著作的材料，一直到公元7世纪亚里士多德派评论作者辛普利修斯*所写的，都被收在里面译了出来并作了分析。他们的结论是："审判一说……是以勉强说得通的想象为基础在历史上长期存在的一个神话……其原因是，把他说成科学的最早殉道者和苏格拉底的先驱有着耸人听闻的性质。"[21]

显然，如果此说不是后来才产生的神话，那么这个作为苏格拉底先驱者一点，就会被苏格拉底受审时在世的人或者在他死后几年中写作的人提到。但是在修昔底德、色诺芬或柏拉图的著作中都没有提到对阿那克萨戈拉斯的起诉。

如果只是一个作家保持缄默，可能有许多原因可作解释，但是所有"同时代的人"都保持缄默，就不能这么等闲视之了。最突出的是修昔底德的沉默。伯里克利是他所写的历史中的英雄，但是他没有提到有任何阴谋要通过伯里克利

---

* Simplicius，出生年月和事迹不详。——译者注

的朋友如阿斯巴西亚和阿那克萨戈拉斯等来打击伯里克利。而且作为第一位有"科学态度的"历史学家，他也没有给予那种说伯罗奔尼撒战争是如何开始的造谣和色情解释以什么可信的支持。[22]

与亲伯里克利派的修昔底德的沉默一致的是反伯里克利派色诺芬和柏拉图的沉默。色诺芬把狄奥倍提斯那种同样的关于天文学的反动观点放在苏格拉底的嘴里。他甚至引述苏格拉底的话说，"凡是搅和"天体研究的"人就有像阿那克萨戈拉斯那样完全丧失理智的危险，后者对他自己关于天意所作的解释引以为傲，到了丧失理智的程度"。[23] 但是色诺芬从来没有提到对阿那克萨戈拉斯的起诉，或者任何会取缔这种天文学推测的法律。

在柏拉图的著作里，阿那克萨戈拉斯比任何其他哲学家都要谈得多，有不少地方你会以为他要提到他受起诉的事了，若果真有其事的话。在《斐德勒斯篇》中，苏格拉底把伯里克利的"思想高尚"[24] 和口才归功于阿那克萨戈拉斯，但是并没有说这种关系日后为伯里克利造成政治困难。在《高尔吉亚斯篇》中，柏拉图让苏格拉底说伯里克利作为政治家是个坏"牧人"，因为他使自己的"羊群"比当初接手时坏了。[25] 苏格拉底声称，在伯里克利晚年雅典人因为他贪污公款"而都判他死罪"！普鲁塔克关于攻击阿斯巴西亚和阿那克萨戈拉斯的事如果真有其事的话，在这里就会成为另一个生动的例子，说明雅典的 demos（民众）是多么反复无常和愚昧无知啊。

在《斐多篇》中，苏格拉底告诉他的弟子，他在年轻时第一次在阿那克萨戈拉斯的著作中看到那推动宇宙的是精神而不是盲目的物质力量的学说感到无比的兴奋。但他没有说阿那克萨戈拉斯像他本人一样成了雅典敌视哲学讨论的受害者。

在《克力同篇》中，苏格拉底的弟子们完全可以主张苏格拉底学阿那克萨戈拉斯的榜样逃出雅典，到别的地方去办学，就像阿那克萨戈拉斯在兰普萨卡斯那样。

《自辩词》是一般认为最可能提到起诉阿那克萨戈拉斯的地方。为了加强他不信普罗泰戈拉斯受起诉一说的论点，伯纳特说，"而且，在《自辩词》中没有提到任何攻击普罗泰戈拉斯的事，虽然这样提到一下，如果真有其事的话，是几乎不可避免的。苏格拉底要找个类似自己的案件，得回溯到阿那克萨戈拉斯的审判。因此，比较保险的办法是根本否定这一说法"。[26]

但是，从苏格拉底的沉默中得出的推论也同样有力地适用于阿那克萨戈拉斯。苏格拉底在哪里都没有提到阿那克萨戈拉斯受审是"类似自己的案件"。阿那克萨戈拉斯其人确是提到了,但这是在极其不同的情况下提到的,而且是抱着一个不同的目的。他的名字是在苏格拉底和控诉他的美莱特斯交锋时出现的。苏格拉底让没有头脑的美莱特斯陷入攻击他无神论的圈套,从而转移了大家对他的起诉书中实际用词的注意。苏格拉底问美莱特斯说:"你是不是说,我不敬或不信这个城市所信奉的神祇,而敬其他的神祇"——这是起诉书中实际的控告——"或者说,我本人根本不信神祇而且把这种不信传授给别人?"没有提防的美莱特斯答:"这就是我说你根本不信神祇。"于是苏格拉底说:"你教我吃惊,美莱特斯!……你是说我甚至不信太阳或月亮是神,而别人都相信是神?"美莱特斯答:"不,宙斯在上,法官们,因为他说过,太阳是石头,月亮是泥土。"

这个答复使苏格拉底很高兴,他看到了向法庭揭露美莱特斯是个愚昧无知之徒的机会。苏格拉底问道:"你以为你在控告阿那克萨戈拉斯,我亲爱的美莱特斯?你竟这么瞧不起这些先生[指陪审员——法官],以为他们这么不好读书以致不知道那个克拉佐米尼亚人阿那克萨戈拉斯的书里尽是这些话?"

苏格拉底继续说，他被控用这种关于日月的非宗教思想导入歧途的青年可以"在乐队用一块银币"买本阿那克萨戈拉斯的书，来"取笑苏格拉底，如果他冒称这些思想是他自己的货色，特别是因为这些思想那么荒谬绝伦！"[27]这里"乐队"（orxestra）一词不仅可指剧场中合唱队跳舞唱歌的台前部分也可指市集上出售书籍和其他商品的地方。

苏格拉底这话使人的脑际中出现的雅典景象完全不同于普鲁塔克书中的景象——不是一个理性主义哲学家著作要被付诸一炬的偏见城市，而是这种书籍可以自由出售和广泛诵读的城市。苏格拉底是在含蓄地向他的法官恭维他们的眼界开阔和思想开通。

另一方面，如果阿那克萨戈拉斯和普罗泰戈拉斯及其他自由思想家确因他们的观点而受过起诉，这种恭维就是不可想象的。他就会攻击雅典的思想褊狭了。如果阿那克萨戈拉斯也遇到了悲剧的命运，他就不会用这种轻松的口气说话了。

与苏格拉底案件类似的唯一可信的案件是亚里士多德案件。公元前323年，亚历山大死后，雅典人兴高采烈地起义反对他们恨之入骨的马其顿占领军，恢复了民主。亚里士多德一辈子受宠于马其顿宫廷，为了保命赶紧逃离了雅典。古代有个传说提到亚里士多德说，他之所以逃走是因为他不希望雅典第二次犯反对哲学的错误。[28]

狄奥奇尼斯·拉尔修斯以此与苏格拉底案件作了类比。他说亚里士多德为了免遭不敬神的控告而逃。这是根据亚里士多德写的一首诗，据说此诗是把一个一度待他不错的小暴君当做神一样来表示敬意。但是这首诗中看不出这种说法有什么根据。对亚里士多德的出亡作了最彻底研究（包括阿拉伯的资料来源）的安东—赫曼·克劳斯特的结论是：这位哲学家从雅典出逃的最可信的原因是他同马其顿人的紧密联系。[29] 据克劳斯特说，雅典对亚里士多德并没有提出正式控告，他是自动离开的，带走了他的个人财物和仆人。他退到了附近的查尔西斯，也许是在等待马其顿统治恢复后再卷土重来，但是一年后他就老死在那里了。他在兰心办的学校并没有给关闭，而是由亚里士多德亲手选定的继任人提奥法拉斯特斯*继续开办。

马其顿对雅典的统治不久就恢复了。但十六年后又有第二次起义，这时，议会真的通过一项法律限制雅典各哲学学校的自由，这在雅典历史上是第一次。

---

* Theophrastus（约公元前371—前287），希腊哲学家。——译者注

这次起义结束了一个哲学家的十年统治，这个哲学家名叫德米特里乌斯*，是马其顿将军卡桑德所扶植的独裁者。在公元前307年，反叛分子同卡桑德的一个敌对的将军联手推翻了卡桑德，恢复了民主政体。德米特里乌斯同一批与他结成一伙的哲学家仓皇出逃。其中之一就是亚里士多德的继承者提奥法拉斯特斯。

民主政体恢复后制定的第一批法律中有一项法律禁止任何哲学家未得议会明确许可不得在雅典开办学校。不论柏拉图派学校或者亚里士多德派学校都因在德米特里乌斯治下享受的特权而遭到了玷污，它们被视为反民主教育和马其顿影响的根源。

这件很少为人所知的事可以在W. S. 福格森的《希腊文化的雅典》中找到。福格森说，"哲学从发轫之初起就是一种贵族的运动。从阿尔西比亚德斯和克里底亚斯的时代起就被认为是对民主原则有危险的，'雅典历史上最大的罪行'就是为了保卫民主反对……苏格拉底的教导"。[30]

新的法律完全可能结束雅典的学术自由，使哲学教学从属于政治管制。但是这项法律迅速通过后不久却在议会中招致攻

---

* Demetrius of Phalerum，生卒年月不详，与马其顿国王德米特里乌斯一世和二世同名，但他是希腊法莱伦人。——译者注

击。民主的雅典从来没有一部成文的宪法，但是有一项特别动议，叫做 *graphe paranomon*，相当于控告违宪。议会通过的任何法律如果被控违宪和违背基本法的话在一年之内可以交付重新辩论和重新表决。如果议会同意这项动议，这项法律就属无效，提案人则要交付罚款。

这项法律显然是不合民主雅典的言论自由传统的。在辩论时，它得到了一个有声望的民主派的辩护，他是德摩西尼斯的侄子，名叫德摩查尔斯，他曾领导推翻德米特里乌斯的起义。但是，议会还是投票废除了这项法律，判处了提案人罚金。学术自由得到了确认，这奠下了雅典作为受人敬重的大学城的基础，像西塞罗那样的学生都从罗马帝国全境来此深造。

三个世纪以后，我们又从一个令人意想不到的来源《新约》对雅典的学术气氛有新的一瞥，那是在它的关于圣保罗作为传教士四处旅行的记述中。保罗所到之处都受到了迫害，但是当他在雅典传教时却发现这是个开放的城市，对于新的思想仍十分风靡。虽然这个城市"满城都是偶像"，但他在市集上敢于同"碰巧在那里的人"辩论，他所遇到的是学术上的好奇心，而不是不敬神的控告。有些"伊壁鸠鲁派和斯多噶派哲学家"同他见了面，把他带到埃里奥佩格斯山*去，那是雅典古代贵族高等法院所在地，不是审判他，而是进行哲学讨论。

他们说，"你有些奇怪的事，传到我们耳中，我们愿意知道这些事是什么意思"。《使徒行传》的作者显然很奇怪，他解释道，"雅典人和住在那里的外国人都把时间只花在说些新鲜事儿和听些新鲜事儿上了"。

于是保罗在埃里奥佩格斯山上讲道，反应好坏都有，但并没有敌意。"现在我们听到死者复活的时候"，这是他耸人听闻的学说，"有人嘲笑，但也有人说，'我们以后再听你说这个'"。他们愿意暂时不下判断，慢慢考虑一下。保罗收了几个皈依者，有一个甚至是法院的人，叫做埃里奥佩吉人狄奥尼修斯。出身低微的基督教徒们很高兴有个这么贵族化的皈依者。保罗没有受到骚扰就离开了雅典。[31]

这是一部材料单薄的历史书为我们提供的公元529年以前雅典享有的哲学自由的最后一瞥。公元529年，查士丁尼安皇帝在基督教褊狭和帝国贪婪的压力下永远关闭了柏拉图学园和雅典其他哲学学院。它们的丰富捐赠是十分诱人的。

---

* 《圣经·新约》《使徒行传》中译为"亚略巴古"。——译者注

因此，从公元前6世纪到公元后6世纪，哲学在雅典享受到了自由。这总共有1200年，相当于从文艺复兴到我们时代的自由思想时期的两倍左右长。

这些学校最后怎么被封闭的这个悲哀的小故事是吉朋在他的《罗马帝国衰亡史》第40章中说的，他说得头头是道，十分流畅，但是也带着一种没有意识到的从18世纪来的对民主的敬意。他写道"哲学和口才的研究在一个以民为主的国家是鱼水交融的，因为这样一个国家鼓励探索自由，只服从于说服的力量"。[32]伯里克利不可能希望为他的城市和它保持到黑暗时代边缘的自由传统找到一句更好的碑刻了。

1992年4月15日译毕

注 释

Prelude

1. See *The Works of Plato* (London: Bohn, 1908), 6:236, which includes the biography by Olympiodorus.
2. It would be easy to drown in the existing Socratic literature. Some idea of its dimensions may be obtained from a double-volumed dissertation for the Sorbonne in 1952, which offered the most complete bibliographical survey up to that time: V. de Megalhaes-Vilhena, *Le Problème de Socrate* (The Socratic Problem) and *Socrate et la légende platonicienne* (Socrates and the Platonic Legend) (Paris: Presses Universitaires de France, 1952), which add up to more than eight hundred pages, much of them in close-packed, small-type footnotes. It would take another volume to cover the Socratic literature that has appeared since then.
3. These have been collected in translation by the British classical scholar John Ferguson, for Britain's Open University, in *Socrates: A Source Book* (London: Macmillan, 1970). I came across it many years ago while browsing at Foyle's in London. It has not been published in the United States. Even these mostly meager scraps fill 355 double-column pages. Ferguson's collection also makes available for the first time in English a little-known third surviving *Apology of Socrates* by the fourth-century-A.D. Greek orator Libanius.

Chapter 1: Their Basic Differences

1. Aristotle, *Politics*, 1.1.10.
2. Ibid., 2.1.9–10.
3. Ibid., 2.1.2.
4. Xenophon, 7 vols. (Loeb Classical Library, 1918–1925), *Memorabilia*, 3.8.10–11 (4:229).
5. Ibid.
6. Plato, *Republic*, 7.537D7ff.
7. Aristotle, *Politics* (Loeb Classical Library, 1932), 1.2.1 (3).
8. Ibid., 3.9.9.
9. Kurt von Fritz in the *Oxford Classical Dictionary*, edited by H. G. L. Hammond and H. H. Scullard, 2nd ed. (Oxford: Clarendon Press, 1970), on Antisthenes.

10. Athenaeus, 5.221d.
11. Diogenes Laertius, *Lives of Eminent Philosophers*, 2 vols. (Loeb Classical Library, 1925), 6.8 (2:9).
12. Plato, *Phaedrus*, 260C.
13. *Politics*, 3.7.2 (Loeb, 241–243 and note, 240).
14. Plato, 8 vols. (Loeb Classical Library, 1925–1931), *Gorgias* 516C, 517A (5:497–499).
15. Ibid., 521D (Loeb 5:515).
16. *Memorabilia*, 4.6.12 (Loeb 4:343–345).
17. Ibid., 3.9.11–13 (Loeb 4:229–231).
18. Ibid., 3.2.1.
19. *Politics*, 5.9.1.

Chapter 2: Socrates and Homer

1. Homer, *Iliad*, 15.558, 22.429.
2. Ibid., 1.263. Richard J. Cunliffe, *Lexicon of the Homeric Dialect* (London: Blackie & Sons, 1924).
3. Homer, *Odyssey*, 9.317.
4. Homer, *Odyssey*, 2 vols. (Loeb Classical Library, 1919), 9.40ff (1:305).
5. Ibid., 9.176.
6. Ibid., 9.252ff (Loeb 1:321).
7. *Politics*, 1.1.12 (Loeb 13).
8. *Odyssey*, 3.71–74.
9. Homer, *Odyssey*, edited by William B. Stanford, 2 vols., 2nd ed. (London: Macmillian, 1959), 1:357.

Chapter 3: The Clue in the Thersites Story

1. Plato, *Statesman*, 229B.
2. *Memorabilia*, 1.2.9–12 (Loeb 4:15–17).
3. Ibid., 1.2.56 (Loeb 4:39).
4. Translation by Dorothy Vnder, *Elegies* 847–850, in *Hesiod and Theognis* (London: Penguin Press, 1 6), 126.
5. Hesiod, *Works and Days*, 1. 9.
6. Hesiod, *Works and Days* (Lo Classical Library, 1956), 1.248–264 (21–23).
7. *Memorabilia*, 1.2.58 (Loeb 4:41).
8. *Iliad*, 2.203–206.
9. *Memorabilia*, 1.2.59 (Loeb 4:41).
10. *Iliad*, 2.216–219.
11. See the article on Thersites in *Der Kleine Pauly* (Munich, 1979). This five-volume abridged and modernized version of the huge ninety-volume *German Encyclopedia of Classical Antiquity* is familiarly known as the "Pauly-Wissowa" from the names of its chief editors.
12. Lucian, 8 vols. (Loeb Classical Library, 1960), *True Histories* 2 (1:325).
13. It is amazing how the prejudice stirred up against Thersites by Homer lives on to this day in classical scholarship. Typical is the snobbish treatment

given him in the *Oxford Classical Dictionary*, where he is described as "an ugly, foul-tongued fellow, who rails at Agamemnon until beaten into silence by Odysseus." The *OCD* adds, "Evidently, from his description, he is of low birth." The German equivalent of the *OCD* is even harsher. In *Der Kleine Pauly*, Thersites is described as a *Meuterer, Laesterer und Prahlhans* — mutineer, slanderer, and braggart. His attack on Agamemnon is termed a *Hetzrede* — the inflammatory speech of an unscrupulous agitator. Neither the German nor the British reference work in their articles on Thersites mentions this as the first time a commoner tried to exercise free speech in the assemblies of Homer. But in the *OCD*'s article on Democracy, the venerable Victor Ehrenberg traces "the germ of Greek democracy" back to the second book of the *Iliad*. "Beginning with Thersites," Ehrenberg wrote, "there were always movements against the rule of the noble and the rich, as the lower ranks of free people tried to win full citizenship."

14. Homer, *Iliad*, 2 vols. (Loeb Classical Library, 1925), 1.224–227 (1:19–21).
15. Ibid., 1.165–168.
16. Ibid., 14.80ff (Loeb 2:73).
17. *Gorgias*, 525E.
18. *Republic* 10.620C.
19. Plato, edited by Edith Hamilton and Huntington Cairns (Princeton: Princeton University Press, 1971), *Apology*, 41B (25).
20. Ibid., *Symposium* 174C (52).
21. Ibid., *Cratylus* 395A (433).
22. *Republic*, 3.389Cff.
23. Ibid., 3.390A (quoting the *Iliad*, 1.225).
24. Ibid., 2.383A.
25. *Republic*, edited by James Adam (Cambridge: Cambridge University Press, 1963), 7:522D.
26. Aeschylus, *Oresteia*, 1429–1443.

Chapter 4: The Nature of Virtue and of Knowledge

1. *Politics*, 1.1.8–11.
2. *Iliad*, 9.440ff.
3. *Memorabilia*, 1.6.1–15.
4. Kathleen Freeman, *Ancilla to the Pre-Socratic Philosophers* (Cambridge: Harvard University Press, 1970), 148, Fragment 14 Ox. Pap. translated.
5. Ibid., 147.
6. Kathleen Freeman, *The Pre-Socratic Philosophers: A Companion to Diels' Fragmente der Vorsokratiker*, 2nd ed. (Oxford: Clarendon Press, 1966), 401.
7. Aristotle, *The "Art" of Rhetoric* (Loeb Classical Library, 1926), 1.13.2 (141).
8. Plato, *Protagoras*, 319B–C (Loeb 4:125).
9. Ibid., 319D (Loeb 4:127).
10. Ibid., 322B–C (Loeb 4:133–135).
11. Ibid., 328D (Loeb 4:151).

12. Ibid., 361C (Loeb 4:257).
13. Ibid., 329A (Loeb 153).
14. Herodotus, 4 vols. (Loeb Classical Library, 1922–1931), 5.78 (3:87).
15. Aeschylus, *Plays*, 2 vols. (Loeb Classical Library, 1922–1926), 1:109.
16. Ibid., 1.241ff.

Chapter 5: Courage as Virtue

1. Aristotle, *Nichomachean Ethics*, 3.8.6–9 (Loeb Classical Library, 165).
2. Ibid., 3.8.1–5 (Loeb 163–165).
3. Here I am quoting Anna S. Benjamin's vivid and colloquial modern translation of Xenophon's *Memorabilia* (Indianapolis: Bobbs-Merrill, 1972), 4.4.9 (122).
4. For those who would like a guided tour through the intricate discussion in the *Hippias Major*, we can recommend a comprehensive commentary and excellent new translation by a scholar at the University of Texas, Paul Woodruff, *Hippias Major* (Indianapolis and Cambridge: Hackett Publishing Co., 1982).
5. Plato, *Greater Hippias* (Loeb 6:334).
6. Ibid., *Lesser Hippias* (Loeb 6:426).
7. Ibid., 376C (Loeb 6:475).
8. Plato, *Meno*, 99Eff (Loeb 4:369).
9. Ibid., 80A–B (Loeb 4:297–299).
10. Ibid. (Loeb 263).
11. Ibid., 80B.
12. Cicero, *Academia*, 1.4.16 (Loeb 19:425).
13. Cicero, *de Natura Deorum*, 1.5.11 (Loeb 19:15). It is curious that this quotation does not appear in the otherwise awesomely conprehensive *Socrates: A Source Book* compiled by John Ferguson (London: Open University Press, 1970).
14. St. Augustine, *Confessions*, 2 vols. (Loeb Classical Library, 1912), 7.20 (1:393).
15. St. Augustine, *Against the Academics*, 2.6.14 (Ferguson, *Source Book*, 312).
16. St. Augustine, *City of God*, 7 vols. (Loeb Classical Library, 1965) 8.2 (3:15).
17. Ibid. (Loeb 3:13).
18. *Memorabilia*, 1.2.12.
19. Ibid., 1.2.13–14 (Loeb 4:19, slightly revised).
20. Ibid., 1.2.15–16 (Loeb 4:19).
21. Ibid., 1.2.9 (Loeb 4:17).

Chapter 6: A Wild Goose Chase: The Socratic Search for Absolute Definitions

1. Aristotle, *Metaphysics*, 2 vols. (Loeb Classical Library, 1933), 1.6.2 (1:43, italics added).
2. Ibid., 1.6.3 (Loeb 1:43).
3. Plato, *Theaetetus*, 147B (Loeb 2:23).

4. Plato, *Phaedrus*, 260B (Loeb 1:515).
5. Diogenes Laertius, 6.18 (Loeb, 2:9).
6. *Phaedrus*, 260B-D (Loeb 1:515-517).
7. Thomas Hobbes, *Leviathan* (London: Penguin Press, 1968), 113.
8. *Metaphysics*, 8.9.22 (Loeb 2:249).
9. Plato, *Statesman*, 294A-C (Loeb 3:133-135).
10. Xenophon, *Apology*, 14-16 (4:497).
11. Plato, *Apology*, 21A (Loeb 1:81).
12. Xenophon, *Apology*, 16-17 (Loeb 4:651).
13. Plato, *Apology*, 21B (Loeb 1:81).
14. If I be too unkind in this judgment, I call Liddell-Scott-Jones, *A Greek-English Lexicon* (Oxford: Clarendon Press, 1940), as a witness. It defines *eironeia* as "ignorance purposely affected to provoke or confound an antagonist, a mode of argument used by Socrates against the Sophists . . . generally, mock modesty." Another equally authoritative witness is the Roman Quintilian, antiquity's most prestigious writer on rhetoric. He wrote that Socrates was called "ironical" because he "played the part of an ignoramus who revered others as sages" — and thereby made them look all the more foolish (*Education of the Orator*, 9.2.46). This quote is from Ferguson's *Source Book*.
15. Plato, *Apology*, 20C (Loeb 1:79).
16. Ibid., 23C (Loeb 1:89).
17. *Gorgias*, 515E (Loeb 5:495).
18. *Meno*, 94E (Loeb 4:351).

Chapter 7: Socrates and Rhetoric

1. Cicero, *Brutus*, 12.46 (Loeb 5:49).
2. Plato, *Apology* (Loeb 1:408).
3. *Gorgias*, 463A-B (Loeb 5:313).
4. Ibid., 502D-E (Loeb 5:451-453).
5. *Rhetoric*, 1.1.1 (Loeb 3).
6. Ibid., 1.1.11-13 (Loeb 11-13).
7. Cites the *Prior Analytic*, 70a10, and *Rhetoric*, 1355a6.
8. Here I am using Lane Cooper's translation (Norwalk, Conn.: Appleton-Century, 1950) (p. 12), which is clearer than the Loeb version in dealing with Aristotle's often tortuous Greek.
9. *Rhetoric*, 1.8.13 (Loeb 145-147).
10. Liddell-Scott-Jones, *Greek-English Lexicon* (hereafter LSJ).
11. *Nicomachean Ethics*, 5.10.6. (Loeb 317).
12. Quoted here from Ernest Barker's commentary and translation of *The Politics of Aristotle* (Oxford: Clarendon Press, 1946), 146n4. The Greek original of the oath was preserved in *Pollux* (8.122) — an encyclopedic and eccentric Greek rhetorical work under the Roman empire — as cited in W. L. Newman's indispensable four-volume commentary on Aristotle's *Politics: The Politics of Aristotle* (Oxford: Clarendon Press, 1887), 1:273n1.

13. *Statesman*, 294A–Bff (Loeb 3:133–135).

Chapter 8: The Good Life: The Third Socratic Divergence

1. *Politics*, 1.1.9–10. The Greek word used by Aristotle is *adzux* and has usually been translated in this passage as "isolated," which the *LSJ* recommends and the Loeb adopts. But I venture to suggest that this gives too narrow an interpretation to the metaphor. A piece isolated on the checkerboard is indeed defenseless, like a man without a city, but it may be "rescued" and brought back into a protected formation. The isolated piece is still part of the game. But a solitary checker piece is in no game at all. That is what Aristotle meant by a "cityless" (*apolis*) man, since he defines him as one who is without a city "by nature and not by *tyche*," fate or chance. The word *adzux* Aristotle then uses to describe him meant literally "unyoked" as applied to horses or oxen. It came also to denote unpaired, unmarried, isolated, or single, and hence seems best rendered in this context as "solitary."
2. Plato, *Apology*, 29E (Loeb 1:109).
3. *Politics*, 1.2.15–16 (Barker, 7).
4. Aristotle, *Athenian Constitution* (Loeb Classical Library, 1961 reprint), 8.5 (31).
5. Plutarch, *Parallel Lives*, 11 vols. (Loeb Classical Library, 1959–1962, reprint), *Life of Solon*, 20.1 (1:457).
6. Thucydides, 4 vols. (Loeb Classical Library, 1920–1928), 2.40.2 (1:329).
7. Plato, *Apology*, 30E (Loeb 111–113).
8. Ibid., 32A (Loeb 116).
9. Ibid., 31C–D (Loeb 115).
10. Plutarch, *Life of Alcibiades*, 17.4–5 (Loeb 4:43), and *Minor Attic Orators*, 2 vols. (Loeb Classical Library, 1941–1957): Andocides, *Against Alcibiades*, 22 (1:561).
11. Thucydides, 3.37.
12. Ibid., 3.33.5ff (Loeb 2:63).
13. Ibid., 3.48 (Loeb 2:85).
14. Ibid., 3.49 (Loeb 2:87).
15. Plato, *Apology*, 32E (Loeb 1:119).
16. Plutarch, *Life of Nicias* (Loeb 3:257).
17. Plutarch, *Nicias and Alcibiades*, translated by Bernadotte Perrin (New York, 1912), 221.
18. Diodorus Siculus, 14.5, quoted from Ferguson's *Source Book*, 187.
19. Aristophanes, *Birds*, 1.1282.
20. See Douglas M. MacDowell's *The Law in Classical Athens* (London: Thames and Hudson, 1978), 180–181, 188–189. The fullest and most judicious account of this painful affair is still that of George Grote in his *History of Greece* (London: J. Murray, 1888), 6:392ff.
21. Plato, *Apology*, 32B (Loeb 1:117). Substantially the same account is given in Xenophon's *Hellenica* (1.7.1–35) and briefly in Aristotle's *Athenian Constitution* (100.34), but there, curiously, without mention of Socrates.

22. Ibid., 32C–D (Loeb 117).
23. Juvenal, *Tenth Satire*, 1.356.
24. Plato, *Apology*, 30B (Loeb 1:109). The Loeb translates this passage as "the perfection of your persons," but "persons" fuzzes the antithesis with souls. The Greek word the Loeb translates as "persons" is *somaton*, the genitive plural of the word *soma*, or body. For the ancient Greeks generally perfection of the person involved both body and soul.
25. John Burnet, *Euthyphro, Apology of Socrates and Crito* (Oxford: Clarendon Press, 1924), 123.
26. Aristotle, *de Anima*, 413a3 (Loeb 73).

Chapter 9: The Prejudices of Socrates

1. *Memorabilia*, 3.7.2–7 (Loeb 4:215–217).
2. Of course the worst example of snobbery in the Platonic canon is Plato's supercilious description of rival upstart philosophers in the *Republic* — "that multitude of pretenders unfit by nature, whose souls are bowed and mutilated by their vulgar occupations even as their bodies are marred by their arts and crafts," whose picture is "precisely that of a little bald-headed tinker who has made money and has just been freed from bonds [i.e., the bonds of servitude, having just purchased his freedom] and has a bath and is wearing a new garment and has got himself up like a bridegroom and is about to marry his master's daughter who has fallen into poverty." (*Republic*, 4:295E [Loeb 2:47–49]). But Plato put this into the mouth of Socrates many years after the latter's death. There is no evidence that the historical Socrates ever spoke so unkindly and pretentiously. Otherwise Socrates could not have kept the lifelong affection of his oldest disciple, the "low-born" Antisthenes; his mother was a Thracian, hence he was twitted for not being of pure Attic blood (Diogenes Laertius, 6.1). Several scholars believe this was Plato's slur against his fourth-century rival — and Socrates' old friend — Isocrates. See the comment on this passage in Adam's edition of Plato's *Republic* as revised by D. A. Rees (Cambridge: Cambridge University Press, 1963), 2.29. The "little tinker" passage in the *Republic* was a curious way for Plato to demonstrate his own superiority as a philosopher and a gentleman.

It is easy to understand why Antisthenes hated Plato, and — according to Diogenes Laertius (3.35 [Loeb 1:309]) — wrote a dialogue attacking him under the name of Sathon, an obscene pun on the name Platon.

The Liddell-Scott-Jones Greek lexicon blushingly takes refuge in Latin in helping us to understand the pun. It does not mention Antisthenes' satire on Plato but says that *sathe* (from which Sathon presumably originated) was the Greek word for *membrum virile*. Such was the less-celestial underside of ancient philosophical controversy.

3. Xenophon, *Oeconomicus*, 2.3 (Loeb 4:375).
4. Plutarch, *Life of Aristides*, 1.9 (Loeb 2:215).
5. Libanius, *Apology of Socrates*, cited in a footnote by Eduard Zeller in *Socrates and the Socratic Schools* (1885; New York: Russell & Russell, 1962, reprint), 3.7 (56n).
6. Demosthenes, 7 vols. (Loeb Classical Library, 1984), *Against Eubylides* 1.30 (6:253).

7. Xenophon, *Apology*, 29 (Loeb 4:659–661).
8. *Meno*, 95A (Loeb 4:351).
9. *Theaetetus*, 173C–E (Loeb 2:119–221).
10. The most complete account of this minority view of Athens is François Ollier's *Le Mirage Spartiate* (Paris, 1933; New York: Arno Press, 1973, reprint).
11. Aristophanes, 3 vols. (Loeb Classical Library, 1931–1938), *Birds*, 1.1281–1282 (2:251).
12. Plutarch, *Life of Alcibiades*, 23.3ff (Loeb 6:63).
13. *Gorgias*, 515E (Loeb 5:495).
14. *Gorgias*, translated by Eric R. Dodds (Oxford: Clarendon Press, 1959), 357.
15. Plato, *Crito*, 45A (Loeb 1:157).
16. See, for example, the brilliant effort to resolve them made by the great American classicist Gregory Vlastos in "Socrates on Political Obedience and Disobedience," *Yale Review* 63 (Summer 1974), 4:517–534.
17. *Crito*, 52E (Loeb 1:185).
18. Burnet, *Euthyphro*, 207.
19. *Memorabilia*, 3.5.13–15, 4.4.15 (Loeb 4:197, 317).
20. *Republic*, 8.544C (Loeb 2:239).
21. *Crito*, 45Bff (Loeb 1:159).
22. *OCD*, on Thyrtaeus.
23. *Protagoras*, 342Aff (Loeb 4:195).
24. In this passage we are using W. K. C. Guthrie's version of *Gorgias* (London: Penguin Press, 1960), 77.
25. Alfred E. Taylor, *Plato: The Man and His Work* (New York: Dial Press, 1936), 255.
26. *Birds*, 1.1013.
27. Thucydides, 2.39 (Loeb 1:325).
28. Xenophon, *Scripta Minora*, 14.4 (Loeb 7:185).
29. See C. D. Hamilton, *Sparta's Bitter Victories* (Ithaca: Cornell University Press, 1979).
30. *Protagoras*, 342D (Loeb 4:195–197).
31. Plato, *Laws*, 2 vols. (Loeb Classical Library, 1934), 950 (2:505).
32. The best discussion of this is still in George Grote's monumental *Plato and the Other Companions of Socrates*, 3 vols., 2nd ed. (London: J. Murray, 1867), 3:578ff. In James Adam's indispensable two-volume commentary on the *Republic*, the index lists no less than fourteen different references under "Spartan features of Plato's city." Plato had some reservations about Sparta and Crete, especially their educational focus on the martial virtues only. But in the main he admired them, especially because they were closed societies.

Chapter 10: Why Did They Wait Until He Was Seventy?

1. On espionage in Sparta see Thucydides, 4.80; Xenophon, *Lacedaemonian Constitution*, 4.4; and Plutarch's *Life of Lycurgus*, 28.

2. *Politics*, 5.9.3 (Loeb 461).
3. These fragments are conveniently collected in Ferguson's *Source Book*, 172–173.
4. Plutarch, *Moralia*, 16 vols. (Loeb Classical Library, 1956, reprint), *On Education* 10C (1:49).
5. Plato, *Apology*, 18B–D (Loeb 1:71–73).
6. Ferguson, *Source Book*, 173.
7. Plato, *Apology*, 18B–19C (Loeb 1:73–75).
8. *Republic*, 379A.
9. Freeman, *Ancilla*, 22, Frag. 116, 117, and 12.

Chapter 11: The Three Earthquakes

1. Aristophanes, *Clouds*, 1397–1400.
2. His only recorded word of disapproval is a brief and passing reference to the dictatorship of the Thirty in his *Seventh Letter* (Loeb Classical Library, 1966), 324D (479). There Plato writes that the Thirty "within a short time caused me to look back on the former government" — meaning the democracy — "as a golden age." But scholars are still undecided whether the *Seventh Letter* is genuine.
3. Plato, *Apology*, 36B (Loeb 29); B. Jowett, *The Dialogues of Plato*, 5 vols. (Oxford: Clarendon Press, 1892).
4. Burnet, op. cit., 153.
5. Aristophanes, *Knights*, 1.479–480 (Loeb 1:169).
6. *Republic*, 365D (Loeb 1:137). To the argument that "neither secrecy nor force can avail" against the gods and their punishment for deceit, Adeimantus has a cynical response. "Well," Adeimantus continues, "if there are no gods, or they do not concern themselves with the doings of men, neither need we concern ourselves with eluding their observation." But what if they do exist? Adeimantus says the poets, who are the source of knowledge about the gods, say their forgiveness can be assured by "sacrifices and soothing vows." So, he concludes, "the thing to do is to commit injustice and offer sacrifice from the fruits of our wrong-doing." Socrates combats that view. His thesis is that "justice is better than injustice" (368B [Loeb 1:147]).
7. *Laws*, 856B (Loeb 1:209).
8. A. W. Gomme, A. Andrewes, and K. J. Dover, *A Historical Commentary on Thucydides* (Oxford: Clarendon Press, 1981), 5:129.
9. Thucydides, 6.60 (Loeb 3:287).
10. Ibid., 8.65–66 (Loeb 4:301–305, slightly amended).
11. *Athenian Constitution*, 34.3 (Loeb 101).
12. Ibid., 35.1.
13. Plato, *Apology*, 39D (Loeb 1:139).
14. *Athenian Constitution*, 60.2–3 (Loeb 113–115).
15. Plato, *Euthyphro*, 15D (Loeb 1:59; italics added).
16. The Liddell-Scott-Jones *Greek-English Lexicon* defines the Homeric use of the word *thes* as serf or bondsman. But both Cunliffe's Homeric lexicon and Georg Autenrieth's older German dictionary of Homer agree that it

meant hired laborer, as opposed — Autenrieth adds — to *demos*, "vanquished serfs or slaves." The corresponding verb *theteuo* meant to work for a fixed wage. Stanford in his commentary on the *Odyssey*, where the words also appear (18.3.12), agrees with Cunliffe and Autenrieth.

17. *Iliad*, 1.444–445.
18. *Euthyphro*, 4C (Loeb 1:15).
19. Ibid., 4B (Loeb 1:13–15).
20. Plato, *Apology*, 21Aff (Loeb 1:81).
21. Ibid., 23C (Loeb 1:89). It is worth looking at the Greek phrase that the Loeb translates as "of your democratic party." The Greek is *"humon to plethei,"* which is literally "of you the masses or common people." *Plethos* is defined in the Liddell-Scott *Greek Lexicon* as "a great number, mass, crowd . . . hence the people, the commons . . . also the government of the people, democracy." There is an element of disdain in the very word. Plato's Socrates does not use the term *demokratia*, or democracy, which had the same favorable sound to Athenian ears as to ours.
22. Burnet, op. cit., 90.
23. Lysias, *Orations* (Loeb Classical Library, 1930), 10.4 (199–201).
24. Ibid., 16.4 (Loeb 375–377).
25. Ibid., 12.52 (Loeb 253).
26. Xenophon, *Hellenica*, 2.4.8 (Loeb 1:147).
27. Ibid., 2.4.43 (Loeb 1:171).

Chapter 12: Xenophon, Plato, and the Three Earthquakes

1. *Memorabilia*, 1.2.32 (Loeb 4:27).
2. *Hellenica*, 2.4.21 (Loeb 1:157).
3. *Athenian Constitution*, 35.4 (Loeb 103).
4. *Memorabilia*, 1.2.33–38 (Loeb 4:29–31).
5. Ibid., 1.2.29–31 (Loeb 4:25–27).
6. Plato, *Seventh Letter*, 342C (Loeb 479).
7. Ibid., 176D (Loeb 91).
8. The *Eryxias* may be found in Jowett's *Plato*, 2:559; or in the Bohn edition, 4:59.
9. Plutarch, *Life of Theseus*, 24.2 (Loeb 1:53).
10. *Iliad*, 2.547 (Loeb 1:91). Here, however, *demos* is translated as "land," and this rendering is supported by Cunliffe's Homeric lexicon, though in line 198 of the same book of the *Iliad* both the Loeb and Cunliffe translate *demou andra* as "man of the [common] people." Ancient detractors of Athens claimed that this reference in Homer was a later Athenian interpolation in the text. The still unsettled controversy is ably summarized in Alan J. Wace and Frank H. Stubbings, *Companion to Homer* (London: Macmillan, 1962), 239.
11. Plato, *Timaeus*, 19E–20B (Loeb 7:25–27).
12. Ibid., 21C (Loeb 7:31).
13. *Hellenica*, 2.3.25 (Loeb 1:125).
14. *Republic*, 414C–415A (Loeb 1:301–305).

15. *Statesman*, 293A–C (Loeb 3:131). The italics, of course, are added.
16. *Republic*, 4.424A, 5.449C, 457Cff (Loeb 1:331, 427, 453ff).
17. Ibid., 5.459C–E (Loeb 1:461).
18. Ibid., 540Dff (Loeb 2:231–233ff).
19. Ibid., 6.500C (Loeb 2:69).
20. The Greek word in the text is *sophrosyne*, usually translated as "moderation." Shorey's rendering of it here as "sobriety" sounds ironic in this context — the idea is hardly a sober one. *Republic*, 500D (Loeb 2:71).
21. Ibid., 501A–C (Loeb 2:73).

Chapter 13: The Principal Accuser

1. Plato, *Apology*, 23E (Loeb 1:91).
2. Ferguson, *Source Book*, 177n.
3. *Athenian Constitution*, 34.3 (Loeb 101). Aristotle explains that when Athens finally lost the long war with Sparta, two disaffected elements sought an end to democracy. One group was made up of aristocrats who had been exiled under the democracy and were brought back by the Spartans or had been members of the *hetaireiai* or "comradeships," the antidemocratic clubs. The other group were "those notables who were not members of any Comradeship but who otherwise were inferior in reputation to none of the citizens." The latter "were aiming at the ancestral constitution." This was a euphemism for a limited democracy. "Members of this party were Archinus, Anytus, Cleitophon, and Phormisius, while its chief leader was Theramenes." So the rule of the Thirty was imposed on Athens.
4. Isocrates, 3 vols. (Loeb Classical Library, 1928–1945, reprint), *Against Callimachus* 23–24 (3.269). Thrasybulus was an Athenian statesman and general, an aristocrat who gravitated in both 411 and 404 to the democracy and became the military leader of the opposition that overthrew the Thirty. His biography is eloquently told in *Lives of the Great Generals* by the Roman writer Cornelius Nepos.
5. *Athenian Constitution*, 27.3 (Loeb 82–83).
6. Diogenes Laertius, 2.43 (Loeb 1:173).
7. Ibid., 6.10 (Loeb 2:11).
8. Themistius, 20.239C.
9. That relationship seems to have inspired another charming but spurious anecdote about Socrates in Diogenes Laertius. He reports that Lysias, the most famous speechwriter of his time, wrote a speech for Socrates to deliver at the trial but Socrates rejected it. Socrates said, "A fine speech, Lysias; it is not suitable, however, to me." Diogenes Laertius explains that "it was plainly more forensic than philosophical." Lysias argued, "If it is a fine speech, how can it fail to suit you?" "Well," Socrates replied, "would not fine raiment and fine shoes be just as unsuitable to me?" (Diogenes Laertius, 2.41 [Loeb 1:171]). This delightful anecdote could have happened but didn't, or we would have heard about it elsewhere. The text of an undelivered defense of Socrates by Lysias would have been a prize addition to his orations, so many of which have been preserved as models of Attic style. In any case, even Lysias could not possibly have woven finer raiment for the defense of Socrates than Plato's own *Apology*.

10. Lysias, 22.8ff. But an engaging story dies hard. The venerable German "Pauly-Wissowa" encyclopedia of classical antiquity, though it mentioned the Lysias speech about the corn dealers, still swallowed the story whole about Anytus' exile from Athens and "alleged" eventual death by stoning in Heraclea. The *OCD* only concludes circumspectly that "accounts of his [Anytus] banishment and murder may be later inventions." But the newer *Der Kleine Pauly* (1:col. 417) finally concludes that Anytus' later service as an *archon* "refutes the legend" of Anytus' tragic end.
11. Diogenes Laertius, 2.44 (Loeb 1:173).
12. The fourth-century orators Lysias and Isocrates were both younger friends of Socrates. Lysias, who suffered so much under the Thirty, never defends Socrates. Isocrates, who lived to be ninety-eight and did not die until sixty-one years after the trial, makes only one brief and defensive reference to Socrates in his voluminous surviving works, which fill three volumes in the Loeb. In his *Busiris*, nine years after the trial, in reply to the lost pamphlet of Polycrates attacking Socrates, Isocrates said, "One would have thought you were writing a panegyric of him when you gave him Alcibiades as a disciple. No one ever thought him a pupil of Socrates, though everyone would accept his [Alcibiades] outstanding qualities." (Ferguson, *Source Book*, 177.) Isocrates discreetly omits any mention of Critias, whom Polycrates linked with Alcibiades as the two worst examples among the pupils of Socrates.
13. Aeschines (Loeb Classical Library, 1919), 1.173 (139).
14. Xenophon, *Apology*, 29 (Loeb 4:661).
15. *Méno*, 92E–93A (Loeb 4:345).
16. Ibid., 94A (Loeb 4:351).
17. Xenophon, *Apology*, 30–31 (Loeb 4:661).

Chapter 14: How Socrates Did His Best to Antagonize the Jury

1. Plato, *Apology*, 36A (Loeb 1:127).
2. Xenophon, *Apology*, translated by Sarah Fielding (1762; London: Everyman, 1910).
3. Xenophon, *Apology*, 4–8 (Loeb 4:643–647).
4. Ibid., 32 (Loeb 4:661).
5. The main sources for this later usage of *megalegoria* are three ancient treatises on Greek literary style: Longinus, *On the Sublime* (8.4), the critical essays of the historian Dionysius of Halicarnassus, *On Thucydides* (27), and Demetrius, *On Style* (29). Longinus is generally believed to have written in the first century A.D.; Dionysius of Halicarnassus began to teach rhetoric in Rome about 30 B.C.; Demetrius' *On Style* is usually regarded as no earlier than the first century B.C., though the LSJ strangely attributes it to Demetrius of Phalerum who lived at the end of the fourth century B.C.
6. One of these schoolbook editions, W. S. Tyler, *Apology and Crito* (New York and London: Appleton, 1871), in a note on this passage, linked it directly to Xenophon's *Apology* and said, "*Mega legein* properly denotes boasting . . . it has the seeming *pride* and *arrogance* of what he [Socrates] said, which, he feared, would give offence, and which did actually give offence to the judges." Tyler added that Xenophon "speaks of the *megalegoria* which all the *Apologies* ascribe to Socrates in his defense." Thus

the Platonic account lends support to the Xenophontic. One of the best editions of Plato's *Apology and Crito*, by John Dyer and revised by Thomas Day Seymour (1885; Boston: Ginn and Co., 1908), explains that *mega legein* is to be read "in the sense of *megalegorein*" (*Apology*, 20E note). The best of this century's commentators on the *Apology* of Plato, John Burnet, in his *Euthyphro, Apology and Crito* (Oxford: Oxford University Press, 1924), writes: "No one who reads the 'Platonic Apology' of Socrates will ever wish that he had made any other defense." He argues against the Xenophontic view that Socrates deliberately provoked his judges but admits that "It is the speech of one who deliberately forgoes the immediate purpose of a defense — persuasion of his judges" (p. 65). Burnet goes on to agree "that *megalegoria* is generally used in a bad sense, and that the Socrates of Hermogenes and Xenophon really is insufferably arrogant." But is Plato's Socrates really less so?

7. LSJ.
8. Xenophon, *Apology*, 13 (Loeb 649). I have slightly amended the Loeb translation to fit the Greek original. It says *ho theos*, "the god," not "God." Too many translators convert Socrates to monotheism. Anyway, he is referring to his personal familiar spirit, not to "God."
9. Ibid., 13–15 (Loeb 4:649–651).
10. Ibid., 25 (Loeb 4:657).
11. Diogenes Laertius, 2.42 (Loeb 1:171).
12. Burnet, op. cit., 161.
13. Xenophon, *Apology*, 23 (Loeb 4:655).
14. Plato, *Apology*, 38Bff (Loeb 1:135).
15. Even so reverential a scholar as Burnet was appalled at the way Socrates handled the counterpenalty. He commented that in the Prytaneum proposal, "Socrates is making what the court would consider a monstrous claim" and adds sadly, "that is the *megalegoria* which puzzled Xenophon." Burnet, op. cit., 156.
16. *Crito*, 45A–E (Loeb 1:157–161).
17. OCD.
18. The Dyer-Seymour edition of the *Apology* and *Crito* (Boston, 1908), for example, says, "At Athens, as at Rome, the law allowed a man to go into voluntary exile" (122). Burnet, in his note to the same passage of the *Crito*, suggests, "No doubt Anytus would have been quite satisfied if Socrates had left Athens" (45E4 [186]).
19. Plato, *Apology*, 37Aff (Loeb 1:131).
20. *Crito*, 46A (Loeb 1:161).
21. Plato, *Phaedo*, 59Eff (Loeb 1:209).
22. Ibid., 60A (Loeb 1:209).
23. Ibid., 116Aff (Loeb 1:395–397).
24. Ibid., 61A–62AC (Loeb 1:213–217).
25. Ibid., 64A–B (Loeb 1:223).
26. Ibid., 65C–D (Loeb 1:227).

Chapter 15: How Socrates Easily Might Have Won Acquittal

1. Plato, *Apology*, 24B (Loeb 1:91).
2. *Memorabilia*, 1.1.1 (Loeb 4:4), and Diogenes Laertius, 2.40 (Loeb 1:171).
3. *Rhetoric*, 1.8.13 (Loeb 145).
4. Plato, *Apology*, 26Cff (Loeb 1:97–99).
5. The earliest surviving use of the word *atheos* is given in the Liddell-Scott-Jones *Greek-English Lexicon* as line 162 of Pindar's Fourth Pythian Ode, sung in honor of an Olympic victory in 462 B.C. There it refers to a hero saved from "*atheon* weapons." The *o* in this transliteration is the *omega*, not the *omicron*: the word is the genitive plural of the adjective *atheos*. It would be ludicrous to translate this as "atheistic weapons." Both the Loeb and the Bude French bilingual edition (Paris: Société edition) translate it as "impious" weapons. Another rendering would be "ungodly weapons" in the colloquial sense that we might call the H-bomb an "ungodly" or "devilish" weapon.
6. *Clouds*, 1.367.
7. In B. B. Rogers' rollicking verse translation (Loeb 1:401).
8. *Memorabilia*, 1.3.1 and 4.3.16.
9. Theseus himself, the legendary founder of Athens, was regarded as the lawgiver who gave political equality to the poor. A British nineteenth-century classical handbook reports touchingly that at the Theseia, the annual Athenian festival in his honor, "in consequence of this belief donations of bread and meat were given to the poor people at Theseia, which thus was for them a feast at which they felt no want and might fancy themselves equal to the wealthiest citizens." Article on Theseia, *Smith's Dictionary of Greek and Roman Antiquities* (London, 1878).
10. It is alluded to at four points in the story of the wanderings of Odysseus: 1.298–300; 3.304–312; 4.546–547; and 9.458ff.
11. Peitho makes her appearance in Hesiod (Op. 73) but there she is a daughter of Ocean, a sea nymph, linked to the Graces and Aphrodite. Sappho too called her the daughter of Aphrodite in Henry T. Wharton's *Sappho* (London: J. Lane, 1908), still the most useful and delightful edition (160: Frag. 135); the most scholarly is the new Loeb *Greek Lyric: Sappho and Alcaeus*, edited by D. A. Campbell (Cambridge: Harvard University Press, 1982). In another fragment Sappho calls her Aphrodite's "handmaiden bright as gold" (Wharton 107). In these earlier references Peitho seems to be Temptation or Seduction rather than Persuasion. This is so when Peitho is first mentioned in the *Oresteia*, at line 385 of its first "act," the *Agamemnon*. H. W. Smyth of Harvard in the Loeb edition and A. Sidgwick of Oxford in the Clarendon edition (1898) of *Agamemnon* translated Peitho there as Temptation. In this passage, the Chorus is speaking of the ruin brought about by the infatuation of Paris for Helen and Peitho is the child not of Aphrodite but of Ate, blind and destructive Fate. Political changes are reflected in the evolution of the word and the myth. Peitho took on new meaning and status with the rise of Greek democracy. On Peitho the latest study is K. G. A. Buxton's *Persuasion in Greek Tragedy: A Study of Peitho* (Cambridge: Cambridge University Press, 1982), which did not come to my attention until this book was completed.

12. *Oxford Book of Greek Verse* (Oxford: Clarendon Press, 1930), xxiv.
13. Pausanias, edited by Paul Levi (New York: Penguin Press, 1971), 1.22.3 (2:61).
14. Demosthenes, *Pro.* 54; Isocrates, 5.249A.
15. See footnote to line 970 Eumenides citing Pausanias, 1.22.3, in George Thomson's edition of *Oresteia*, 2 vols. (Prague, 1966, revised) 2:229.
16. *Corpus Scriptorum Atticarum*, 3.351.
17. Sculpture by Praxiteles: Pausanias, 1.43.5; by Phidias: Pausanias, 5.11.8.
18. I rely for this statement on the admirable analytical indices in the one-volume complete *Plato* edition by Edith Hamilton and Huntington Cairns (Princeton: Princeton University Press, 1971), and in the third edition of Jowett's *Plato*, vol. 5. I also consulted des Places *Lexique* to the Bude edition of Plato (Paris, 1970) and Leonard Brandwood's *Word Index to Plato* (Leeds, 1976).
19. *Phaedrus*, 260A (Loeb 1:513–515).
20. *The Complete Plays of Aeschylus*, translated by Gilbert Murray (London: G. Allen and Unwin Ltd., 1928).
21. Lewis R. Farnell, *The Cults of the Greek States*, 5 vols. (Oxford: Clarendon Press, 1896–1909), 1:58–59.
22. See Cunliffe's *Lexicon*.
23. Georges Chantraine, *Dictionnaire etymologique de la langue grecque* (Paris, 1984).
24. Pausanias, 1.3.5 (Penguin 1:18).
25. Ibid., 1.1.3, 1.3.3. (Penguin 1:11, 17).
26. Sir James G. Frazer, *The Golden Bough*, 9 vols. (1915; London: St. Martin Press, 1966, reprint); Wilhelm H. Roescher, *Ausfuhrliches Lexikon der griechischen und romischen Mythologies* (Hildesheim: Gp. Olms, 1965). I cannot resist mentioning one other tidbit in the *KP* article. It reports that on the gravestone of the dictator Critias there was carved a relief showing Oligarchy putting the torch to Democracy.

Chapter 16: What Socrates Should Have Said

1. Ferguson, *Source Book*, 269.

Chapter 17: The Four Words

1. See under *isos*, Chantraine's *Dictionnaire*. Contrast this with Cunliffe's *Lexicon* which lists only five *isos* compounds, none of political significance.
2. Herodotus, 5.78 (Loeb 3:87).
3. The exception, as we know from Thucydides, was the highly unusual count taken when the Peloponnesian war was declared.
4. J. A. O. Larsen, "The Origin and Significance of the Counting of Votes," *Classical Philology* (July 1949), 44:178.
5. In the most important Roman assembly, the *centuriata*, each "century" had a fixed number of votes and the majority in each century cast that fixed number. The century of the proletariat or poor, the overwhelming majority of the population, had only one vote out of a total of 193. The wealthiest class had 80 votes and the next richest 20, so between them they

had a majority. When they agreed, as they usually did, the decision was announced and the presiding officer did not even bother to poll the other classes.
6. Chaim Wiszubski, *Libertas as a Political Idea in Rome* (Cambridge: The University Press, 1950), 18.
7. *Protagoras*, 319D (Loeb 4:127).
8. Euripides, *Orestes*, 885, and Demosthenes, *On the Crown*, 18:170.
9. The compound appears in three forms: the noun *eleutherostomia*, meaning freedom of speech; the verb *eleutherostomein* (to speak freely); and the adjective *eleutherostomos*, meaning free-speaking. This turns up in the *Suppliant Maidens* (1.948). Aeschylus uses the verbal form in *Prometheus Bound* (1.182) where an anguished chorus of sea nymphs begs the shackled but still defiant rebel god not to speak so boldly against Zeus. The noun form, *eleutherstomia*, does not appear until much later, in the historian Dionysius of Halicarnassus.
10. Aeschylus, *Suppliant Maidens*, 523.
11. Sophocles, *Antigone*, 732–739.
12. *The Theologisches Woerterbuch zum Neuen Testament* (The Theological Dictionary of the New Testament) (Stuttgart, 1933) is a rich storehouse for classical as well as New Testament Greek — plus the Hebrew and Aramaic equivalents of key Greek terms in the Gospels. It calls *parrhesia* a word of *Athenisches meldung* — Athenian coinage — and says it first appears in the latter half of the fifth century with the achievement of full democracy. It is a compound of two words — *pas* (all) and *resis* (speaking).
13. Euripides, *Ion*, 672. Ion turns out to be the offspring of an Athenian queen and Apollo. He proceeds to exercise his own free speech in a bastard's bitter comment on his divine father. Ion speaks scornfully of the lustful habits of the Olympian gods, who so often came down to earth in order to ravish mortal maidens, as Apollo had done to his mother. Ion estimates sardonically that if three gods, Zeus, Poseidon, and Apollo, were sentenced to pay the current Athenian fine for deflowering a virgin, the sum total would empty the treasuries of all the temples in Greece!
14. Euripides, *Phoenician Maidens*, 1.391.
15. Euripides, *Hippolytus*, 1.422.
16. Euripides, *Bacchae*, 2.668ff.
17. Euripides, 4 vols. (Loeb Classical Library, 1925–1935), *Children of Hercules*, 1.178ff (3:269).
18. Euripides, *Andromache*, 2.957–958.
19. Euripides, *Orestes*, 1.551 (Loeb 2:530).
20. Fragment 275 quoted here from James Loeb's translation of Paul Decharme's *Euripides and the Spirit of His Dream* (New York: Macmillan, 1906), 121–122. This is the same James Loeb who founded and financed the Loeb Classical Library.
21. Euripides, *Phoenician Maidens*, 3.504–506.
22. Quoted here from the literal translation of E. P. Coleridge in the Bohn edition of *Euripides* (London: G. Bell, 1891), 2:234–235.
23. *Republic*, 3.568A (Loeb 2:329).

24. Ibid. (Loeb 2:328).
25. Adam, 2:260.
26. *Republic*, 1169.
27. The translation is Milton's. Milton, *Complete Poetry and Selected Prose* (London: Nonesuch Press, 1964), 683.
28. Such an appeal would have been all the more effective because in Athens the theater was as participatory as its democracy. The Athenians were more than a passive audience. A substantial portion of the citizenry actually took part in preparing and producing the plays, just as it took part in the assembly and the law courts. The theater itself was a venerated component of annual religious festivals. The magnitude of popular participation in them was described by William Scott Ferguson, who estimated in his *Greek Imperialism* (Boston: Houghton Mifflin, 1913), "upwards of 2,000 Athenians had to memorize the words and practice the music and dance figures of a lyric or dramatic chorus." A normal Athenian audience, he concluded, "must have been composed in large part of ex-performers" (59–60). Fully to appreciate this one must compare the theater in Athens with that of Rome, a kindred civilization but with a contrasting social and political structure. The theater occupied a place of honor in Athens; it was looked on with suspicion in Rome. The Greek theater grew out of the popular and democratic religion of Dionysus, a poor man's god. In preaching democracy and free speech, the tragic poets reflected its popular audience. In Athens, the comic theater was the equivalent of a crusading newspaper. There was neither a libel law nor a censor, as in Rome, to curb the tongues of the comic poets. Their art flourished with democracy and died with it. In Rome, the oligarchy feared the theater for its democratic potential, and its threat to senatorial dignity. Rome never permitted Aristophanic social or political satire. A Roman comic poet would never have dared write, as Aristophanes did, during the Peloponnesian war, some of the greatest antiwar plays of all time. The attitude of the Roman ruling class to the theater is expressed in Cicero's treatise on the Republic, written in its last unhappy days. His discussion of the theater is preceded by an outburst against democracy itself. "When the applause and approval of the people, as of some great and wise master," Cicero wrote, "have been granted to them, what darkness they produce!" *de Re Publica* (Loeb Classical Library, 1961, reprint), 4.9 (239). The Roman aristocracy, he says, considered the dramatic art "disgraceful" and "desired that all persons connected with such things — writers, actors or producers — should be disfranchised. But in Athens, as Cicero notes with disapproval, actors not only enjoyed rights of citizenship but held high political office. When he came to discuss Athenian comedy, Cicero was venomous. Political comedy had been stifled early in Rome by a stringent libel law, designed originally to protect aristocrats from vulgar lower-class derision in the rustic lampoons from which Roman comedy originated. Cicero recalls approvingly that though the original Roman lawgivers established the death penalty "for only a few crimes," they did "provide it for anyone who sang or composed a song which contained a slander or insult to anyone else." There was another, less well known, reason for Roman hostility to the theater. Almost down to the last days of the Republic, the aristocracy prevented the erection of a permanent theater building lest it be used for popular assemblies. See Lily Ross Taylor's seminal study, *Roman*

Voting Assemblies (Ann Arbor: University of Michigan Press, 1966), 107–108.

Chapter 18: The Final Question

1. *Crito*, 51C (Loeb 1:179).
2. Ibid., 50E (Loeb 1:177).
3. Xenophon, *Cyropaedia*, 1.3.10–11 (5:37).
4. *Laws*, 694A-B.
5. *Protagoras*, 319D (Loeb 127).
6. *Republic*, 8.557B (Loeb 2:285).
7. Ibid., 493D (Loeb 2:41).
8. Ibid., 557C-D (Loeb 2:287).
9. Ibid., 563Bff (Loeb 2:309–311).
10. *Gorgias*, 461D (Loeb 5:309). The LSJ also gives instances where *exousia* means "abuse of authority, license, arrogance." Dr. Bernard Knox disagrees with my interpretation and believes the choice of the word *exousia* may merely have been an echo of the related impersonal verb *exesti* used by Polus when he asked whether he was not to be "at liberty to say" (the Loeb translation for *exesti moi legein*) as much as he pleased.

Epilogue: Was There a Witch-hunt in Ancient Athens?

1. Eric R. Dodds, *The Greeks and the Irrational* (Berkeley: University of California Press, 1951), 189.
2. *Dictionary of the History of Ideas*, edited by Philip Weiner, 6 vols. (New York: Charles Scribner's Sons, 1973), 2:252–263; 565–566.
3. Artistophanes, *Knights*, 1085; *Wasps*, 380; *Birds*, 988.
4. Plutarch, *Life of Pericles*, 32 (Loeb 3:95).
5. Thucydides, 2.59–65.
6. Plutarch, *Life of Pericles*, 33 (Loeb 3:93).
7. Aristophanes, *Acharnians*, 1.527.
8. *Cambridge Ancient History*, edited by J. B. Bury, S. A. Cook, and F. E. Adcock, 11 vols. (New York: Macmillan, 1923–1953), 5:478.
9. Mary R. Lefkowitz, *The Lives of the Greek Poets* (Baltimore: Johns Hopkins, 1981), 110.
10. Plutarch, *Life of Nicias*, 23 (Loeb 3:289–291). Plutarch himself was not wholly enlightened. As a priest of Delphi and a Platonist, he was also uneasy with rational theories about the movements of the heavenly bodies. This is indicated by his final comment, "It was not until later times that the radiant repute of Plato, because of the life the man led, and because he subjected the compulsions of the physical world to divine and more sovereign principles, took away the obloquy of such doctrines, and gave their science free course among all men." In fact, Plato regarded the heavenly bodies as gods. To treat them as material objects was punishable as atheism in his *Laws*.
11. A less elaborate version of the same story had appeared earlier in Cicero's treatise on the gods, *de Natura Deorum*, 1.23.6 (Loeb 19:61).

12. Euripides, *Ion*, 445–447.
13. Euripides, *Trojan Women*, 886.
14. *Meno*, 91D–E (Loeb 4:341).
15. John Burnet, *Greek Philosophy: Thales to Plato* (London: Macmillian, 1928), 111–112.
16. Ibid.; *Theaetetus*, 152A; *Helen*, 10.2.
17. *Meno*, 91E–92B (Loeb 4:341–343).
18. Diodorus Siculus, 12 vols. (Loeb Classical Library, 1976), 12.39.2ff (4:453ff).
19. For references to Anaxagoras in Cicero's philosophical works see the *Academica*, the *Tusculan Disputations*, and the *de Natura Deorum*. For references in his essays see *de Oratore*, 3.138, and *Brutus*, 44.
20. Diogenes Laertius, 2.13–14 (Loeb 1:143–145).
21. Daniel E. Gershenson and Daniel A. Greenberg, *Anaxagoras and the Birth of Physics* (New York: Blaisdell, 1962), 348.
22. A. W. Gomme in his article on Pericles in the *OCD* takes the stories about the attack on the statesman through his friends, Aspasia, Anaxagoras, and Pheidias — and the decree of Diopeithes — as historical fact. One looks to him for some explanation of why Thucydides makes no reference to them. In Gomme's great *Historical Commentary on Thucydides* one finds a six-page essay on "The Prosecutions of Pericles and His Friends" (2:184–189). But, disappointingly, he offers no explanation other than one sweeping phrase — "about all of which Thucydides was *deliberately silent*" (184, italics added). In discussing Plutarch's story that the comic poet Hermippus prosecuted Aspasia, Gomme did recognize that while there was "nothing to prevent" a comic poet from prosecuting Aspasia, "there is a natural suspicion that this is a misunderstanding of a statement that Hemippus attacked her in a comedy" (187).
23. *Memorabilia*, 6.7.6 (Loeb 4:351).
24. *Phaedrus*, 270A.
25. *Gorgias*, 516A.
26. Burnet, *Greek Philosophy*, 112.
27. Plato, *Apology*, 26C–D (Loeb 1:99).
28. W. D. Ross's still indispensable *Aristotle* (London, 1923), 7, traces the story to Ps. Ammonius' *Life of Aristotle*.
29. Anton-Hermann Chroust, *Aristotle*, 2 vols. (Notre Dame, Ind.: University of Notre Dame Press, 1973), 1:153.
30. William S. Ferguson, *Hellenistic Athens* (London: Macmillan, 1911), 104–105. Ferguson was a professor of history at Harvard before World War I.
31. Acts 17:16–32.
32. Edward Gibbon, *Decline and Fall of the Roman Empire*, 6 vols. (London: J. Murray, 1938–1939), 2:522.

注释选译

序曲

2 现有的有关苏格拉底的文献可谓浩如烟海,我们很容易沉没在其间。巴黎大学1952年出版的两卷本论文《苏格拉底问题》和《苏格拉底和柏拉图传说》共有800多页,其中不少是密密麻麻用小号铅字排印的脚注,为当时提供了最完全的书目,由此可见有关苏格拉底的文献卷帙之多。如果再编出从那时以后所出版的有关苏格拉底的文献,恐怕又得添上一卷才能收录完全。

3 这些材料由英国古典学者约翰·福格森(John Ferguson)收在1970年麦克米伦公司出版的《苏格拉底:原始资料集》中,两栏排印多达355页,其中有过去鲜为人知的4世纪希腊演说家李巴尼乌斯(Libanius)的第三种《苏格拉底自辩词》版本。

第三章

13 荷马对提尔塞特斯的偏见,在古典研究中至今犹存,令人吃惊。最典型的是《牛津古典词典》把他说成是"一个面容丑陋、嘴巴不干不净的家伙,辱骂阿伽门农,后被奥德修斯痛打才闭口"。并说"从所描述情况来看,他显然出身低微"。《德国古典百科全书》甚至更不客气，说他是个"兵变者、诽谤者、吹牛者"。他攻击阿伽门农的发言是"煽动"。不论英国或德国的这两本参考书都没有提到这是荷马笔下的大会上普通人第一次尝试运用言论自由的权利。但《牛津古典词典》中，受人尊敬的维克多·艾伦堡（Victor Ehrenberg）所撰民主条目中把"希腊民主的胚芽"追溯到《伊利亚特》第二卷。他写道，"以提尔塞特斯开始即始终有反对贵族和富人统治的运动发生，因为自由人民的下层群众要想取得完全的公民权利"。

第六章

14　如果以为我这么说太无情，可以举《希英辞典》（1940年牛津克拉伦敦出版社）为证。它所作的 eironeia 的定义是："有意伪装无知以造成对方不知所措，苏格拉底用来对付诡辩派的一种论辩方式……一般指假装谦虚。"另一个同样有权威性的证人是罗马人昆的利安（Quintilian），古代关于演讲术的最有威望的作家。他写道，称苏格拉底是"讽刺的"，是因为他扮演一个把别人尊为贤人的愚人角色——"从而使他们都显得更加愚蠢"。（《演讲术》）

第九章

2　柏拉图著作中苏格拉底势利面目的最严重的例子当然是他在

《共和国》中对唱对台的哲学家们的傲慢的描绘，说他们是天性不适合做哲学家的假冒之徒，他们的灵魂受到粗鄙行业的折辱和损伤。他们的肉体受到他们手艺的玷污，他们的样子"就是一个小补锅匠，秃光瓢的脑袋，赚了一些钱，刚刚赎得人身自由，就想洗一个澡，换上一件新衣服，把自己打扮成一个新郎，想娶沦为贫困的师傅的女儿"。不过柏拉图把这些话在苏格拉底死后好几年才放到他的嘴里。没有证据说明历史上的苏格拉底曾说过这么不客气和自大的话。否则，苏格拉底就不会一生钟爱他出身低微的最大的弟子安提西尼斯了。许多学者认为柏拉图这话是针对他在公元前4世纪的对手伊索克拉底斯的，后者是苏格拉底的老朋友。柏拉图说别人是小补锅匠一段表明自己是高贵的哲学家和绅士，很有意思。难怪安提西尼斯痛恨柏拉图，他写了一个对话录，名为"*sathon*"，取柏拉图希腊文名字"*platon*"的谐音。据《希英辞典》解释，"萨特翁"（*sathon*）词根是*sathe*，希腊文的意思是"生殖器"。古代哲学家骂起人来也是相当粗俗的。

32 柏拉图对斯巴达和克里特是有一些保留的，特别是对它们在教育上只重视军事武艺。但是总的来说，他钦佩它们，特别是因为它们是封闭的社会。

第十一章

2 他唯一表示不赞成的话是在《第七封信》中简略地提到三十僭主

专政的话。他说三十僭主"不久就使我回头把以前的政府［指民主政体］视为黄金时期"。不过许多学者仍怀疑此信的真实性。

20 值得看一看洛勃版译为"你们民主党"一词的希腊文原文。它是 humon to plethei，按字面应译"你们群众或普通人"。Plethos《希腊辞典》注为"大批、群众、人群……因此指人民，普通人，……也指人民的政府、民主"。此词有蔑视意味。苏格拉底并没有用"民主"一词，此词在雅典人听来像我们一样有褒义。

第十三章

3 亚里士多德解释说，雅典败于斯巴达后，有两个不满成分要想结束民主政体。一个成分是在民主时期流亡在外的贵族，他们由斯巴达人送回来，有的是反民主会社的成员。一个成分是"那些不参加任何会社的贵族，但在名声方面不逊于任何公民"。后者"意图恢复祖先宪法"。这是有限民主的隐晦说法。"这一帮人有阿奈特斯……等，主要领袖是提拉美尼斯。"三十僭主专政由是强加于雅典。

9 这种关系在拉尔修斯的著作中又引起了一个有意思的然而是不正确的逸闻。他说当时最著名的演讲起草人利西亚斯为苏格拉底起草了一份辩护词，但苏格拉底没有接受。他说："利西亚斯，这写得很好，但对我不合适。"利西亚斯说："如果很好，怎么会对你不合适？"苏格拉底回答道："华丽的衣履不是一样不适合我吗？"这事并没有发生，要不然我们在其他地方就会看到的。利西亚斯的许多演讲已成为阿蒂卡文风的典范流传下来，要是有这篇辩护词，对他的演讲遗产会是很大的贡献。不过，无论如何，就是利西亚斯也不可能编一篇比柏拉图的《自辩词》更好的苏格拉底辩护词了。

12 利西亚斯和伊索克拉底斯都是苏格拉底的忘年交。利西亚斯在三十僭主时期吃了很多的苦，从来没有为苏格拉底辩护。伊索克拉底斯活到九十八高寿，到苏格拉底审判案后六十一年才死。他传世著作卷帙甚多，但只有一处简单地为苏格拉底辩护了一句。他在审判案后九年写作的一本书中回答波莱克拉底斯攻击苏格拉底的一本失传小册子时说，"你把阿尔西比亚德斯算成是他学生，人们会以为你是在写颂词呢。没有人认为他是苏格拉底的学生，虽然大家同意他品质杰出"。伊索克拉底斯有意不提克里底亚斯，而波莱克拉底斯把他和阿尔西比亚德斯并列为苏格拉底两个最坏的学生。

尾声

10 普鲁塔克本人也不是完全开通的。他是特尔斐神庙的祭司，又是柏拉图主义者，因此对天体活动的理性解释理论是并不接受的。柏拉图把天体看做是神。在他的《法律篇》中，把天体看做物质客体是要当做无神论惩罚的。

著作权合同登记号　图字：01-2014-5434
图书在版编目(CIP)数据

苏格拉底的审判/(美)斯东(Stone, I. F.)著；董乐山译. —北京：北京大学出版社，2015.2
ISBN 978-7-301-25456-1

Ⅰ.①苏…　Ⅱ.①斯…②董…　Ⅲ.①苏格拉底(前469~前399)—哲学思想—研究　Ⅳ.①B502.231

中国版本图书馆CIP数据核字(2015)第023363号

书　　　名	苏格拉底的审判 SUGELADI DE SHENPAN
著作责任者	〔美〕斯　东　著　董乐山　译
责任编辑	柯　恒
标准书号	ISBN 978-7-301-25456-1
出版发行	北京大学出版社
地　　　址	北京市海淀区成府路205号　100871
网　　　址	http://www.pup.cn　http://www.yandayuanzhao.com
电子信箱	yandayuanzhao@163.com
新浪微博	@北京大学出版社　@北大出版社燕大元照法律图书
电　　　话	邮购部 010-62752015　发行部 010-62750672 编辑部 010-62117788
印　刷　者	涿州市星河印刷有限公司
经　销　者	新华书店 880毫米×1230毫米　32开本　13.25印张　223千字 2015年2月第1版　2022年11月第5次印刷
定　　　价	59.00元

未经许可，不得以任何方式复制或抄袭本书之部分或全部内容。
版权所有，侵权必究
举报电话：010-62752024　电子信箱：fd@pup.pku.edu.cn
图书如有印装质量问题，请与出版部联系，电话：010-62756370